格"案"致知

——工程律师办案手记

王文杰 著

中国建材工业出版社

图书在版编目（CIP）数据

格"案"致知：工程律师办案手记 / 王文杰著 . -- 北京：中国建材工业出版社，2022.9
ISBN 978-7-5160-3575-7

Ⅰ. ①格… Ⅱ. ①王… Ⅲ. ①建筑工程—经济纠纷—案例—中国 Ⅳ. ①D922.297.5

中国版本图书馆 CIP 数据核字（2022）第 167985 号

格"案"致知——工程律师办案手记
Gean Zhizhi——Gongcheng Lüshi Banan Shouji
王文杰 著

出版发行：中国建材工业出版社
地　　址：北京市海淀区三里河路 11 号
邮　　编：100831
经　　销：全国各地新华书店
印　　刷：北京印刷集团有限责任公司
开　　本：710mm×1000mm 1/16
印　　张：18.25
字　　数：350 千字
版　　次：2022 年 9 月第 1 版
印　　次：2022 年 9 月第 1 次
定　　价：**64.00 元**

本社网址：www.jccbs.com，微信公众号：zgjcgycbs
请选用正版图书，采购、销售盗版图书属违法行为
版权专有，盗版必究。
举报信箱：zhangjie@tiantailaw.com　举报电话：(010)57811389
本书如有印装质量问题，由我社市场营销部负责调换，联系电话：(010)57811387

走过许多地方

办过很多案件

有过许多感悟

写下几行文字

留住岁月过往

序

从案情到风情的生动叙述

  王文杰是一位律师,王文杰是我的朋友。我与这位律师朋友只见过一次面。那是在飞往海南的航班上,寥寥数语的交谈,我就感觉我们能成为朋友。这要感谢微信这种现代化的玩意儿。我曾经感叹,在这个世界上,在人的一生中,会有多少萍水相逢,又会有多少擦肩而过。而有了微信这玩意儿,完全颠覆了距离与空间的概念。

  还是谈谈他的书吧。

  他笔下的那个哈尔滨我去过。那是一个冬天,时间久远了,记忆中只有一些朦胧的画面:松花江冰面上行走的卡车,古朴的建筑和街道,小贩摊位前摆放的深褐色的冻梨,刀子一样割着面颊的冷风……

  不由地,我想起了住在这座城市的作家阿成,阿成的好多作品都写了哈尔滨。在那篇著名的《赵一曼女士》中,他写哈尔滨的欧式建筑,还写教堂的钟声:"在三四十年代寂静的城市里那是何等有韵味的钟声啊。"阿成还写哈尔滨的旧火车站,写深秋时节院子里湿漉漉的落叶,写飞过天空的乌鸦……

  再回来看王文杰,王文杰说"哈尔滨是一座有风情的城市"。这风情,或许就来自霓虹灯下翩翩起舞的女郎,来自缭绕于街巷的萨克斯曲调,还有那烤面包的扑面麦香。"每次走在中央大街上，我感觉离我最近且最具历史感的是中央大街上铺的石头。走在这些形状类似面包的石头上，既能感受到当下的繁华，又能听到脚下回荡的沉重的历史回响。"接下来他又写松花江，写太阳岛，写江畔初秋的风……一个热爱生活的人，一个向往美好的人，一个喜欢文学的人，他的目光所及，一定会充满风情。随着阅读的进程，哈尔滨这座特别有风情的城市渐渐清晰了起来。

当然不仅仅是哈尔滨，王文杰还要"烟花三月下扬州"，还要漫步在海口骑楼老街，还有台州、沧州、水泊梁山、银川大漠，还有古城西安、山城重庆……他游走在长城内外、大江南北，乐此不疲。他还喜欢追溯历史，从那条贯穿欧亚大陆的铁路到大陈岛战役，再从武汉会战到虞允文大败金军……看得出来，这位律师除了他的案卷之外，阅读量之大，也是相当了得的。但我感觉，他似乎并不是要给人们普及历史知识，而是兴趣使然，喜欢品嚼往昔岁月的滋味。

那么，他执意改行当律师，会不会也是兴趣使然呢？一个曾经拥有优越职业的人，一个满目风情的人，一个常常感叹历史的人，为什么要去触碰坚硬的法律？

我没有问他这个问题，却在书中找到了答案："我们处在一个大变革的时代，对于大多数律师来说，自己选择背负的，都是自己的本心。我很荣幸，能够成为中国法治史上的一块铺路石，见证和垫起中国法治的艰难之路。"

王文杰的主要服务对象是建筑企业。在这里我也看到了企业老板的艰难。在王文杰这里，老板不再是我们印象中满面春风财大气粗的老板。在这里，律师也不再是影视剧里口若悬河的律师。在这里，我们会看到拿不到结算款的老范，扬州城里被一场火灾弄得焦头烂额的杨女士，那位梁山泊的"第109条好汉"，会看到那个提起民事诉讼的老李，还有那一枚疑点重重的烟头和那一柄"阳光下的法槌"……

谁说律师只会写干巴巴的诉讼文书？这位王文杰律师用灵动的文字，抒写着一座座城市；用深邃的目光，追溯着一段段历史；还要用温暖和体贴，记录一桩桩案情。他将三者结合在一起，足见其驾驭文字的能力。字里行间，也看到了他驾驭诉讼的能力，更能看出一个律师的追求，甚至还会看到他心中的激情，他试图把冰冷的讼词变成温情的诉说或高声的呼唤！

然而，法律是冰冷的，法律更是坚硬的。法律应该是坚硬的，法律保护公平。但，有的时候，结局却很无奈。王文杰不仅品嚼历史，还要品嚼现实，现实的滋味，更是百味杂陈，难以言说。或许，这正是一位律师无法回避的经历。或许，每个人都会品尝到不同的生活滋味。或许，王文杰还会饱蘸生活的汁液，写出更多、更好的篇章！

秦万里

（原《小说选刊》副主编、编审）

踏遍青山人未老

写在《格"案"致知——工程律师办案手记》一书出版的日子

几经周折，我的《格"案"致知——工程律师办案手记》一书终于要出版了，这是我从事律师工作20多年以来，出版的第五本书。喜悦之情，难以遮掩。自鸣得意中，凭窗远眺，把酒临风，欣然命笔，写下如此这般文字，记住走过的地方，怀念曾经的过往。

光阴荏苒，时光如箭。

自从1999年辞去国企的工作，在京城改行做律师，转眼已过22年。22年的摸爬滚打，那个满头秀发的青年才俊，已沧桑成老眼昏花的秃顶老翁。22年的风雨兼程，那条激情澎湃的青春之河，已奔流成波澜不惊的平常岁月。

年轻的时候，想干一番事业总也找不到方向，虽然迷茫得手足无措，但是感觉总是有用不完的时光。待到青春已逝，年华逐渐老去，才真正领悟到"人生天地之间，若白驹之过隙，忽然而已"的真意。慌乱中，突然发现时光已经远远地跑在了梦想的前头。

回首开始选择律师职业的时候，一个迫在眉睫的问题摆在面前：年近四十，还能否找到一条适合自己的出路？困惑萦绕心头，疑惑紧锁眉头。

"人间四月芳菲尽，山寺桃花始盛开"。大自然的春天有早有晚，人生的际遇各有不同。经验告诉我们，不管在哪个行业，有的人年轻有为，有的人大器晚成。同一份职业，每个人进入最佳状态的年龄也有如大自然这般的差异。

曾几何时，在改革开放春风的吹拂下，律师业如雨后春笋般迅速发展，律师界人才济济，英才辈出，灿若星河。一案成名者，有之；以专业著称于世者，有之；奋不顾身为民请命者，有之；才华横溢者，有之；年轻有为者，有之；坚持不懈大器晚成者，亦不在少数。律师业一片繁荣的景致，给百姓以力量，给国家以荣光，给律师以希望，曾经幻想着现实中的那个公平公正的桃花源就在当下，让我感到自己的前程"仿佛若有光"，看到这一切，作为刚入行的新手，我的眼前一下子变得豁然开朗起来了。

"长恨春归无觅处，不知转入此中来"。在我近四十岁时，还能找到一份自己喜欢并适合我们这些缺少资源的人的职业，幸运之神并没有离我远去，就好像出门儿遇上了好天气，这是时代的际遇，更是命运的关爱。

律师制度的建立，是一个国家走向法治的开始。律师队伍是改革开放释放出来的民间活力，是法治社会生生不息的力量源泉，是市场经济有序发展的重要参与者，是市场主体诚实守信的教科书。

岁月静好的幸福人群，一旦遇上事儿，就会变得六神无主，手忙脚乱中，一下子没了主张。在真正的法治社会，律师虽然无权无势，但是可以依靠法律的信仰成为求助者的主心骨。当事人请律师是对法律充满信心的表现，因为他们相信法律能够帮助他们实现公平正义。

人生最幸运的是在你青春即将逝去的时候，还能找到一份自己喜欢的职业，汇入时代的滚滚洪流中，不被时代所淘汰，并为理想孜孜以求。我就是带着这份镇定、自信和欣喜进入了律师行业。

律师职业是一个自生自灭的职业。生存靠自己，发展靠努力，发达由天定。案源是律师的生命线，知名度和美誉度与案源直接相关。

律师在维护好老客户的同时，要不断开拓新的市场，不断赢得新的客户，开拓市场最好的方式之一就是走专业化之路。专业律师的优势在于轻车熟路，直奔争议焦点，为解决纠纷准确把脉，尽快开出切实可行的处方，这就减少了现学现卖的尴尬和"摸着石头过河"的弯路。如果你有足够高的知名度和专业水准，你就有机会承接全国各地的案件。

从业之初，我发现，那些在社会上或者某一领域有所建树，有一定知名度的律师从来不愁案源。而另外有一些只是靠着同学、朋友、亲戚等社会关系招揽案源的律师，干到差不多50多岁的时候，资源基本用尽，没了案源是自然的事。按照现在的退休制度，我管这个叫"55定律"。

执业伊始，在能够保证温饱的前提下，我便将自己的专业方向固定在基础建设领域。随后的二十多年里，我就一直在基础建设领域摸爬滚打，积累经验。经过多年历练，已经形成自己的专业特色，专门从事建设工程法律实务和火灾事故处理法律实务。

为了总结经验和提升专业水平，2012年，也就是在我执业的第十个年头，我在法律出版社出版了个人第一本专业书籍《建设工程法律实务操作及疑难问题深度剖析》。在办理建设工程纠纷案件中，有时候会遇到施工方工地发生火灾事故。在帮助处理这些事故的过程中，我发现很多火灾事故涉及的法律关系都很复杂，面临很多疑点和难点时，而我们的法律并没有针对火灾事故给出具体的法律解决方案。针对这些问题，经过认真深入的研究和梳理，2013年，我出版了个人第二本书籍《建筑火灾事故民事赔偿法律实务》。这两本书的素材大都是我自己亲手经历的案例，这两本书的成型、出版，是我十年律师法律服务经验的总结和提升，也算是为自己贴上了两个专业标签。

随着时间的推移，诉讼实践越来越丰富，专业也更加精进。在 2020 年，新冠肺炎疫情肆虐中，趁着居家少出的时日，我向出版社提交了三本书的书稿：《建筑火灾事故原因认定法律实务》《建设工程施工合同解除法律实务》《办案手记——从案情到风情的生动叙述》。2021 年初，《建筑火灾事故原因认定法律实务》和《建设工程施工合同解除法律实务》已经相继出版，这两本专业书籍的出版，等于为我自己又增加了两张专业名片。

值得一提的是，我是较早关注并系统研究火灾事故原因认定法律实务和民事赔偿法律实务的律师，是站在法律角度专业研究火灾事故原因认定法律实务和民事赔偿法律实务并有专著出版的中国律师第一人。到目前为止，《建筑火灾事故原因认定法律实务》和《建筑火灾事故民事赔偿法律实务》这两本书还是中国律师界专业研究火灾事故原因认定法律实务和民事赔偿法律实务的唯二两本书。如果有哪个中国律师能够拿出比我这两本书更早的作品，那他就是第一人。

律师是一个行走江湖的职业，有法庭的地方就有律师，有法律服务需求的地方就有律师的身影。二十多年的律师生涯，二十多年的专业历练，二十多年的走南闯北，不仅形成了自己的专业特色，还让我借着办案的机会走遍了大江南北。南到海南岛，北到黑龙江，东走江浙沪，西到西安、新疆、银川，从青藏高原到东南沿海等地，只要有高铁和机场的地方，大都有我的足迹。

所到之处，在办案之余，顺便对当地的人文、历史、风情、景观、人物以及司法环境等都有所关注。每一个地方都有自己的特色，每一个地方都有自己的风物。说不完的责任与担当，道不尽的风骨与情怀。依山面海，看大山巍峨高耸，听大海波涛汹涌。迎风而立，看大漠孤烟广袤高远，观长河落日的千古壮观。那些绝好的风景，那些漂亮的人物，那些优秀的地方文化，那些令人垂涎的美食，那些烟雨蒙蒙的小桥流水，那些巍峨壮阔的名山大川，都让我流连忘返。

回首 22 年的律师生涯，作为专业律师，我办理过数以百计的工程纠纷案件和火灾事故赔偿案件。借着办案的机会，我走过很多地方。美食美景怡我性情，名山大川壮我心胸。忙里偷闲的时候，忘掉案牍之劳形，放浪我们的形骸，走进青山绿水，走出凡事的纷纷扰扰，吸收天地正气，不断开阔胸襟。

作为律师，除了写作法律文书之外，还可以把办案过程中的所见所闻，用灵动且流畅的文字写出来，争取把冰冷的法律变成温情的诉说或者愤怒的呼喊。将案子与个人对现实或历史的感叹相融合，理解体贴当事人的处境和心情，让读者看到在诉讼中看不到的东西，也让读者看到一个中国律师的奔波与艰辛，这是我一直的追求与梦想。

感谢那个时代，让我们既赶上了毕业国家包工作分配，刚刚踏进社会，便能衣食无忧，也有幸遇上自由选择职业的年代。在已经有一份稳定工作的情况下，我们自愿另谋出路，需要的不仅是眼光、勇气、信心和才华，关键是有一个可以自主择业的环境。在自生自灭的环境中，自由选择，自由发展，赢得了一个在专业上完全自由发展的空间。

感谢博客、微博、微信等这些新技术支撑下的自媒体，给了我们相对比较自由的写作空间。我们可以在公众号发表各种题材的文章，正是在这样的环境下，我写了大量的散文体办案手记并发在我的公众号上，正是这些散文体文章，才成就了我今天的《格"案"致知——工程律师办案手记》。

自从我在 2012 年出版《建设工程法律实务操作及疑难问题深度剖析》第一本书，到出版这本《格"案"致知——工程律师办案手记》，转眼又是一个十年。

沧海横流，世事沧桑。

再回首，22年前，我们曾经带着梦想进入律师行业。我们激情满怀，并不缺少创业的梦想。我们勇往直前，并不缺少披荆斩棘的力量。我们慈悲为怀，并不缺少悲天悯人帮助弱者的善举。我们不断逐梦前行，争取让那些绝望的人恢复信心，让那些无助的人有力前行。我们用行动，追求公平公正。我们用奋斗，展现我们鲜活的人生。我们梦想着，一个没有人为干扰的法治环境，那是多么令人期盼。作为律师，能够以法律之力为人"辩冤白谤"，那该是何等的壮观。如果我们能够经历或见证那样一个理想的时代，那该是多么的荣幸。有了一个足够清明的司法环境，阳光下的芸芸众生，生活得该是多么镇定与从容。

红日初升，其道大光。制度强，则国强；法治强，则国强；市场强，则国强；律师强，则国强。

"白发空垂三千丈，一笑人间万事。"

22年后，我们依旧是披星戴月，奔走四方。跋山涉水，案牍劳形。为谁辛苦为谁忙，不思量，自难忘。晚上代理词，白天起诉状。早上赶机场，夜深伴月亮。不是在开庭，就是在路上。法律这差事，就是这个样。一年到头来，就是忙、忙、忙。没有退休那回事儿，风里来雨里闯，只要脑袋还清醒，只要你愿意，有事就可以上，只要跑得动，箭就一直在弦上。

"桃李春风一杯酒，江湖夜雨十年灯。"回首往事，是梦想抛弃了我们，还是我们丢掉了梦想？江湖行走二十载，踏遍青山人未老。但是面对现实和当初的理想，我们是否有勇气喊出"风景这边独好"？

"荏苒冬春谢，寒暑忽流易。"22年的时光就像离弦的箭，这一去就没了踪影。再好的年华也架不住岁月这般的折腾，岁月对待青春从不友好。我们不能阻挡年华的老去，我们无法找回流逝的时光，我们无力改变世事的沧桑。

"倚楼听风雨，淡看江湖路。朝看水东流，暮看日西坠。"

"我见青山多妩媚,料青山见我应如是。"聊以这有限的文字纪念我们已经逝去的青春,记住走过的地方,怀念曾经的过往。

最后,我要特别感谢三个人,第一位是本书的编辑曲楠先生,他为本书以及《建筑火灾事故原因认定法律实务》和《建设工程施工合同解除法律实务》的编辑出版付出了很大努力。第二位要感谢的人是秦万里先生,秦先生是原《小说选刊》的副主编、编审,还是一位作家,感谢他为本书写的序言。第三位要感谢的人是胡育先生,胡先生不仅是一位北京律师,还是一名书法家,感谢他为本书题写的"王文杰律师办案手记"。

(2022年9月7日草成于北京)

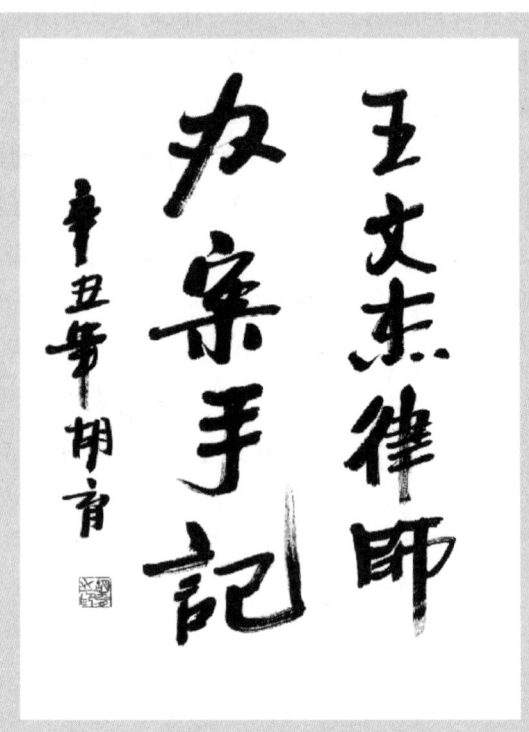

目 录

我的应聘经历 　　　　　　　　　　　　1
怀念钢城　怀念青春的味道 　　　　　　8
孝义河畔我的故乡 　　　　　　　　　19
大漠苍凉 　　　　　　　　　　　　　28
印象哈尔滨 　　　　　　　　　　　　39
神仙居神游记 　　　　　　　　　　　43
烟花三月下扬州 　　　　　　　　　　48
当事人心中的那座梁山——我的当事人成了
　梁山第 109 条好汉 　　　　　　　　56
山东高院立案顺访大明湖 　　　　　　61
印象雁栖湖 　　　　　　　　　　　　69
太原讼事 　　　　　　　　　　　　　73
海口骑楼老街 　　　　　　　　　　　81
一个人的三亚湾 　　　　　　　　　　88
游采石矶 　　　　　　　　　　　　　95

1

偶遇笔架山 … 104

此心安处是吾乡 … 109

山城五日 … 117

感受武汉 … 125

伏鳌者圣，得鳌者贤 … 137

初见西安 … 143

香屯有长城 … 153

西湖漫步 … 155

三次仲裁为哪般？ … 164

太阳底下的法槌 … 180

最高院第四巡回法庭立案随笔 … 188

我和当事人老赵 … 193

有感于"知道在哪儿画线" … 199

简简单单一小案，折腾五审为哪般？ … 201

改判案例之问：律师如何做得更好？ … 210

花落花开不间断，春来春去不相关 … 215

基于一份工程签证单引发的工程结算纠纷 … 218

由一起工程纠纷引发的三大战役 … 221

岂曰无衣　与子同仇 … 238

齐梁故里　运河悠悠 … 241

让众生平安白头 … 250

绿皮火车的记忆 … 255

走马观花叹吴哥 … 260

承办一起案件，结识一座城市，这似乎成了我律师生涯中颇为得意的一件事。

我的应聘经历

1999年，我辞掉了河北唐山一家大型国营钢铁企业的工作，来到北京准备做律师，摩拳擦掌准备开启我人生的新旅程。那一年我参加了全国律师资格统一考试，自我感觉考得还不错，就决定提前辞职。那时候，正是钢铁行业红火得一塌糊涂的时候，钢铁企业就像印钞机，多少个亿的资金投资一个钢铁企业，一两年内就能赚回来。当时通过关系找到管事儿的只要批一张钢材的供货条子出来，在销售处门口就可以立即出手，每吨加价500块钱并且立马现金兑现。钢铁行业形势之好，钢材产品之紧俏，竟然到了大把的银子不知道怎么花出去的时候，就连为钢铁企业提供维修服务的"中国二十二冶"的日子都好过得不得了。

当我的辞职申请交到公司组织部的时候，主管科技干部的领导非常惊讶，关切地询问我是不是遇到了什么困难，是否是一时冲动，甚至问我是不是犯了什么错误被迫"带病"辞职，建议我先回去冷静考虑考虑再做决定。当我平静地告诉他不是他想象的那些情况的时候，他神秘而关切地跟我说："你还年轻，再等等肯定还有提拔的机会的，可不要头脑一时发热做出后悔一辈子的事情。现在企业效益这么好，一年要发好几次双月工资，换了任何地方都不会有这么好的效益。"当我再次表明辞职的决心时，这位领导还是非常不解地看着我，我从他的眼神里看到他正在试图用他的火眼金睛一下子看穿我辞职的真正原因。我想，此时此刻这位领导脑袋里肯定涌动着一大堆诸如脑袋进水之类解气的狠话。这么多年过去了，每每想起那位领导关切的眼神儿，我的心里就会立即充满了温暖和感激。

我很快办完了辞职手续，只身来到北京。像我这样工科背景的人，在公检法和律师事务所都没有同学，也没有其他人脉资源，一时也找不到一家自己想去的律师事务所，在建设部法规司帮了一年的忙后，只好在一家法律事务所暂时安顿下来。在我们这个社会里，没有人脉资源就等于没有路，套用鲁迅先生那句话，江湖上本来没有路，人脉资源多了便有了路。那个时候，网络还不发达，找律师事务所应聘还要靠报纸发现招聘信息，或者通过朋友介绍，或者通过其他途径获得应聘机会。

后来，法律事务所的一位同事，去厕所方便时，在小便池上边意外地发现了一条招聘律师助理的信息，这兄弟像哥伦布发现了新大陆，眼一亮，手一抖，注意力突然一转移，裤子尿湿了一大片。至今我还记得他当时如获至宝无比激动的样子，多少年过去了，他那种尴尬好玩儿的窘状仍然历历在目。

他慷慨地把招聘电话送给我，尽管我不敢相信这真的是律所电话，但我还是对这个同事充满感激。我半信半疑战战兢兢地打通了这家律师事务所的电话，电话的那一头是一位年轻的女士，她用既标准又清晰的普通话温柔地敲打着我的耳鼓，声音很甜美也很客气，从电话里我已经感受到了她那抑扬顿挫的气场，从她动听的声音里，我判断她一定是一位美女，从她的态度里我猜测着这家律师事务所一定是缺人的。当我确信这确实是一家律师事务所的时候，我开始幻想并急切地期盼着尽快成为这位美女的同事。

我十分珍惜这次来之不易的应聘机会，为了准时到律所应聘，按照约好的时间，我提前两个小时到了办公地点，先找到律所门口，然后走到楼下的商场里，找了一家肯德基店坐下来等待约好的时间到来。想起初来北京的日子里，每到炎热的夏天或寒冷的冬日，出去开庭或谈案子，肯德基或麦当劳都是最好的休息处。从那时起，我开始对北京的肯德基或麦当劳店有了良好的印象，因为不管你买不买东西,只要你找一个地方坐下来,哪怕有人买了东西站在你旁边等座儿,服务员也不会把你赶走。印象更好的应该是肯德基或麦当劳的厕所,大概十五分钟就有管理员检查打扫一次,保证了清洁与卫生,厕所良好的管理制度和舒适效果帮助肯德基或麦当劳树立了不错的社会形象。

按照约好的时间,我提前两分钟走进这家律师事务所。站在门口,宽大漂亮的前台首先映入我的眼帘,脚下通红的地毯直晃我的双眼,我几经犹豫才鼓足勇气跨进门去,我实在不忍心把自己的脚放在这么高级的地毯上,这样的气派已经让我不知道该怎样做才是我最好的表现方式。

见我走进来,前台工作人员热情地站起来接待我,问明来意后把我带进了会议室。我发现会议室里已经有四个人在坐等,打过招呼后知道他们也是来应聘的。

我不太自然地环顾会议室四周,发现各种奖杯、奖牌琳琅满目,摆满精心设计的桌台,各种锦旗挂满墙面。整体感觉像是一个精心设计的展览馆。激动的心情稍微平静后,我开始审视每一个奖杯、奖牌和锦旗的内容。我被这眼前的景象惊呆了,看名称,每一个奖项都够分量,感觉好像只差诺贝尔奖了。

过了大约半个小时的时间,会议室走进来一位中年男子,笑容可掬地向我伸出右手,我急忙站起来稍有紧张地也伸出了右手。握过手之后,中年男子递送了一张名片给我,一看得知他就是律所的主任。这是一张用金箔做成的名片,这是当时我见到过的名片中最精致的一张,我把名片小心翼翼地放在手心里,生怕一不小心折损了,我以为这张名片只是让我看一下,最后人家还是要收回去的。

主任先是用了半个小时的时间介绍了律师事务所和他本人的创业史,带我参观了他本人和律师事务所取得的各种荣誉,其中最显眼的是,诸如世界十大风云人物,华人十大精英,各种机构任职等等。然后给我讲诉讼和《孙子兵法》以及《三十六计》的关系，诉讼和《易经》的关系，主任还跟我讲了律师和法官的关系，律师和检察官的关系，律师和警察的关系，律师和当事人的关系，律师和政府部门的关系，律师和新闻媒体的关系，律师和律师的关系，律师和律师事务所的关系，律所和律协的关系，律所和司法局的关系，律师和社会公众的关系等等一堆关系。

"诉讼的诉请和抗辩，像极了易经的八卦图，但不管是高手过招儿，还是初学乍练，基本套路大都不过如此，只是在具体演义上差别很大。行家一出手，便知有没有，高手过招，表面上云淡风轻，暗地里暗流涌动，波涛汹涌。"在我的思路逐步陷入混沌中，主任眉飞色舞地继续着他的口若悬河："只有专门研究诉讼之道和诉讼之术的大律师们才能做到《易传·系辞上传》上讲的境界：'易有太极，是生两仪，两仪生四象，四象生八卦'。"主任喝了一口水，继续他的讲解，从道讲到术，从老子讲到刘备、曹操。听着主任越来越深奥的讲解，我开始怀疑，像我这样一个资质愚钝，既没有理想又容易随遇而安的人，这辈子还有没有资格成为一个律师。

然后，主任开始讲案源和收费。主任自豪地说："我自己的案源多得不得了，尤其是这半年成井喷爆发之势，每个案子我自己最低收费不低于20万，少于20万我是坚决不做的。我基本没时间接电话，都是由助理先接，问明具体事由后才会决定是否接听"。话音刚落，有个女士敲门进来，跟主任说拆迁案子的当事人来了，说是约好见面的。主任问进来的女士："你说的是哪个案子，要见我的当事人太多了，都排着队，你说的是哪一个?"女士轻声说："就是收2000块钱律师费的那个拆迁案子。"主任下意识地转过脸来不好意思地向我解释说，这个案子收费虽然低，主要是考虑案子有嚼头儿。

主任讲完了他的创业史和光辉业绩，然后跟我说，他的团队最低学历都是法学院硕士毕业，像我这种情况是进不了他的团队的。主任问我来自哪里，我说来自河北。主任说："河北有很多大企业，比如任丘的华北油田、开滦煤矿等，你把他拿下来，做个常年法律顾问，你一年的收入就稳定了。"听着主任风轻云淡，胜似闲庭信步的指点，看着主任轻松自信的状态，我感觉主任拿下华北油田、开滦煤矿等这样的大客户如同探囊取物一般，心中越发佩服得紧。想到自己刚刚开始执业，凭自己愚钝的资质，恐怕一辈子也做不到这种层次，心中不免暗自凄凉起来。主任似乎看透了我的心思，打破沉默对我说："我看看我的其他合伙人团队有没有适合你的位置。"

　　主任出去了一会儿，然后带进来一位姑娘，年龄也就二十几岁的样子，主任向我介绍说："这是我的合伙人小刘律师，主做房地产按揭业务。"然后向姑娘介绍我说："这是王先生，工科背景，在大型国营企业做过工程管理，来应聘的，你看能有合适的岗位吗？"姑娘用异样的眼神儿瞟了我一眼，摇了摇头，淡淡地说了一句："不需要，我还有事儿要做。"说完就走开了。本来就忐忑的心，一下子又加了一层霜。主任冲我解释说："不好意思啊王先生，可能让您白跑了一趟，暂时没有合适的位置给你，您先回去吧，有了合适的机会我们会通知您。"

　　辞别了主任，我走出律所办公室的门，低头看到我的鞋带儿开了，于是蹲下去系鞋带儿，当我系好鞋带儿站起来的时候，听到一个女人的声音："我要招聘的话也是招聘一个年轻的律师助理，不是要招聘一个爹"。

　　我想，人家认为我这个年龄也只有当爹的份儿了，不应该来应聘律师助理。不过，话又说回来，我也是一个有脾气的人，甚至我是一个很挑剔的人，虽然我应聘你招聘，但是主动权也不全在你那儿，你即使真的招聘一个爹，我也不是随便一个什么人让我当爹我都愿意当的,何况这年头当爹都是赔大钱的买卖,尤其是在北京这种寸土寸金的地方,当爹的成本早已居高不下。

后来,通过各种途径,我又先后到另外几家律师事务所应聘,但没有一次是从厕所获得的招聘信息。经过几次之后,我终于在一家律所办了实习手续,一年后,我拿到了正式的律师执照,从此,正式开始了我的律师生涯。

至今记得第一次开庭时的场景。2001年9月11日,我在通州法院开庭,这是我平生第一次自己独立开庭,当我磕磕巴巴地念完了起诉状之后,我发现法官们在交头接耳地议论着什么,本来就有些紧张的心情一下子更加忐忑起来。我想一定是我做错了什么,我尴尬地坐在原告席上,眼睛看着地面,做着各种猜测。后来我才知道,原来是一个叫本·拉登的家伙用民用飞机撞塌了美国的世贸大厦。法官在交头接耳的议论中宣布休庭。这意外的休庭倒是把我从紧张的情绪中解脱出来,等到后来再继续开庭的时候,我开始变得不紧张了。正式执业伊始,没有任何老师带过我,我也算是无师自通了。

多少年过去了,每当我想起那位主任,脑袋里总会浮现出一个道士大仙儿形象——身披黄袍儿,披头散发,右手执一把桃木宝剑,口中念念有词,左比右划,似有仙气儿附体。一会儿工夫,空中飘来一张黄纸,由远及近,围着道士转了几圈之后,随着道士的突然发力,黄纸随剑锋指向飞去,那气势即使遇到正在遭遇八十级地震而摇晃的泰山,也能立即让他纹丝不动。

这位主任是我出道以来遇到的第一位大律师,这个形象在我脑海里存活了很多年,每当想起,总是历历在目,仙气儿缭绕。

多年以来,我一直以为,永远不要看不起新求职的新人或年轻人,对年轻人和新人要充满善意,你帮他一点,哪怕一句温暖的话语,都能让人温暖一辈子,要善待新人。尤其是想起我被

"应聘爹"的经历，善待求职者的信念在我心中就变得更加坚定。

我们选择职业的时候，大凡都有一个偶像或者模式在心里存活着，这个偶像或模式，承载了我们的理想和激情，于是我们就梦想着成为一个那样的人，甚至就会认为那个人就是未来的自己。

记得有一部美剧叫《辩护律师》，是北京电视台译制的，原名《马特洛克》。大概后来的国产电视连续剧《重案六组》也借鉴了《辩护律师》的叙事结构，只不过该剧的主角不是律师，而是中国警察。

马特洛克是一位美国的刑事辩护律师，其机智、勤奋、幽默的风格给我留下深刻印象，我记得美国律师可以在案发后的第一时间内接受嫌疑人委托出现场调查取证，可以带着私家侦探，可以帮助嫌疑人做保释等，开庭时可以在法庭上来回走动，可以调动你所有的能力来说服陪审团。通过他的努力，帮助很多人洗清罪名，或者找到真凶。一集一个案例，个个精彩。马特洛克无疑是我心目中的英雄，成为我选择律师职业的冲动。

做了律师之后才知道，美国以及美国律师离我们不仅仅是路途和空间上的遥远，原来是制度上的巨大差异。

很多人是受了港台电视剧的影响，带着职业理想走上律师职业这条路的。大概我们只知道艺术源于生活，却忽略了国外电视剧并非源于中国生活。

中国的主流意识还没有把律师的作用放在客观的或重要的位置，而在民众当中被放大的往往是律师收费。

我们处在一个大变革的时代，对大多数律师来说，自己选择背负的，都是自己的本心。我很荣幸，能够成为中国法治史上的一块铺路石，见证和垫起中国法治的艰难之路。

怀念钢城　怀念青春的味道

　　独上江楼思渺然，
　　月光如水水如天。
　　同来望月人何处，
　　风景依稀似去年。

　　我一直以为，在古人创立的所有制度中，考试制度是最能体现平等竞争精神的制度。在"自由报考，统一考试，公开张榜，择优录取"的原则下，一张考卷摆在你面前，不问出身，不分阶层，贫富贵贱，这都不重要，只有勤奋和考试成绩才是王道。

　　考卷面前，人人平等。考试制度作为平等选拔人才的国之重器，考卷就是江山，考卷就是天下，考卷就是人才，考卷就是前程，考卷就是荣耀。考试制度成为"拼爹"模式的前置程序，阶段性地打破了"拼爹""拼爷""拼祖宗""拼关系"的四拼模式，也保证了阶段性的公平与公正。

　　这一张承载着家国梦想的考卷，从历史的深处走来，像一支兴奋剂，刺激了无数人的神经，像一把火炬，点燃了无数家族的希望。很多人，为了盼望自家祖坟上的那一缕青烟，不惜头悬梁、锥刺股，把自身潜力挖掘到极致，这便是制度的力量。只有这样平等的制度，才能创造出诸如"寒门出贵子，白屋出公卿""十年寒窗无人晓，一举成名天下知"的千古佳话。考试制度裹挟着光荣与梦想，穿越古今，一路走来，每一个朝代都能焕发出新的生机，不管经历多少风雨，生命力依然澎湃勃发，虽然到现在也没有成为世界非物质文化遗产。

　　作为普通人，虽然不能通过考试制度光宗耀祖，但是凭着平等竞争的机制,我参加了全国统一高考,考入东北的一所工科大学。正是古人发明的这种代表着平等、公平竞争的考试制度,才让我这样的农民,有机会进入大学,进入城市,进入工厂,不再以农民工的身份到工地上搬砖。

1983年9月,在北方即将进入丰收的季节里,我怀揣着一纸大学录取通知书,扛着行李,独自踏上了开往东北的绿皮火车,去追寻一个青春梦想。

那一年,我十八岁。

那一年,我平生第一次走进一座城市。

中国之大,所到之处,每一个地方有每一个地方的风物,每一个地方有每一个地方的特色,每一个地方有每一个地方的历史,生活在那里的人们,创造着一方地域文明,守候着一方不一样的精彩。

这是一座以钢铁闻名的城市。因为有铁矿,就有了钢铁,有了钢铁就形成了产业,钢铁产业造就了钢铁的城市,钢铁的城市塑造着钢铁的精神和气质。钢铁是这个城市的历史,钢铁是这个城市的文化,钢铁是这个城市的灵魂,钢铁是这个城市的自信,钢铁是这个城市的宏大叙事。

钢铁城市,自然有着钢铁般的性格。高炉里翻滚着钢铁的洪流,空气里飘散着钢铁的味道,每个人的生活和工作都与钢铁有关。钢铁是谋生之本,钢铁是养家之道。每个家庭都是钢铁世家,钢铁养活了每一个人,钢铁养活了每一个家庭,钢铁养活了一座城市,钢铁见证了一个时代的繁荣,钢铁承载着这座城市的家国情怀。

这是一座将钢铁技术上升为大国重器的城市。一个产业要想生生不息地传承,就必须有源源不断的人才。因钢铁而立,因钢铁而兴,因钢铁而崛起,钢铁大学也应运而生。这所大学为我国冶金系统培养了大批优秀人才,成为钢铁人才的集散地。一座以钢铁闻名的城市，一所以钢铁为主要特色的大学，将钢铁技术上升为学问，上升为高等教育，上升为国之重器。

这是一座以玉佛而闻名的城市。这里不仅有钢铁，还有岫玉。钢铁的城，因钢铁而立，因钢铁而兴，因钢铁而繁荣，因钢铁而辉煌，又因玉而有了佛缘。

一块重达260多吨的岫玉，在地下修炼数亿年后，终于横空出世，经过精雕细琢后，以世界最大玉佛的姿态，坐落在钢城玉佛苑内。佛是一种精神信仰，玉是一种精神气质，玉佛是气质和信仰完美融合的最高境界。这是天地精灵的修行之旅，这是钢城注定的佛缘。

2007年同学聚会，我来此参观。站在这巨大的玉佛下，感受最强烈的是极大的震撼与敬畏。玉佛虽为现代作品，但关于玉石出世、成佛过程中的种种奇异自然现象，已成当地现实版的传说，由此可见，佛的力量和人们膜拜的虔诚。

"南海八千路，辽东第一山"。这是一座以千山闻名的城市。钢铁的城，温润的玉，让我们领略一座城市的意志和大自然的馈赠，文化的山，让我们从不同的角度领略这座城市的另一特质，这便是千山的魅力。因山峰众多，又状似莲花，千山又名千朵莲花山。千山因其秀美和历史文化底蕴，而招致文人墨客的青睐和赞美。古往今来，文人才子汇聚于此，达官显贵来此游历。

在千山留下诗篇的人很多，包括乾隆皇帝和王尔烈等，但是基本上没有太出名的诗句。到目前为止，明代张鏊的"南海八千路，辽东第一山"最受推崇。张鏊本是南昌人，在南京为官。南昌可不是一般的地方，用王勃的话说叫作"物华天宝，人杰地灵"。也许是被王勃的光芒所掩，也许是自身才华撑不起那些绝美的风景，面对着家门口的三清山、龙虎山、鄱阳湖、滕王阁，张鏊总也跳不出"落霞与孤鹜齐飞，秋水共长天一色"之类的绝美佳句。不知道为什么，来到千山，情境就不同了，尤其是到了祖越寺，不仅让张鳌眼界大开，也触发了沉寂多年的灵感，经过一番摇头晃脑之后"南海八千路，辽东第一山"的佳句跃然纸上。后来，大书法家启功先生踩着凌波微步，以兰花叶片般柔美的线条，将"南海八千路，辽东第一山"书于千山大门两侧，成为千山掷地有声的广告语，让千山更加声名远播。自从这两句诗被认可后，张鳌终于发现自己擅长的不是诗词，而是广告词。

作为一个真正有文化的官员，所到之处，能为地方留下几个文化标签，也算是一种贡献了。我以为，就凭这两句广告词，给张鳌评一个国家特级劳模，或者作为千山的旅游形象大使，也是完全够资格的，在这里，我必须投他一票。

开学的第一课，老师们就轮番讲演，男孩子就是要从事钢铁事业，钢铁就是男人的事业，从事钢铁事业的都是国家的栋梁。那时候的老师都很真诚，都非常尊重自己的专业，真正把专业当成事业。每次听到老师富有激情的演讲，浑身就会充满力量，以至于到现在，听到有别于当年老师们的演说，让我分不清楚"忽悠"和"教育"的区别。在学校，被老师们教育，走入社会，被玩世形形色色的人们"忽悠"，我们的定力，就是在不断地被忽悠中长成的。

作为学生，学习和读书才是正经事，道理谁都明白，但是我以为最无聊、最无趣、最枯燥的便是学习专业课了。以我大半生的经验证明，读专业书最为明显、也最为立竿见影的作用就是容易入睡，三两行读下来，便已进入梦乡。听老师讲课更是如此，当一觉醒来，早已下课，根本不知道老师何时走出教室的。直到一学期的课都讲完了，准备期末考试的时候，才从头儿自学一遍，以便应付考试，只要及格便是万事大吉。不是老师们讲得不好，而是我从来都不是一个好学生。

大学期间，最美好，最轻松的事情就是做梦。在我做过的所有的梦中，最优质的梦都是在白天做成的，这大概就是世人常说的白日梦吧。那时候，梦想着不用学习就能考出好成绩，梦想着自己的学业和爱情都能够面朝大海，春暖花开。那时候，我经常想，如果大学里没有了考试，便是人间天堂，遗憾的是，这样的天堂只能向往。

专业课实习的时候，那是我第一次进入生产车间，第一次看到钢铁是怎样炼成的。直到现在，我依然认为，没有任何一种产业，有如此惊人的力量，没有任何一家企业，像大型钢铁企业一样，有如此宏大的生产场面。

我一直感到很庆幸，我的大学是在一个钢铁的梦想中度过的，更为庆幸的是，处在一个钢铁年代，并且深入其中。在我的青年时代，有幸走进东北地区最大的钢铁工业城市，见证了共和国钢铁工业最辉煌的年代，见证了钢城人独特的血性与豪迈。

青春的校园里从来不缺少运动和浪漫，冰场是我在东北求学经历中深刻的印记。由于学校场地不大，再加上东北气候的原因，冬天，学校就把操场变成冰场，同学们在冰上翩翩起舞的场面，比南方的校园多了很多浪漫和诗情。但是，遗憾的是，四年的时光里，我居然没有学会滑冰，现在想起来，自己是多么的愚笨，多么懒惰。

大学校园里，与青春相伴的少不了音乐和歌声。在校园歌曲的流行季，那些洋溢着青春气息的歌曲，总是给人以力量，彰显着时代特征的校园歌曲是校园文化不可或缺的主旋律。"外婆的澎湖湾，白浪逐沙滩""池塘边的榕树上，知了声声叫着夏天""莫愁湖边走，春光满枝头"等等。那些表达真情实感的、充满人性光辉的、触动人心的歌曲，才是永恒的经典。不管时代如何变迁，每每听起，都有一种直击人心的力量和震撼。

紧挨着大学校园有两处风景，一处是烈士山，另一处是二一九公园。山和公园的名称由来都和战争有关，一处是为了纪念战争中牺牲的将士，一处是为了纪念战争胜利的日子。烈士山象征着战争，二一九公园代表着和平。烈士山是市内的最高处，登高望远，既可以早观朝阳晚看余晖，也可以辨别老家的方向；二一九公园是隐藏在钢城的柔性之美。寒冬过去，冰雪消融，当一曲《北国之春》在公园里响起的时候，我们在悠扬的曲调里寻找家乡。沿着湖面，远远地望去便是东山，多少次，望着挂在天上的月亮，就会想起家乡。

课余饭后，烈士山和二一九公园差是不多每天都要去的地方，我一直以为，这烈士山和二一九公园就是大学校园的一部分。

如今，新校园在千山景区附近依山而建，拔地而起。烈士山依然高耸；二一九公园的景致依然美丽，老校园却是永远地去了，只有翻看老照片的时候，才能感叹当年曾走过的地方。关于青春的印记已经随着老校园的轰然倒塌随风潜入历史，没有了记忆中的老物件，我们这些曾经的老校园的主人，彻底变成了无家可归的游子。

南果梨是钢城秋天的精灵，是典型的鞍山特色，鞍山味道。钢城的秋季，便是南果梨飘香的季节。"橘生淮南则为橘，橘生淮北则为枳"，大概也只有钢城的某一个特定的地方才会长出如此特别的味道，除此以外，应该是别无二处的。对于钢城的游子，南果梨的味道正是家乡的味道。对于我，却是一种青春的味道，一种怀念的味道。

评书绝对是鞍山的名片，刘兰芳、单田芳等评书大家都是从鞍山走向全国的。刘兰芳的一部《岳飞传》引爆全国评书热潮；单田芳以一种平民化的粗犷风格，名震天下，家喻户晓。刘兰芳、单田芳几乎成了评书的代名词。记得上大学的时候，每逢重大节日，学校都会请刘兰芳到学校演出。"评书江湖"的热闹与火爆就是从鞍山评书艺人刘兰芳、单田芳开始的。

俗话说一方水土养一方人，钢铁代表着粗犷与豪放。难以想象，在钢铁的城市里，会有一个弱柳扶风、娇花照水的林妹妹。

按常理，这样的女子应该出产在江南地界，林妹妹本就是那江南女子，这钢铁之城断然不会出产林黛玉的，可现实就是这么一反常态。一个土生土长的林妹妹，就活脱脱地出产在这钢铁之城，不靠演技，不靠颜值，硬生生地靠着和林妹妹气质的契合度和忧郁的诗人气质赢得了观众。"香魂一缕随风散，愁绪三更入梦遥"。一语成谶，黛玉香消玉殒，晓旭随风而去，向世人诠释了另一种青春。林妹妹陈晓旭，永远地去了，那个经典的林妹妹永远地留在了屏幕上，留在记忆中。

不知道为什么，说到林妹妹，我总会想到那块260多吨重的玉石，经过数亿年的修行，在林妹妹所在的钢城出世，一方美玉立地成佛，这和宝玉有什么关联？可是剧情和现实又是这么贴合，堪称《石头记》的现实剧。

大学期间，老式有轨电车是钢城的重要交通工具。当时的钢城是为数极少的有着老式有轨电车的城市。行走中发出"咣当咣当"的声音，是车轮撞击铁轨发出的声响。如果不到钢城，这样的老式有轨电车，只有在电影里的老上海、老北京才能看到。

学校门口就有电车的车站，五分钱一张票，通行非常方便，老式有轨电车成为同学们上街首选交通工具，我们最常去的地方就是火车站。我们去火车站，是为了一碗冬天的朝鲜冷面。乘坐有轨电车，来回只需要一毛钱的车费。这朝鲜冷面，只有在数九寒天的晚上，在漫天飞舞的大雪中，才更有味道，吃起来才会更过瘾。半个鸡蛋，一两片苹果或鸭梨，酸甜味道的冰凉的汤，几根黄瓜丝儿，撒上一些辣椒面儿，用筷子搅拌几下，酸酸甜甜地入口，冰凉舒爽的感觉沁人心脾。按照学校的作息时间，晚上12点之前必须回到学校，否则大门关闭，进不了学校，只能露宿街头了。除了朝鲜冷面，还有那些开胃的朝鲜小菜儿，也是大学期间的最爱，这些朝鲜特色饮食，丰富着钢城的餐饮文化，充实着钢城的地方特色。多少年过去，每次吃起朝鲜冷面，依然相信上大学时的味道才是正宗的味道。

钢城的老式有轨电车，带着"咣当咣当"的声音陪伴我们走过了四年的大学生活。这是一座城市历史深处发出的声响，是一个时代的记忆。随着钢城的变迁，老式有轨电车早已成为文物。直到现在我依然记得有轨电车经过的重要站点，鞍山站、五一路、烈士山、市立医院、钢院、科技馆、解放路等，依稀记得沿途的那些风景。公元2007年，大学毕业20年聚会的时候，再也没有见到老式有轨电车的踪影，再也没有听到车轮撞击铁轨发出的咣当咣当的声音，如今只能在博物馆里寻觅历史的遗迹了。

钢铁的繁荣，带来市民生活的富裕和热闹。记得那时候，在钢城中心的闹市，有一家百货商店，专门售卖南方的各种食品，叫南味商店。走进这家商店，品味江南的味道，感受江南的气息。除了南味百货商店，还有几处百货大楼，或是什么商场，那是钢城最为繁华的地方，是钢城人集中购物的所在。如今，那些曾经的现实的存在，已永远成为钢城历史的一部分。

酸菜是东北的家常菜，也是东北人的最爱和乡情。在当时，我一直不能接受酸菜，四年的大学时光，我几乎没怎么吃过酸菜。毕业后到了河北唐山，慢慢开始接受了酸菜。酸菜是东北人特有的饮食文化，是东北游子的乡愁。我虽然不是东北人，由于在东北上过大学的缘故，每次去东北，总想吃一顿正宗的酸菜。东北酸菜的味道和口感，绝不同于超市里售卖的用醋精泡出的假酸菜。

绿皮火车，是那个时代从一个城市走向另一个城市的主要交通工具，东西南北的交通命脉，直到有了高铁，绿皮火车才退居铁路运输的第二线。我对绿皮火车最深刻的记忆是票难买以及车厢里人挤人的全程无座，从鞍山站到北京站，要站立一宿的时间。那时候，出外旅行是一件痛苦的事情，不像现在，飞机、高铁、出租车、私家车的发展，已经让出行变得轻松、舒适、快捷。一个拉杆箱一个双肩挎，可以在机场、高铁室内外平坦的路面上自由行走，方便的电梯免除了背上背下的负重辛苦，再多的东西可以办理托运，一天跑上几个城市，如履平地，轻松自如。旅途愉快已经不仅仅是一句祝福语，而是可以看到感觉到的现实状态。

我的大学时代，是一个新奇的年代。

那时候，香港的律政剧，开始走入大陆人的视野，我们惊讶地发现，原来华人还有这样的精气神儿，华人还可以这般的精彩。

那时候，台湾的校园歌曲像一股旋风，席卷着我们的青春在校园里狂舞。原来学生也可以放肆地表达自己的情绪。

那时候，电视剧《霍元甲》风靡全国，"万里长城永不倒，千里黄河水滔滔"，激发我们理性的爱国热情。

那时候，电视剧《上海滩》，让我们热血沸腾。那是创业者的激情澎湃，那是江湖上的血雨腥风，在纷争中，让我们看见江湖义气，看到激昂的血性和青春。

那时候，刘兰芳的评书风靡全国，一部《岳飞传》在鞍山引爆全国评书潮。

那时候，各种新生事物层出不穷，每一个新生事物，都给人以方向，给人以力量。

那时候，每天都有新变化，每天都有新希望。

四年的大学时光转瞬即逝，怀揣着一纸毕业证书，我们各奔东西，去实践一个遥不可及的理想。

一切已经成为记忆，成为过往，多少年过去，面对浮躁的世界，我们不再慌张。

回首往事，我们依然记得青春的模样。

青春，是胸怀天下，是行走江湖，是背井离乡。

青春，是辛弃疾的少年愁绪，"少年不知愁滋味为赋新词强说愁"。

青春，是"关关雎鸠，在河之洲，窈窕淑女，君子好逑。"

青春，是"蒹葭苍苍，白露为霜，所谓伊人，在水一方。"

青春，是崔护的人面桃花，"人面不知何处去，桃花依旧笑春风。"

青春，是林徽因的人间四月天，"醉了岁月，醉了少年。"

青春，是海子心底散发出的阳光，"面朝大海，春暖花开。"

青春，是杜甫的家国情怀，"白日放歌须纵酒，青春做伴好还乡。"

青春，是李白的清风明月，"李白斗酒诗百篇，不尽长江滚滚来。"

青春，是梁启超的少年中国说，"红日初升，其道大光。"

青春，是无所顾忌，是少年轻狂。

青春，是七个不服八个不忿。

青春，是一个人吃饱了全家不饿，青春是自由自在地无所牵挂。

青春，是好高骛远，是这山望着那山高，青春，是想得多做得少。

青春，是春乏秋困夏打盹儿，睡不醒的冬三月。

青春，是一觉睡到自然醒，太阳晒到屁股上。

当国家民族遭遇危亡的时候，青春，是义无反顾地血战疆场。

抗联打此过，子孙不断头。青春，是东北抗联的血性豪装。

青春，是乱世中万类霜天竞自由的少年豪放。

青春，是盛世中的书声琅琅，以学为主，兼学别样。

青春，是岳飞的《满江红》，"莫等闲，白了少年头，空悲切。"

青春，是王安石的感慨，"春归只如梦，不复悲凄凉。"

光阴荏苒，世事沧桑。

人生所有的向往，已经开始变得发黄。

回首往事，黯然神伤。

那些心中的山水，早已没有了心跳的慌张。

那些眼中的风景，早已不再令人神往。

那些激昂的青春，早已被岁月消磨得精光。

那些风中的少年，早已没有了青春的锋芒。

那些曾经的理想，早已欠费停机。

那些吹过的牛逼，早已写在失信黑名单上。

那些所有的过往，早已怀念成亲切的惆怅。

怀念东北的漫天大雪，怀念北国的春天。

怀念校门口的老式有轨电车，想再听听"咣当咣当"的声响。

怀念烈士山的石阶，怀念二一九公园的垂柳，怀念公园的夜色。

怀念校园大门上李铎题写的牌匾，怀念校园的教学楼，怀念校园的图书馆，怀念校园的滑冰场，怀念校园的大食堂，怀念校园的集体宿舍，怀念睡在上铺的兄弟。

怀念东山的风景，怀念千山的春夏秋冬。

怀念独具风味儿的南果梨，怀念正宗的东北酸菜，怀念冬天的朝鲜冷面。

怀念钢城的煤焦味儿，怀念机器轰鸣的车间，怀念钢水奔流的生产场面。

怀念机械制图，怀念画法几何，怀念机械原理，怀念机械零件，怀念材料力学，怀念公差与配合，怀念那些兢兢业业的老师。

怀念曾经的苦闷与快乐，怀念永不回头的青春岁月。

怀念校园里的旧时光，怀念大学时所有的遇见。

怀念那一座已经消逝得无影无踪的老校园。

(2021年5月4日草成于北京家中)

孝义河畔我的故乡

年少的时候，受了梦想的鼓动，不顾一切地逃离那个生我养我的地方。出走半生，待到青丝白发，年华老去，再回到故乡，村庄已不再是当年的那个村庄，少年也不再是当初的那个少年。"唯有门前镜湖水，春风不改旧时波"。不管人世间如何天翻地覆，都不能改变大自然万古不变的四季轮回，只有春夏秋冬的律动才能让我合上这小村的节拍。当年的义无反顾，已化作今天的物是人非，这大抵是很多和我一样的农村孩子的心路历程和乡愁吧。

我的故乡，地处华北平原，坐落在孝义河北岸高阳地段，这是一个静卧在荒烟蔓草中的平凡的小村庄，这个静谧安详的小村庄，便是我的梦想生长的地方。

关于小村名称的来历还有着一段鲜为人知的传奇经历。据说，在明朝的时候有一位仙风道骨的风水先生沿北岸东游至此，驻足观望间，突然发现一个奇异的现象，河水虽然流走了，但是留下来的却是祥瑞之气，先生断定这里一定是一处风水宝地，于是便在一棵三人合抱的大柳树上挥毫写下"留祥"二字，未等字迹干透，老先生便腾空而起，驾着五彩祥云去了白洋淀方向，身后留下一道绚丽的彩虹，引来很多村民围观跪拜。小村建于北宋末年，原为大宋抵御大辽的军事重镇，因赵王堡曾屯兵于此，便命名赵堡屯。县太爷闻听风水先生之事，也颇感惊奇，为了取吉祥之意，也为了记住这位老神仙赐名之恩，县太爷灵机一动，便用"留祥"加一"佐"字为小村更名，加一"佐"字是考虑到君王右边是武将，左边是文臣，武将是保佑，文臣是辅佐。大意是希望村里能出一些文化人辅助朝廷为国效力。说也奇怪，从此，小村的文脉就连绵不断，历史上还真出过几个举人、秀才，清朝末年还有邵姓人家子弟考入燕京大学。风水轮流转，高考制度恢复后，村里每年都有几个农家异姓孩子考上大学，至今从未间断，这风水宝地之说确实得到了印证。

小时候，故乡的生活是单调的，即使在节日里，也没有什么热闹，诸如南方的舞狮子、节日庙会等等盛大的活动，更是未曾见过，安静闲散的生活中缺少了严肃、庄重、神秘的仪式感。只有赶集、婚丧嫁娶或者过年，才是乡民们聚集在一起最热闹的时候。赶集主要是为了购买一些生活用品，婚丧嫁娶虽能反映一些民风民俗，但也没有什么特别之处，更没有什么传统的特殊文化含义。只有过年的时候，游子回乡，亲朋聚会，乡民们才停下手里的活计，全身心地过年，这时候才是村子里也最为热闹。

这场盛大的活动中，最为体现亲情和乡情的要数挨家挨户的拜年活动了。大年初一，各家各户都早早地起床，饺子下锅之前要先放鞭炮，一阵噼噼啪啪的响声过后，一家人围在一起开始吃饺子，吃过饺子后，年轻人或辈分低的人们，便三三两两或更多地聚在一起，到长辈或沾亲带故的人家去拜年。说到拜年，还真是有些趣味的。晚辈们进到长辈们的家里，一进院就开始喊"拜年了，拜年了"。一边喊着一边进到屋里，跪在长辈们事先铺在地上的棉褥子或棉门帘儿上，嘴里喊着"磕头了，磕头了"，于是大家都跪下来磕头。长辈们见此情状，一边下土炕迎接，一边喊"别磕了，别磕了"。长辈们还未来得及拦住，晚辈们就已经磕完了。集体磕头跪拜长辈，这大概是故乡最有仪式感的拜年习俗了。

后来，不知道从什么时候起，晚辈们只是站着拜年，不再跪拜也不再磕头了，但是嘴里仍然喊着"磕头了，磕头了"。长辈们依然忙着迎出来，"磕了吗？我怎么没看见啊"，"你没看见是你没看见，反正我们磕了"。长辈们一边笑着一边忙着把晚辈们让进里屋，于是人们在其乐融融的笑声中聊起家常，乡情、亲情在笑声中飘散开来，弥漫在小院儿里，在小巷里飘荡。那时候我年纪尚小，辈分虽然很高，却没有享受过这样的磕头跪拜待遇。现在想起来，还真有那么一点点遗憾。走在大街上，平日里很少见到的人，在外工作的人，也都聚拢来，互致问候，互相拜年。在我记忆的深处，故乡的年，是最难忘记的。

那时候的农民都是百分之百职业化的专业农民，除了农耕，村子里并没有其他的产业，进入到冬天，地里就没有农活需要打理了，这个时节便是乡亲们一年中最为闲暇的时光。那时候还没有电视，偶尔放个露天电影，才会有一番热闹，热闹之后，又回归沉寂。每天吃完早饭，女人们在家里除了做家务就是做饭，男人们就聚在村子里的墙根儿底下，一边晒着太阳躲避寒冷，一边东拉西扯地聊起天来，天南地北，家长里短，历史故事，道听途说等等，偶尔也会有一些小道消息或绯闻，只有这些小道消息或绯闻才会给村民们的生活增添一点儿神秘气息。就这样一聊便是一个冬季。

成年人有成年人的消遣，儿童有儿童的乐趣。记得小时候，到了农闲的冬天，村里就把牛、马、驴、骡子等代表那个年代生产力的大牲口放到地里啃食麦苗儿，因为土地冻得瓷实，麦苗儿的根系不会被破坏。放学后，从枯燥的课本里跑出来，我就和小伙伴们一起狂奔到地里去骑驴。骑驴还真是个技术活儿，一开始没有经验，我直挺挺地骑在驴背上，两条腿紧紧地夹住驴的肚子，战战兢兢地，生怕摔下来。毛驴本来就没什么好脾气，再加上受到惊吓，愤怒的毛驴急赤白脸地在地里乱蹿起来，完全不会顾及我的人身安全。这倔驴好像知道我没有骑驴的经验，便故意从土坡上向下跑去，在它身体向下倾的那一刻，我便直挺挺、硬生生地摔落在斜坡上，从斜坡上再滚落到地面。庆幸的是，摔了好几次，我都毫发无损。那时候，还没有替身演员这个行当，如果有，我一定是个优秀的替身演员。而今，农民耕作收割都用机器了，这些大牲口也就没了用场，再回老家的时候，只能在驴肉火烧或者火锅里怀念牛的勤劳和驴的倔强。

春风拂面不觉寒，难熬的寒冬逐渐远去，温柔的春天终于来临。孝义河堤坡上的垂柳受了春风的诱惑，枝头泛起嫩芽的鹅黄，树枝间开始有清脆的鸟儿欢唱，大地升腾起温暖的春意，给人以无限的力量和希望。春意盎然，惠风和畅，乡亲们却无缘欣赏这大好的春光，伸一伸懒腰，便毫不懈怠地扛着农具赶着牛马忙碌起春耕来了。休闲一冬，好像憋足了一身的劲儿，就等着享受小麦丰收的那一场盛宴。面朝黄土背朝天，乡亲们就是靠着这份勤劳，娶妻生子，养家糊口，一忙就是一生，一忙就是一辈子，世世代代传承着与生俱来的那份朴实和善良。

一个少年的梦想便在这周而复始的、单调的生活中生发出来。尽管是梦想，但并没有具体方向。其实，梦想就像是一个筐，只要能改变命运，什么都可以往里装。说是梦想，更大的好处是，它随时都可以改变。穷人的梦想廉价且多变，但是改变命运的动力却有着破釜沉舟般的倔强。

天道酬勤，功夫不负有心人，有时候也关照一下个别死心眼儿的人。十年苦读，终于蒙上了一所工科大学，功夫总算没有白费。不负油灯，不负灯泡，不负春光，不负月光。把理想打包装进梦想的筐，背起行囊，别了爹娘，别了家乡，踏上去东北的绿皮火车，奔向他乡。

20世纪80年代，一个朝气蓬勃的年代，一个浪漫纯真的年代，一个充满激情的年代。一个诗性的年代，一个满怀希望的年代。那是一个不分阶层，人人可以有理想而不被人嘲笑的年代，也是一个带着梦想对新生活或未来充满向往和憧憬的年代。百姓有梦想，国家有希望，百姓有奔头，国家有活力。一个时代，如果能够让普通百姓充满期待，追求梦想，这一定是一个了不起的好时代，国家幸甚，百姓幸甚。我的少年、青年就是在这"幸甚"中自由生长。

"晓觉茅檐片月低，依稀乡国梦中迷。世间何物催人老，半是鸡声半马蹄。""忽忽百年行欲半，茫茫万事坐成空"。在外工作的几十年里，时常感叹时光荏苒，感叹时光一去不回头，闲暇的时候，总会想起年少时候的故乡。

故乡，是一轮明月。自从离开故乡，这一轮明月便从心底升腾，离家越久越是明亮。那是村口的明月，随时迎接游子的归来。那是老屋院子里的明月，皓月当空，把小院儿照得清澈透亮。那是孝义河的明月，那是挂在垂柳树梢儿上的明月。我走到哪里，这轮明月就会跟到哪里。在外求学，初离故乡，游子的乡情，在异乡流浪，月亮挂在天上，泪光触碰到月光，撒落一地惆怅。

故乡，是母亲的手，当我感冒发烧的时候，放在我的额头，让我感受温暖的力量。

故乡，是父亲压不弯的脊梁，父亲用辛勤的劳作支撑起全家的衣食住行，给我朴实与坚强。

故乡，是残破的老屋，父母用沧桑给我们支撑起遮风挡雨的屋顶。陋室里装满了亲人们共度安然岁月的旧时光。如今，村里有三处标志性建筑，一是孝义河上的石柱残桥，上面杂草覆盖，虽然失去了通行作用，但是几十根石柱子依然挺立在水中央。另一处是矗立在村口的教泽碑，风吹日晒中，荒烟蔓草遮挡不住历史人文的光芒。还有一处便是我家的老屋。在我离开村子的时候，村里都是这样的传统老屋，后来很多人家在原址建起了新屋，彻底丢掉了老屋传统的样式，只有我家的老屋还在，这座老屋已经矗立了近百年，成了村里最古老也最具传统意义的标志性民居。

故乡，是幽暗的灯光，虽然微弱，却有方向，时刻散发出源源不断的力量，那些苦读的学子们，就是借着这微弱的灯光，带着梦想走向远方。

故乡，是夏天的蝉鸣。蝉的幼虫在地下忍受四五年的寂寞、孤独和黑暗，终于有一天挣脱出地面，在太阳的照耀下，羽化成蝉。蝉的一生都在为破土而出奋斗，蝉的一生渗透着农村人奋斗的历程和品性。"垂绥饮清露，流响出疏桐。居高声自远，非是藉秋风。"故乡虽然平凡，但并不缺少高洁的品性。

故乡，是儿时的玩伴，玩伴在，童年在，童年在，乡情在。儿时的小伙伴儿，或在异国，或在他乡，或在县城，留在村里的依然守护在这片肥沃的土地上。

故乡，是村里的土路，虽然泥泞，却给人以坚定执着的力量，农村学子们日夜苦读的脚印，就清晰地印在这泥泞的路上，学子们就是踏着这条起跑线，带着一份土生土长的自信去寻找理想。

故乡，是坚实的土地。地上有翻滚的麦浪，地下有我长眠的爹娘。走在故乡的土地上，那恍如隔世的久违的温馨在胸中弥漫、激荡。生于斯，长于斯，不管走到哪里，我的血液里流淌的永远是泥土的芬芳，故土的温度始终在我的胸中滚烫。

故乡，是孝义河畔的垂柳，春风乍起，诗情画意便在长堤上随风荡漾。河水一路欢唱着流向白洋淀，那个叫作华北明珠的地方。

故乡，是抑扬顿挫的琅琅书声。那时候，没有电视，没有汽车，没有乡镇企业，能够听到的，只有蛙声、蝉鸣、鸡鸣、犬吠、风声、雨声、雷声和灌溉农田的流水声，偶尔夹杂着货郎的吆喝声，最悦耳的还是校园里的琅琅书声。

故乡，是融进骨子里的乡音。不管你走到哪里，不管你出走多久，多少次在梦里说出的，即使在梦里骂人的时候，不由自主地，发出的都是乡音。

故乡，是邻里乡民们互助的乡情。那时候，婚丧嫁娶，起屋架梁，乡亲们都是义务帮忙。

故乡，是邻居家的豆腐坊。每到年底，邻家的圆盘形石磨就不停地转起来了。随着石磨一圈一圈地转动，豆浆的香味便在小巷里飘散开来，引得村民们前来凑热闹，这是村里最具乡情的年味儿。

故乡，是王士敏老先生的"教泽碑"。清朝秀才王士敏学富五车，却无心功名，不涉仕途，在本村开馆讲学，一生从事教育，教出很多优秀门生，其中包括国学大家孙松龄。王士敏去世后，孙松龄等众门徒共同出资为老先生出版遗作《北坡诗稿》并立"教泽碑"，碑文由孙松龄亲自撰写。从全国来看，从古到今，学生为老师立碑的并不多见，至今这座丰碑依然伫立在村口。这座石碑是小村里最重要的文化印记。

故乡，在王士敏老先生的《北坡诗稿》里。"只爱吟诗不作诗，同人笑我少风姿，岂知多少奇情景，已入前人绝妙词。""老来不耐戏场哗，拄杖同寻绿水涯。犹有儿童风味在，拾将瓦片打飘花。""帝国推翻甫四年，无端又要骗皇权。欲凭强腕恢秦制，巧借舆情文莽奸。北极龙袍将入座，南方烽火已连天。孽由自造终难免，伫看脐灯卓腹燃。"这是渗透在老先生骨子里的风雅和家国情怀，构建成小村的风骨和文化风景。

故乡，在乡民的书法里。无人教授，无师自通，世世代代，村子里总有那么几个会写毛笔字的人，遇到婚丧嫁娶或者过年，写礼单写对联就会派上用场。虽然说不上是什么书法艺术，但这份独属于小村的风雅却在乡民的手上不断传承下来。

故乡，是杨家将保家卫国的忠肝义胆。宋朝的时候，这里地接辽境，为军事重镇。大宋在这里设高阳关，守边的副统领便是杨延昭（杨六郎），将士们曾经住在这小村里。老家这一代的民间传说、曲艺、戏曲等，传颂的都是杨家将的故事。故乡虽然没有有形的爱国主义教育基地，但是杨家将的精忠报国，在乡民的心里早已是一座丰碑。

四十年匆匆走过，山河依旧，小村依然。孝义河长堤静卧，蛙声、蝉鸣、鸡鸣、犬吠、雨声、读书声，已经淹没在机器轰鸣的经济潮流中。故乡，已经没有了我儿时的模样。再也看不到那些传统的屋舍，看不到屋舍上那些半弧形的瓦片，看不到瓦片上滴下的雨滴，看不到栅栏上气定神闲的蜻蜓，看不到那些熟悉的小胡同，看不到那些引人思乡的烟囱和炊烟，看不到那些传统的农耕机具，看不到那些在地里啃食麦苗的牛羊，看不到那些在天空中飞翔的鸽子，看不到那些挂在天上随风起舞的风筝，看不到那些"衔泥巢梁"的燕子，看不到那些曾经一起奔跑的少年。

那些逝去的，恰恰是少年最珍贵的记忆，是少年时代最清晰的时代特征，是最能勾起游子们回乡的文化意象，是烙印在游子们心中故乡的魂，是游子们踏上归途的方向标。

改革开放后，村子里有了小工厂，农忙之余，乡亲们可以到工厂打工，日子逐渐好起来了，经济条件的好转和社会的深刻变化，使得村民们的观念也受到了很大的影响。高等教育的普及，农村孩子考上大学的越来越多，但是能够出人头地光宗耀祖的毕竟是极少数。在农村考大学的时候，只知道天道酬勤，进了城才知道还有"拼爹"。对于绝大多数人来说，考大学的目的就是为了找一份较好的工作，农村人既拼不起爹，也无特殊资源可以借力，想找一份好工作谈何容易，面对残酷的现实，考大学也不再是农村孩子的第一选择。

> 年年岁岁花相似，
> 岁岁年年人不同。
> 怀旧空吟闻笛赋，
> 到乡翻似烂柯人。

故乡，是一列时光列车，载着我的青春，我的足迹，我过去的点点滴滴，逐渐地离我远去，成为过往、成为回忆、成为思念、成为乡愁。一切恍如隔世，一切又似曾相识。那些过年时的热闹，那些跪拜长辈的场面，那一片满天星斗的蓝天，那一轮挂在村口的明月，那一座尊师重教的"教泽丰碑"，那些生长在荒烟蔓草中生生不息的家国情怀，那座曾为我遮风挡雨的残破的老屋，那些充满童真趣味的童年往事，那些在孝义河长堤上奔跑的小伙伴儿，那些乡间流传的孙榜眼孙承宗的故事，那些杨家将的精忠报国爱恨情仇，那一条流向白洋淀的孝义河，那座通往蠡县的石柱残桥，那一点伴我苦读的微弱的灯光，那些土路上泥泞的脚印，那一片肥沃而坚实的土地，那些忠厚传家、勤劳朴实的村民，那些浸润小村人文的诗意风流，那些在我苦读路上点点滴滴的经历，都已深深地融入到一个游子的血脉之中，固化成故乡的真实意象，强壮着游子的筋骨，这些承载着乡情与乡愁的印记陪伴我走遍大江南北，成为一个游子闯荡江湖，披荆斩棘的原动力。

　　故乡没有山，但并不缺少大山的坚毅；故乡没有海，但并不缺少大海的胸怀；故乡没有宏大壮阔的历史，但并不缺少家国情怀；故乡没有大儒大雅，但并不缺少诗意风流和文化风骨。故乡，有着取之不尽的精神营养；故乡，有着用之不竭的精神力量。那一片有灵性的热土，时刻温暖着游子们到达理想的地方。

（2021年3月4日晨草成于北京）

大漠苍凉

引　子

　　因为代理一起建设工程连环纠纷案子的缘故，我又一次来到宁夏。

　　从首都国际机场出发，飞行差不多两个小时左右便可到达银川河东机场。如果赶上好的天气，飞机尚且能够准点儿起飞和降落。

　　今天算是一个幸运的日子，准时起飞和降落，自然得偿所愿。更为幸运的是，这一日，晴空万里，能见度很高。我坐在靠窗的位置，可以俯瞰苍穹下的万物。一路的雄浑壮阔，满眼的云山万重，这大自然的乾坤正气，广阔着我们的胸襟，伟岸着我们的风骨。

黄河大道

　　关关雎鸠，在河之洲。
　　窈窕淑女，君子好逑。

　　每读此诗，一股浓浓的、远古的自然气息，便扑面而来，这是《诗经》的开篇，也是《诗经》中最具影响力的名篇之一，这《关雎》中的大河便是黄河，这古老的黄河便是《诗经》最古老的源头之一。恰似这自然生长的日子，这地老天荒中的妩媚，引来亘古不变的浪漫。我们的古人循着这浪漫，许下海枯石烂的诺言，古老的人性之爱就像这大河一样，一直奔腾到今天，川流不息，永不枯涸。

　　为了去灵武市法院开庭，我们一行四人，从银川出发驱车沿百里滨河大道，一路前行。做了功课才知道银川是处在黄河的中上游河段。黄河流经宁夏包括中卫市、中宁县、青铜峡市、吴忠市、灵武市、永宁县、银川市、贺兰县、平罗县、石嘴山市、陶乐县、惠农县在内的12个县市，我没有学过地理，只能现学现卖。我们走的这条滨河大道，将宁夏沿黄河市县中卫、吴忠、青铜峡、灵武、平罗连成了一条线。

　　我去过山东东营的黄河入海口，也曾在济南的黄河边停留，但是像今天这样长时间且近距离地沿着黄河堤岸行走，还是第一次。沿着滨河大道，分布着一些叫不上名字的建筑物，给空旷的黄河两岸增添了一些人文的色彩和装点。

　　长河奔流不息，贺兰苍茫静卧。我们的车子沿黄河岸边一路前行。黄河，舒展在蓝天白云下，清凉的河风带着水草的味道从河面上吹过，渺渺的天空一片清朗，柔和的阳光投射在水面上，波光粼粼的河水向下缓缓流淌，欢腾着奔向属于自己的远方。这里看不到"黄河远上白云间，一片孤城万仞山"的雄浑壮阔，更听不到"羌笛何须怨杨柳，春风不度玉门关"的哀怨。这里是黄河冲积的平原，没有"黄河之水天上来，奔流到海不复回"的壮阔景象。但是黄河在这里营造了塞上江南的秀美风光，把黄河奔腾咆哮后的静美变成了鱼米之乡。

　　此时此刻，一种久违的感动涌上心头。在这诗情画意的沙洲之上，参差的荇菜，是否还在茂密地生长？关关和鸣的雎鸠，是否还在幸福地相伴？采摘荇菜的那个姑娘，是否还在低声歌唱？阳光静好，大河依旧，一曲美丽的《关雎》醉了几千年。那歌声，清扬婉转，引来一个少年的辗转反侧，梦想着与那个姑娘美丽的邂逅。

远处，光秃秃的山脉，将一种亘古不变的苍凉蜿蜒到远方；近处，郁郁葱葱的树木，挺拔着向上的力量，连片的庄稼透着绿油油的粗壮，显示着宁夏人抗争大自然和不屈不挠的倔强。阳光下，我们站在黄河岸边，感受着这一片辽阔的苍凉，赞叹着坚强而伟大的力量。

白天，阳光正好，我们走在黄河东岸；傍晚，红日西垂，我们走在黄河西岸，驱车踏上回银川酒店的路。夜幕降临，一轮明月高悬，月光如水，清辉洒在河面，泛出温柔的微光。上次专程游览过位于青铜峡黄河边的黄河楼，这黄河楼虽为现代仿古建筑，但是其借着古老的黄河生发出来的气势绝不亚于黄鹤楼，只是历史和人文积累尚待时日。相信，这气势非凡的建筑在古老的黄河文化熏陶下，一定会熠熠生光。此时，这黄河楼就在黄河对面，月光下，已经化作灯火通明的夜景，显示出比白天更加晶莹剔透的美丽身姿。这是一个极易引发诗兴的景致，即使不是诗人，我也能附庸风雅地脱口而出：

> 黄河岸边黄河楼，
> 清风徐来月当头。
> 我自多情诗兴起，
> 河水自顾向东流。

从古到今，月亮循着自然规律，圆了又缺，缺了又圆，大河依旧东流，劈波斩浪，亘古不休。引了多少清兴，惹了多少闲愁。是喜是忧，其实，完全是由着你自己的心境。

塞上江南

星罗棋布的湖泊和湿地，给宁夏平原注入了灵秀和神奇，这是黄河母亲的馈赠。上次我来宁夏,正是水稻插秧时节,驾车行进在高速公路上,我看到农民在水田里插秧劳作的情景,这是只有在江南才能看到的景象,江南水乡的气息在这里悦动。

在贺兰山下、黄河岸边,沙漠与水域毗邻而居,形成一处融江南水乡与大漠风情为一体的自然景观,这便是沙湖了。以大漠黄河为邻,以西夏王陵为伴,加上贺兰山的呵护,沙湖便是一处金屋藏娇般奇妙的所在。

大漠苍凉中,一片静美的湖水,荡漾在芦苇丛中,芦苇铺天盖地的碧绿,叶子任性地挥洒,一簇簇的芦苇便做了护花使者。一片江南的美景呈现眼前,江南和大漠共同营造的奇特景观,在这里成为真实的存在。这大漠中的江南水乡,这长河落日中的韵味,这大气磅礴中的秀美,犹如盛开的莲花,柔软且舒展,尽情展现着这佛天圣地中的景致。这样的水域,只有沿着黄河才能得天独厚。

我走近你,迎着夏日的风,我看到你美丽的影。

你是这大漠的女儿,神秘地隐在贺兰山旁。我走近你,你毫不掩饰你的光芒。你是大漠中的一颗珍珠,我小心翼翼地走到你的身旁,生怕惊扰了你对春天的向往。你是大漠的眼泪,靠近你时,生怕我的声息,惊扰到你,你一下子遁入无边的大漠,再也不能回到我的身旁。你是鸟儿的天堂,鸟儿,是你的精灵,日夜陪伴着你,为你歌唱。

我们萍水相逢,却又似曾相识。

"蒹葭苍苍,白露为霜。所谓伊人,在水一方"。你是否记得你是我少年时的忧伤?"昔我往矣,杨柳依依。今我来思,雨雪霏霏"。如果有高铁,我的思念怎么会一直停留在路上?

你是出塞的昭君,为了拯救那些为你的美丽而坠落的大雁,你用这一湖的碧绿为他们疗伤。你是被匈奴掠走的文姬,你思归的泪水化作风中摇曳的芦苇。你是河边采摘荇菜的那个姑娘,几千年以后的邂逅，我依然记得你美丽的面庞，你采摘荇菜的影子依然在我眼前摇晃。

你是否还记得那个追风的少年，为了和你相伴，化作贺兰山，围绕着你，连绵不断地守护古老的时光。为了呵护你的一汪绿水，他宁肯失去山的苍翠变得荒凉。贺兰山，为了你，虽然失去了山的颜色，但这绝对不是死亡，而是生命之花的另一种绽放。

"黑夜给了我黑色的眼睛，我却用它寻找美食和美景"。人是铁，饭是钢，一顿不吃饿得慌。不管你有多少激情，总不能饿着肚子放浪。

赏玩了风景，恋恋不舍地去寻找美食，其实这美食已经无需寻找，朋友老张早就订好了一桌手抓羊肉。

这手抓羊肉着实不错，精品当属肋骨肉，肥瘦相间最为上乘。把大蒜切成薄片，用肉蘸小料，和蒜片一起入口，那种感觉，用上海话讲叫作好吃得不得了。吃饱了，再来一碗八宝茶，可以充分体验一下宁夏人的幸福生活。老朋友见面，总要喝上几盅。一壶老酒喜相逢，不管多少菜，都付笑谈中。

范仲淹 PK 李元昊

一个是桀骜不驯的西北枭雄李元昊，一个是北宋大文豪范仲淹。按道理，他们俩怎么都扯不到一块儿，但是他们确实有交集。

提到范仲淹，马上想起老范"先天下之忧而忧，后天下之乐而乐"的家国情怀。其实，老范不仅才情了得，其军事才能也曾经大放异彩，这一切都源于李元昊称帝。

李元昊在未通知大宋的情况下，突然宣布建立西夏国，怒发冲冠的大宋，立即决定征讨。究竟如何应对？朝廷分为两派。主战派以韩琦为首主张反攻李元昊，另一派以范仲淹为首主张"屯田久守"之策。就是在这种背景之下，范仲淹被朝廷派往西北前线，任陕西经略副使兼延州知州，承担起北宋西北边疆防卫的重任。是年，朝廷首先采用韩琦的策略，结果导致惨败。之后采取了范仲淹的"屯田久守"之策，果然效果不错。

范仲淹的策略来自于他对西夏和大宋国情的知彼知己。老范经过详细的国情咨询和尽职调查后认为：发火、拍桌子，秀一下爱国决心和爱国热情是容易的，谁都可以做到，但是真要征讨的话，派谁去呢？喊口号的人多的是，真正能担当大任的就不好找了。老范的这个担忧是有着深刻的历史背景的。赵匡胤通过军事政变做了皇帝，又怕后边的人通过军事政变搞他，便使用杯酒释兵权的伎俩收了兵权。从此以后，为了防止内患，也就荒废了国防建设，宋朝的历史就是不断对外割地求和、丧权辱国的历史，一遇到外族侵扰，只有怒发冲冠的脾气，没有抗击外敌的力气。和平发展了很多年后，经济倒是很发达，可是当时的人们只知道享受生活，尤其是小孩子都变成了"小鲜肉儿"。打仗靠的是真刀实枪，靠的是身上的肌肉，靠小鲜肉儿们的兰花指比比划划或者咿咿呀呀地唱几首妖艳的歌儿是打不败李元昊的。

老范清醒地看到，李元昊为了当皇帝，已经准备了很多年，西夏以武立国，军队以骑兵和山地重步兵最为著名，骑兵中尤以重装铁骑的特种兵"铁鹞子"战斗力最强。"铁鹞子"为西夏的主力军，作为冲锋陷阵、突击敌阵的前军。西夏地窄国小，自然条件很恶劣，靠什么支撑独立，那只有做强军事。西夏做到了这一点，他的军队很厉害，多次重创了大宋朝。

老范认为，基于两国的国情，军事的硬碰硬我打不过你，可是打贸易战对我是有利的，因为我大宋的经济发展水平比你西夏强大得多，我通过外交手段拉拢你周边的势力，对你形成包围之势，然后对你进行经济封锁，打一场贸易战，你西夏本为游牧民族，没有自己的农业，没有自己的金融，主要靠抢劫来维持你的日常开支。我加强防御，屯田久守，让你抢不到，打不着我，估计你维持不了多久，就会发生内乱，自己就会崩溃。

在和李元昊交手期间，老范还留下一首《渔家傲·秋思》："塞下秋来风景异，衡阳雁去无留意。四面边声连角起，千嶂里，长烟落日孤城闭。浊酒一杯家万里，燕然未勒归无计。羌管悠悠霜满地，人不寐，将军白发征夫泪"。这是宋词里并不多见的边塞词。每读这首词，都会有不同的感悟。虽有凄清、悲凉、壮阔、深沉、伤感之情，更有悲壮的英雄气概回荡其间。

翻开历史，由于贺兰山独特的地理位置，自秦之后几乎一直处于战争的状态中，贺兰山上那一道道断壁残垣，见证了千百年的历史纷争。如今，征战的将军们已经远去，士兵们的骨灰也早已灰飞烟灭。李元昊以及他所建立的那个王朝就静静地躺在贺兰山下的大漠里，这里埋藏着多少神秘，也许只有连绵不断的贺兰山才知道。

长河落日圆

大自然的鬼斧神工，将黄河、沙漠、远山、绿洲组合幻化成沙坡头这样一处独特而雄奇的风光秀。在最具历史文化内涵的黄河岸边，水车和羊皮筏子是黄河文化的精髓。古老的水车已经不再是一种提灌的工具，已经成为古老的历史文物，述说着黄河曾经的农业文明。古老的羊皮筏子，早已淡化了交通运输作用，作为一种旅游项目变得更加引人注目。伸手可及的黄河水就在你的脚下湍急地流动，乘坐羊皮筏子是一种奇特的经历和感受。坐在古老的羊皮筏子上，向着远山挥挥手，好像时光倒流，我们随波逐流在古老的岁月里。

当太阳升起，霞光万道中，我站在高高的黄河堤岸上，极目远眺，一天，一地，空旷而高远；一条大河，奔流而去；无垠的大漠，壮阔而雄浑；苍凉的远山，任凭风霜雨雪的侵扰，岿然静卧在岁月的长河中。天地如此辽阔，世界如此简单，这才是天地的气势，这才是宇宙的胸怀。这天地之大，动和静已经不容易分辨，黄河水好像停止了流动。这天造地设、鬼斧神工的沙坡头就这样壮观、原始、苍凉地存在着，大气磅礴了很多年，直到有一天，王维来到了这里。

站在高高的黄河堤岸上，看着太阳西垂，看着大河奔流，看着大漠起伏舒展，王维感叹着大自然的伟大。这里没有一点人间烟火气，山水意境已经幻化成一种宗教的境界，这里是远离尘世的圣地。这里少了朝廷里的嘈杂，少了人世间的喧闹，让心灵一下子进入另一个世界。这充满禅意的万道霞光一下子点燃了王维的灵感。老王浑身为之一震，整个世界都焕然一新，多年的官场不如意形成的抑郁一下子烟消云散了。王维终于明白，除了混迹于朝廷，还有另外一种人生，寄情山水，遵从自己的内心，跟上佛祖的脚步。就在这一刹那，过去的王维死了，一个新的王维诞生了。

王维忘记了在官场被排挤而产生的悲愤、孤独和寂寞，这大漠的苍凉、辽阔、雄浑，升华、净化了他的精神世界，彻底放下了过去所追逐的名和利，走向豁达和平静。当他吟出"大漠孤烟直，长河落日圆"的那一刻，苍凉的山河大漠，一下子便化作了一片佛天圣地。

不管王维是否意识到，这"大漠孤烟直，长河落日圆"的意境恰好暗合了大唐盛世的历史轨迹。安史之乱之后，大唐帝国犹如长河落日，由强盛开始转入衰败。这长河代表着历史，这落日便是大唐，落日之圆，则代表着大唐的圆满落幕。太阳的升起和落下，代表一个朝代的兴衰，一个朝代的兴衰只是历史长河中的一瞬间。"大漠孤烟直，长河落日圆"将历史最美的一瞬间圆满地定格，成为永恒的经典，成为"千古壮观"。

须弥山石窟

须弥山石窟，位于宁夏固原六盘山北垂的须弥山上，是古"丝绸之路"东段北道的必经之地，是中国十大石窟之一。须弥山石窟始凿于北魏，历经西魏、北周、隋唐各代大规模营造及宋、元、明、清各代修葺重妆，成为古代固原规模最大的一处佛寺禅院。

须弥，相传是古印度神话中的名山。据佛教观念，他是诸山之王，是神仙居住的地方，是世界的中心，这是佛教的宇宙观。敦煌、云冈等石窟许多佛教造像和绘画都以须弥山为题材，以此来表示天上的景观和仙境。这大概和西方的油画有很多都是以圣经故事为题材是同一个道理吧。须弥山石窟最主要的景色应该是须弥山石窟的整体气韵，鳄鱼听佛和大佛造像。

须弥山是典型的丹霞地貌，这种地貌看上去就是极有佛缘的，给人一种天造地设的佛国盛境之印象。

我不懂佛教，也不懂美术，我从工程角度来观察，发现须弥山的开凿特点不同于龙门石窟、莫高窟和云冈石窟。须弥山石窟随山势而开凿，而洛阳龙门石窟、敦煌莫高窟和大同云冈石窟都是开凿在临河的一面峭壁上。

据传说，在古印度有一座寺庙，坐落在小河边，河里有一只鳄鱼，当鳄鱼吃饱后就会上岸休息。寺庙里每天晨钟暮鼓，鳄鱼备受感动，久而久之，鳄鱼不再杀生，而是专心拜佛。这就是鳄鱼听佛的故事。这样的传说，在固原须弥山得到了印证。圆光寺下方的树上，有一干木，造型酷似一鳄鱼，这是印度鳄鱼拜佛故事的具体体现。这是在宣传佛教的力量。干木鳄鱼，类似于根雕，像与不像，信与不信，每个人都可以有自己的解释。

须弥山石窟中，最精彩、最著名的要数大佛楼和大佛造像了。

大佛楼依山而建，佛像占整座山的上半部分，光一只耳朵就两人高，一只眼睛足有一人长。须弥山石窟，见证着佛教东传的历史进程。

六盘山下老巷子

我们一行四人寻访六盘山。

六盘山本不是什么名山，直到后来毛主席因长征来到了这里，他看着这千山烟雨，触景言志，挥毫写就了一首《清平乐·六盘山》："天高云淡，望断南飞雁。不到长城非好汉，屈指行程二万。六盘山上高峰，红旗漫卷西风。今日长缨在手，何时缚住苍龙？"能够写出这种气势的诗词的人并不多。这首《清平乐·六盘山》使六盘山名声大振。六盘山是红军长征翻越的最后一座山，翻过这座山，就到达了陕北，革命开启新的一页。

六盘山的植物覆盖率很高，让人觉得这不是在缺水的宁夏。唯一感觉不舒服的是山里的人造景观，题材虽好，但用料、颜色、设计、制作，都和周围环境极度不和谐，有粗制滥造之嫌，有不伦不类之感。

带着对人造景观的一路吐槽，我们一行四人走下了六盘山。按照当地人的介绍，我们的下一站是固原市隆德县红崖村老巷子。

来到老巷子，我们眼前一亮。和镇北堡影视城一样，老巷子也是影视拍摄外景地的最佳选择，但相比于镇北堡影视城的古朴、原始、粗犷、荒凉、野性，老巷子则多了几分典雅、幽静和田园的味道。

我们总说，时间都去哪儿了？当你走在这条老巷子里，你不会有这样的惆怅，因为老时光就在这里等你，老时光已经沉淀成这里的老树、古钟、枯井、戏台、拴马槽、红灯笼、红军墙、砖雕和照壁。

我们透过规划、开发的痕迹，拨开包装的商业符号和商业氛围，你会发现，当地的民族风情便会扑面而来。

我们疑惑这地方是不是还没有宣传出去，怎么几乎看不见游客。当地人告诉我，并非旅游旺季，如果在旺季，游人如织。这是一种说辞，还是真的如此，我们不得而知。

我们好奇地走进一家院落。小院儿中央一簇翠竹长得很茂盛，竹子用很讲究的方砖垒起来的池子包围着，像是院子中央的方井，竹子显得很生动，加上其他元素，给院子增加了很浓的人文气息。

老巷子有 200 余米长，登上观景楼一切美景尽收眼底。红崖村是有历史的古村落，曾数次成为争夺隆德县城的战争指挥中心，其中宋金之战，成吉思汗、李自成等，也都曾在红崖村安营扎寨。红军长征途径隆德，其先遣部队也曾宿营红崖村。这些历史为这个古村落增加了一些神秘色彩。

隆德当地有一种正宗的美食叫作暖锅，这锅用的是铜火锅，上面有五花肉、有排骨，下面有粉条、有萝卜菜。点燃木炭，众人围坐，荤素自选，当你走在巷子里，老远就可闻到暖锅的味道。

印象哈尔滨

有些城市虽然没有悠久的历史，但却以其鲜明的特色著称于世，在我看来，哈尔滨就是这样的一座城市。

即使您没有到过哈尔滨，但是只要一说起这座城市，您可能立即就会想到夜幕下的哈尔滨、太阳岛、冰城、哈尔滨啤酒、哈尔滨红肠、马迭尔冰棍儿、大列巴、中央大街、欧陆风情、松花江等最具哈尔滨城市特点的典型意象。

因为代理诉讼或参与仲裁业务的缘故，数次往来于这座冰城，或走马观花，或驻足停留，所见、所闻、所感、所思、所想，在心中留下一些或深或浅的印记。我认为，有灵性、大气、洋气，有风情而不矫揉造作，是这座城市的精神风貌，而音乐和欧式建筑是这座城市永恒的底色。

办案之余，我独自漫步在中央大街，穿行在哈尔滨，抬头低首间，在历史和现实中不断地转换。

哈尔滨的秋天比北京来得早，北京的炎热还没有退去，哈尔滨大街上的行人就已穿上了外套，只有一些年轻人还穿着短袖儿。抬眼看一下建筑物外墙上闪烁的灯光，已经感觉不到夏季的热浪，那不断闪烁的是一阵阵秋的清凉。

哈尔滨是一座有风情的城市。有风情但不矫揉造作，是她特有的气质。当初，一群外国人，在中国这片包容的土地让异域文化生根，才有了今天这里的异国风情。中央大街，正是个充满异域情调的所在，每到夜晚，华灯初上，霓虹闪烁之际，享受这里氛围的人们，且弹且唱且舞，吸引着远来的客人驻足停留。

哈尔滨是一座有音乐的城市。行走在中央大街上，一曲萨克斯伴着面包的麦香，让你觉得只有这个地方才是这首乐曲最恰到好处的播放场所。流动的音乐由远及近，或由近及远，而凝固的音乐在霓虹的闪烁下，显现出优美的轮廓线和天际线。

每次走在中央大街上，我感觉离我最近且最具历史感的是中央大街上铺的石头。走在这些形状类似面包的石头上，既能感受到当下的繁华，又能听到脚下回荡的沉重的历史回响。这种马赛克式的铺路方法，简直就是艺术，在中外建筑史上都是少见的。

"旧时王谢堂前燕，飞入寻常百姓家"。几百年来，世事几经变迁，商户不断变换，不变的是古建筑所承载的历史和哈尔滨人的情怀。

有时候，我们很想做一块铺路石，又担心总被踩在脚下；有时候，想站在山顶上，又怕高处不胜寒。人就是这样一种矛盾体。想开了，与其在矛盾中无谓地挣扎和纠结，还不如索性就放逐山水，自得其乐，随风老去。

哈尔滨是一座有水的城市。一条松花江穿城而过，滋养着两岸的百姓，赋予哈尔滨以灵性，让哈尔滨变成一座有艺术氛围的城市。

徒步走过中央大街，沿松花江南岸走上松花江大铁桥，一幅幅历史画面浮现在我的眼前。

我以为，要了解一座城市，首先要掀开她历史的面纱，从她的形成和发展过程，看到她力量的源头，看到岁月曾经给她涂抹的底色。哈尔滨城市的兴起源于中东铁路。

这条横贯欧亚大陆的铁路是沙皇俄国历史上最为宏大的工程。从乌拉尔山以东的车里雅宾斯克，直到太平洋岸边的符拉迪沃斯托克（原名"海参崴"），统治者试图通过两条漫长的轨道将在遥远东方乐土上描绘的蓝图变成现实。

清政府起初坚决反对，他们很清楚那时候俄国人骨子里流淌的都是侵略、掠夺和扩张的血液。其主要考虑有四：一是清政府非常清楚俄国沙皇的贪婪和野心；二是东北地区是满族人的发源地，即龙兴之地，一直是严禁开发的，一旦破坏了东北的风水，惊扰了自己的老祖宗，那可是大不敬的；三是大清一直处于农耕时代，一旦有工业因素介入，就会打破现状，给大清的统治带来危险；四是东北地区是满族人的后花园，一旦关内失守，还可以有退路。中日战争后，大清新败，急于找个帮手撑腰壮胆，俄国人认为时机已经成熟，便向清政府要求取得在中国东北的铁路筑路权，最后签署了《中俄密约》。密约中明确规定：为将来运送俄军及军需物资，清政府允许沙俄修筑中东铁路以承接西伯利亚铁路。

历史证明，当清政府弱小时，东北便成为俄国人和日本人觊觎的肥肉，清政府为了自保只能是利用日本人抵抗俄国人，反过来再利用俄国人抵抗日本人。结果是拒狼的同时，又引狼入室。后来俄国人在清朝国土的势力越来越强大，对清朝的野心也越来越大，清政府不得已又利用日本人赶走了俄国人，日本借机进驻关东就不想走了，再后来就有了卢沟桥事变，当然这都是后话。

"明媚的夏日里天空多么晴朗，美丽的太阳岛多么令人神往……幸福的生活靠劳动创造，幸福的花儿靠汗水浇，朋友们献出你智慧和力量，明天会更美好"。

歌词纯净如水，时代蒸蒸日上，人们心里充满对美好生活的向往。太阳岛，一定会有很多往事，但由于时间的关系，这次我无法走进你酸甜苦辣的故事里。

历史发展过程中总会让我们失去很多珍稀的东西，我们因此怅然若失，我们因此恋恋不舍。

走出太阳岛，乘坐游船回到松花江南岸，我独步松花江畔。正值初秋，江面上吹来一阵阵凉爽的风，风里带着江水滚动的味道，让人充分感受到和北京不一样的天空和景致。

有江的城市就有活力，有江的城市就有诗意，有江的城市就有灵性，有江的城市就有方向。

松花江就是这样一个博大而深远的存在，在跨越辽宁、吉林、黑龙江和内蒙古四省区后，变得平静如镜。我曾试图从不同的角度去看清你的模样，可是你的悠远、你的辽阔变成我无尽的惆怅。松花江，我虽不曾目睹你的奔流不息，也不曾领略你的惊涛骇浪，但你的平静是在百转千回和经历大风大浪后的淡定与从容。我一直在想，周边的土地和城市变得多么美丽，才能配得上你亘古不息和日夜流淌？

我站在松花江边，看着远去的滔滔江水，望着崛起的城市群，不由得感叹，这就是我心目中的哈尔滨，大气如斯，壮美如斯。

神仙居神游记

连续几日的庭审结束，终于可以放下成堆的工程案卷材料，从高度紧张的对抗情绪中解脱出来。此时最想做的，便是择一处江南的山水小屋，或蒙头大睡，或傻傻发呆，任凭外面风景美得发疯，任凭江南烟雨浓妆淡抹得煽情，无须去理会，无须去寻找，无须去跋涉，因为这美景就在我身边。

山水的好处，既散去了前案集结的枯燥和愁闷，又为后续案子的开庭抖擞了精神，这实在是实现劳逸结合的最佳方式。

多次来过台州开庭，每次开完庭，都要抽一点儿时间看看江南的山水，然后故作深沉地发一些感慨。有人说，跟着王阳明学修心，跟着曾国藩学修身，跟着南怀瑾学修行。那么，"矫揉造作"应该跟谁学呢？我的经验是完全靠自己。我站在大陈岛上，瞭望远方，看人生成败，叹世事变迁；走进临海古城，站在江南长城上，赏城内城外的山光水色，感受江南长城秀美中的阳刚；怀念戚继光抗倭的英雄壮举。走在紫阳古街头，感叹岁月沧桑。

这次，终于有了时间撩开神仙居神秘的面纱，一睹神仙居的山形水色。

神仙居，位于浙江省台州市仙居县白塔镇及淡竹乡境内，北接天台山。这里的天台山，就是徐霞客游览的第一座山，也就是《徐霞客游记》中的开篇之作。

关于神仙居的名称来历，是因有"洞天名山，屏蔽周卫，而多神仙之宅"一说，北宋宋真宗因此赐名仙居。有皇上亲赐山名，说明这山的规格有多高。

江南是一种风景，江南是一种烟雨。江南的美景造就出人杰地灵，江南的烟雨幻化出各种美味。江南更是一种味道，江南是一种大自然的味道，江南是一种精致的味道。江南的味道，随着季节的变换而不同。正是杨梅成熟的季节，仙居杨梅是浙江省台州市著名特产之一，是中国最为著名的杨梅之一。仙居杨梅产于人称仙人居住的地方、国家级风景名胜区浙江省仙居县。

按照当地朋友的建议，神仙居的正确开启方式，就是拎一篮子成熟度恰到好处的杨梅，可以一边品杨梅一边观赏美景。体力好的话，可以沿山路攀爬，徒步上山，体力差些或不愿意攀爬的话，可以选择坐缆车沿索道上山，下了索道，也可以一边品杨梅一边观赏美景，这样会觉得自己也像个神仙的样子。

话说那一天，我们驱车沿台金高速一路前行，看指示牌，应该是经过了括苍山、涌泉、杜桥、章安、临海，然后抵达神仙居。

神仙居门前的山势足以给游人一个下马威。刀劈斧切的巨大的石柱型的山峰震撼在眼前，须仰视才见。高大的杉树群为了争得更多的阳光，奋力地、争先恐后地向上生长，杉树群的高大威猛和直上直下的山峰显得很和谐。

进入神仙居景区，沿着一条石板路，向着北索道走去。一路经过了西庵寺、问仙桥、将军岩等景点，问仙桥下纯净清凉的溪水和将军石像给我留下深刻印象。

这西庵寺是颇有来头。据说在明代，有当地人吴时来曾在此寺发愤苦读，几经折腾，不仅考中了进士，还当上了都察院左都御史，相当于现在的检察院检察长，后因弹劾严嵩而名留青史，给西庵寺增添了现实的人文色彩，自此，香火更盛。这倒是一个有着十分励志故事的好地方，建议有想当检察长的朋友来此拜祭或掌灯苦读，尤其是学法律的朋友，如果哪位律师同行能够华丽转身成为检察长，倒也不虚此行。

一般常人，何事需要仙人指点？这问仙桥的作用，大概是为迷途的人指点迷津的吧。

走过溪水潺潺的问仙桥，便是观音洞了。因为正在整修的缘故，我们没有进入该洞穴。但是这丝毫不能降低我们对观世音的膜拜和敬仰。"观世音"的全称是"大慈大悲救苦救难观世音菩萨"，含义是：众生遇到种种灾难苦恼，只要发声呼救，观世音菩萨就会及时前来相救。

我走过将军岩，找一个最佳的角度，惊叹和品味石将军和睡美人这一对巨石所营造的浪漫气息。

因为潮湿和大树的联荫蔽日，石板路及缝隙里长满青苔。处身在天然氧吧里，神清气爽的如醉如痴。

我们拎的东魁杨梅不断引起路人的注意，纷纷询问在哪里能买到。其实，这种杨梅在仙居还没有上市，这是朋友从自家的园子里摘来的。杨梅确实是个解渴的好东西，不仅解渴的效果好，还能补充营养，同时比带水轻松了很多。

望梅止渴的故事早就家喻户晓，此处的梅是不是指杨梅，我没有考证，在我这个北方人的眼里，反正都是差不多的。当我们拎着杨梅招摇过市的时候，很多游人都在望梅止渴。

据说，杨梅的来历是源于范蠡和西施。相传两千多年前，越国大夫范蠡帮助越王勾践打败吴国后，归隐山野。初到山上，只得采摘野果充饥。这野果子又酸又涩，西施吃得苦不堪言，丑态定型，美丽不再。范蠡充分发挥聪明才智，经过无数次的改良，变成了酸甜的杨梅，西施食用后很快恢复了美丽的原状。经过世代相传，变成了现在的杨梅。原来这杨梅是爱情的结晶，是一个士大夫功成名就后的幸福生活。范蠡既尝到了事业成功的味道，也尝到了事业成功后的爱情味道。一骑红尘妃子笑，无人知是荔枝来。唐明皇既尝到了爱情的味道，又不得不吞咽因安史之乱而退位的痛苦和耻辱。同样是水果，杨梅代表着功成名就后的幸福味道，而荔枝则代表的是当权者的腐败味道。

除了杨梅和荔枝，还有一种水果叫褚橙，褚橙是一种大起大落后的人生传奇，是烈士暮年的壮心不已。因为有了故事，这些水果里又掺杂了人生的味道，掺杂了国家兴衰的历史沧桑。

风回路转中，到了一个瀑布，一股清泉带着清爽的凉意从高高的山顶上倾泻而下，稍作停留后，右转过桥，便是上山的北海索道。

下了索道，便可以自由选择行走的路线，但基本都是建在峭壁上的栈道。神仙居，直上直下的山体，刀削斧切般的悬崖峭壁。

这栈道，便是在悬崖绝壁上凿孔架木而成的窄路。说到栈道的历史，始于战国秦。这栈道的开凿需要先在山顶用绳子将人吊在空中，在绝壁上凿出洞来，然后把石柱或钢筋水泥桩子打入洞中，最后铺上木板钢筋水泥预制板，栈道就修建完成了。在悬崖峭壁上修建悬空栈道，这措施费和人工费应该是很高的，既要保证施工人员的绝对安全，又要保证工程质量的绝对合格，否则，都是生命的代价。

神仙居，山上留有"烟霞第一城"的题刻，寓"云蒸霞蔚之仙居，景色秀美，天下第一"之意，系清朝乾隆年间县令何树萼所题。何县令为什么可以在这儿题字，是因为文化功底好，书法好，还是职位的近水楼台或权力的任性？都无从查证，不过，这书法和寓意还算上乘，我就不再追查何县令是否存在以权谋私的嫌疑了。

一路行走，山石的神奇，不得不感叹大自然的鬼斧神工。各种自然景观，人文胜迹，星罗棋布，历史悠久到大禹治水年代，从古到今几乎没有断代，我们不可能全都仔细看过。其间依次行走在菩提道、般若道、因缘道、观音道、飞鹰道与无为道这六条悬崖栈道上，栈道依绝壁而蜿蜒，或向前，或迂回曲折。我不是文化学者，只是一个匆匆过客，既要走马观花，更要行路向前。

一路走来，我一直在思考着一个问题，为什么叫神仙居，如果是神仙居住的地方，神仙为什么会居住在这里？走过了观光栈道才明白，这些栈道都是固定在悬崖峭壁上，如果没有这些栈道，人类几乎不可能到达这些地方，只有神仙才可以腾云驾雾来到这里。看来，并没有神仙居住过的直接证据，大概只是因为奇险清幽人迹罕至或根本不能到达的缘故，推定只有神仙才能居住于此。

神仙居尚有一些解不开的秘密，这也是神仙居名称由来的另一个原因吧。景区内的"蝌蚪文"，传说其来历和大禹治水有关，带有神秘的原始气息。汉晋、北宋时均有人开始探寻，但至今未果。目前，蝌蚪文与夏禹书、红岩天书、巴蜀符号和东巴文字等一起被称为中国八大未破解的古文字。

从古到今，历朝历代都留有人文的余音。"勾践试剑石""读书堂"等人文遗址，不仅如此，神仙居亦为佛教、道教所染迹。

一座山，有了得天独厚的自然奇观，再加上厚重的人文积淀，神秘的宗教胜迹，这功德才算圆满。这样一个立体的，多层次的，厚重的，丰富多彩又极具个性的山水文化，会被影视工作者们特别看重，《天龙八部》《神话》《新笑傲江湖》《轩辕剑》《追鱼传奇》《兰陵王》等影视作品都曾经在这里取景。

青峰如屏高插天，悬崖集萃云生烟。这是宋朝诗人蒋晋的诗句，从烟霞第一城，到南天桥，指路牌上始终留有这个诗句，是对这一路山形气势的描述和高度概括。

走过了因缘道，来到观音峰，这是此行的最后一个景点。站在祈愿台上远眺，空旷的山野中伫立着一尊巨石，双手合十作膜拜状，神情既安详又虔诚，巍峨呀！俊秀啊！这天造地设，这鬼斧神工，这神形兼备，这恰到好处，这就是观音峰。

在祈愿台的悬崖上，苍松遒劲，造型奇特，默默地与观音岩遥相呼应，既透着大自然的意味，又有丰沛之画意。

游玩了主要的景点儿，我们坐缆车下山，下了缆车，沿山路一路下行，上山时有清泉一路相迎，下山时有清泉一路相送。

时间是在下午两点，找一家农家饭店，用午餐。

(2018年6月18日端午节草，并祝端午节安康！)

烟花三月下扬州

2016年3月3日上午，我在大成律师事务所北京总部会议室里接待了来自扬州的私营企业老板杨女士，她是从扬州专程来拜访我的。

杨女士是南京人，在扬州经营一家生产酒店用品的企业，产品主要销往日本、韩国等地。由于人脉广，经营有方，产品也颇受欢迎，企业每年的经济效益相当不错，不到三十岁的杨女士，就已经积累了可观的财富。然而，天有不测风云，人有旦夕祸福。突如其来的一场大火将杨女士的厂房、机器、原材料、产成品等财产全部烧毁。生产厂房是租来的，在同一座厂房还有其他租户，和杨女士的房屋连在一起的是一家饭店，饭店的烟道从杨女士的生产车间的屋顶穿过，烟道出口就在杨女士车间门口上方。杨女士用很简练的语言向我说完了事发的经过，然后喝了一口水，随后感叹道："幸好没有人员伤亡。"

听完杨女士的叙述，我问："消防机构对火灾事故原因认定了吗？"杨女士迅速从粉红色的手包里拿出几份盖有红色公章的火灾事故原因认定书给我看。我再问："消防机构认定火灾原因所依据的基础资料有吗？"杨女士告诉我："曾经去过消防机构，要过勘验笔录、鉴定报告等资料，但消防机构不给看，说只有公检法才可以调取。"这是我预料之中的说法。其实，公安部早有明文规定，当事人有权调取。

公安消防支队对本次火灾事故的起火原因认定为：起火时间为2015年10月6日12时50分，起火部位为某有限公司一层仓库货梯东侧区域，起火原因可以排除电气故障、人为纵火以及自燃的原因，不能排除遗留火种引燃一层仓库内的可燃物导致火灾发生。扬州市公安消防支队生态科技新城大队认定起火原因的证据为：①火灾现场勘验笔录；②调查访问材料；③现场图及现场照片等。

"可以排除…不排除…"，对于这种表述，我再熟悉不过了，全国各地的消防机构千篇一律的表达方式，都是同一个老师教的格式，连标点符号都不会有差别。当我每代理一起新的火灾事故案件，每次看到火灾事故原因认定书都这样千篇一律的描述时，就会不由自主地怀疑这是不是在证据充分基础上调查分析的结果。

在我根据杨女士的陈述以及她提供的资料，详细地分析了案件情况之后，杨女士当即决定聘请我作为她的代理律师，帮助她处理火灾原因认定和火灾事故民事赔偿两个环节的法律服务，包括诉讼和非诉讼内容。

2016年4月5日，我乘坐高铁到了镇江，出了火车站，杨女士已经等候在站外接我。当我坐进杨女士的车里，正是傍晚时分，华灯初上，各路光色美丽地闪烁，尤其在江南的氛围里，更显朦胧神秘，我透过车窗欣赏着沿途的美景。

"故人西辞黄鹤楼，烟花三月下扬州"。最早知道扬州，便是因为李白的"这则广告"，这是李白以黄鹤楼和长江为背景，以送友人孟浩然去扬州为剧情，专门为扬州的旅游业策划的一起著名"广告"，一经问世果然让扬州名闻天下。

杨女士好像很迁就我这个外地人的想法，特意选择了一条美景相连的路线，北固山、西津渡、金山寺。因为不是第一次取道镇江到扬州，这些地方我都去过，也算旧地重游了。

相传刘备在甘露寺招亲结识孙尚香，成了罗贯中创作《三国演义》的素材。这里曾是孙权与刘备共商赤壁大计之处。东吴孙权的名臣鲁肃墓，名将太史慈墓都在此地。辛弃疾游北固山留下"天下英雄谁敌手？曹刘，生子当如孙仲谋"的名句。乾隆皇帝曾作诗一首："长江好似砚池波，提起金焦当墨磨。铁塔一支堪作笔，青天够写几行多。"以此赞美北固山的壮丽景色。在我看来，乾隆的诗作得一般，没有任何独到之处，纯粹一首打油诗而已。比如换做一个农民，这诗会怎么写？长江好似一垄地，铁塔一支堪作犁？

唐代大诗人李白在《永王东巡歌》的诗中写道："丹阳北固是吴关，画出楼台云水间。千岩烽火连沧海，两岸旌旗绕碧山。"历代不少诗人骚客喜爱在这里聚会游赏，苏东坡、沈括、米芾、陆游、辛弃疾等留下了许多传颂千古的诗词。只有梁武帝最没劲，只是改了个名字，把北固山改成了北顾山。

但是，能有金山寺，真的还要感谢梁武帝。清康熙帝曾亲笔题写"江天禅寺"。有了梁武帝的投资，加上康熙帝的题字，不想火都难。就像江南的各大书院，凡是有官家或皇帝题字的就身价百倍。

金山因有金山寺而名闻遐迩。金山寺位于今江苏省镇江市区西北的金山上，始建于东晋，山不算高，正是应了"山不在高，有仙则名"这句名言。

除此以外，印象最深的当属法海洞。

据说法海是唐朝宰相裴休之子，裴休笃信佛教，便送子出家，取名法海。法海尊重父意，立志一心向佛。那时山上寺宇荒废，荆棘丛生，有蟒蛇为害。他把盘踞岩洞中的一条白蟒斗败，驱蟒入海后便住在洞中。法海是开山祖师，为了创建金山寺立下了不可磨灭的功勋。然而，在《白蛇传》中的"水漫金山寺"的神话故事中，却把法海说成是阻碍破坏一对青年男女自由恋爱和美满婚姻的罪魁祸首，深遭世人谴责。

这是镇江的一段风流韵事，一场风花雪月的事变成了洪水滔天的水漫金山，法海也因为多管闲事而背负骂名。

法海不贪恋富贵，不追逐权力，不利用他宰相父亲掌握的巨大社会资源为自己牟私利，为了追求自己的人生理想，也为了完成父亲的愿望，义无反顾，一心向佛。这是一种什么精神？这是一种毫不利己专门利人的精神，这是一种毫不利己专门信佛的精神。当他发现有人和动物勾结，以恋爱的名义破坏人神规矩的时候，他毅然决然地站出来，以大义凛然的英雄气概开展护法活动，白素贞以水漫金山施压，也未能动摇法海维护规则的决心。不可思议的是，糊涂的世人不但不支持法海的护法活动，还让他背负千载骂名，更有甚者，为了解恨，还把法海打入西湖水底。这是一桩公案，众人是这桩公案的帮凶。多少年以来，法海忍辱负重，从未提起过申诉或者上访。当然，千秋功罪，历史自有评论。正如宋朝张商英诗云："半间石室安禅地，盖代功名不易磨。白蟒化龙归海去，岩中留下老头陀。"寺僧将这首诗做成楹联，悬挂在洞门两边，以表寸心。同时在洞中塑有法海像一尊，以示纪念。

2015年2月初三，我和家人在游览镇江金山寺古法海洞有感而发，即兴赋打油诗一首："本是唐朝宰相种，一心向佛别父兄。驱莽振寺功盖世，岂因护法遭恶名？"。我这诗虽然写得不怎么样，但这却是迄今为止，第一首为法海喊冤的诗，为法海的护法行动正名的诗。

再说到西津渡，印象最深的居然是青瓦垒成的窗格，"镇江西津渡，黑瓦青砖屋，细数精彩处，首推窗格户"。除此以外就是镇江锅盖面了。有人说，南方的面，在汤头上做足了功夫，这话说得挺对头。俗话说，一方水土养一方人。一种饮食既能成为当地名吃，也能为外地人所喜闻乐见，这一方水土能够养多方人，这一定是一方神奇的水土，一碗锅盖面足以见证镇江的神奇。

在我看来，镇江的风花雪月远不及扬州，隋炀帝的风流，乾隆帝下江南的风流，诗人的风流，在扬州可以发挥得淋漓尽致。镇江比扬州多了阳刚之气——镇江多了民族气概，扬州多了帝王的脂粉气和忧伤，多了诗人的风花雪月。

2014年除夕，在扬州古运河畔，看着流淌的河水，我以"除夕自题"为题，赋打油诗一首，"气定神闲一老翁，乱事纷扰仍从容，除夕漫步扬州岸，古运河边听水声。"

2015年春节，我站在扬州古运河畔，感受着"二月扬州寒未消，路边百花初含苞，虽未识得烟花妙，古韵悠悠亦妖娆"。

说来奇怪，像我这样一个工科背景，每天堆在案卷里紧锁眉头的人，站在运河边上，居然也能诗兴大发，看来环境和心情紧密相关。

"故人西辞黄鹤楼，烟花三月下扬州。孤帆远影碧空尽，唯见长江天际流"。眼下正是烟花三月时节，是到扬州旅游的最佳时候。李白"广告"中的"烟花三月"也让人对扬州这座城市充满了无尽的遐想。"广告"中所说的三月应该指农历三月，按阳历，应该是四月。

三月的扬州，很美的季节，很美的烟雨，很美的景色，很美的古运河，很美的江南。一千多年前的李白把烟花、三月、扬州这样的意象组合到一起，以一个诗人的眼光，宣示了一个地方的美丽，勾起了后人前赴后继的向往。

第一次去扬州之前，我最熟悉的就是古运河和瘦西湖了，说是熟悉，其实也就是知道古运河和瘦西湖的名字以及几首古诗而已，完全是因为运河以及瘦西湖的知名度使然。最熟悉的古诗就是"烟花三月下扬州"了，即使不能马上说出这首诗的名字，也能知道三月是下扬州的最好时节。

看着窗外的景色，脑海中不断翻腾着韩愈的"最是一年春好处，绝胜烟柳满皇都"以及韦庄的"无情最是台城柳，依旧烟笼十里堤"的诗句。

很多人都有一个习惯，总想从诗意的描写中，去找寻美景，往往又对不上号，甚至会感到失望。这是因为一百个人眼中会有一百个江南，每个人眼中的江南都涂抹了内心主观的色彩。诗人们首先看到了真实的江南，写出的却是心中的江南。

一座绝胜烟柳、风花雪月的城市，就连乾隆皇帝都流连忘返，留下了六下江南的风流佳话，一直在民间津津乐道，流传至今。

不过，此次到扬州，不是来度假和赏景的。我今天要看的不是诗人笔下的烟花，而是发生在扬州的一场火灾。

天空中飘着烟花一样的细雨，朦胧成醉人的江南。镇江和扬州只有一江之隔，通过润扬大桥相连。杨女士的车从镇江跨过长江大桥进入扬州，抵达火灾现场。

火灾现场已经用一人高的钢板围起来，周遭全部封死没有入口。杨女士带我从旁边楼门洞上到二楼，从楼顶上下到厂房里。眼前的景象和一路的风光形成鲜明对比。现场一片狼藉，除了灰烬外，就是原材料、拖鞋、生产设备的残骸，墙上都是或高或低、或深或浅的烟痕，完全想象不出这里曾经是井然有序的生产车间。出于保护现场的考虑，我们只是宏观地观察了现场情况。

看着这面目全非的火灾现场，杨女士满眼尽是凄凉，情不自禁地黯然神伤。

我事先已经拟好了一份"查阅、复制、摘录证据申请书"，申请查阅、复制、摘录有关证据。申请的依据是《火灾事故调查规定（2012年修订）》第三十四条的规定："公安机关消防机构作出火灾事故认定后，当事人可以申请查阅、复制、摘录火灾事故认定书、现场勘验笔录和检验、鉴定意见，公安机关消防机构应当自接到申请之日起七日内提供，但涉及国家秘密、商业秘密、个人隐私或者移交公安机关其他部门处理的依法不予提供，并说明理由"。实务中，很多当事人并不知道应该查阅调取这些资料，即使知道也往往被消防机构拒绝。当事人并不知道公安部有上述规定，更不知道查阅、复制、摘录有关证据是当事人的权利。在我办理的其他案件中，经常的感受是，有些执法部门看人下菜碟，对于专业的人士，他们不得不让你查阅，而对于那些没有专业知识的人却总是粗暴拒绝。

杨女士开车带我到了消防机构，我亮明身份并说明了来意，将申请书交给主管人员。看完申请书后，工作人员回复说，自己做不了主，是否能调取证据，要向领导请示后才能答复。"你们先回去吧，按规定在七天内答复即可，考虑王律师是从外地来的，争取明天答复"。从消防机构出来，我们只好先到酒店休息。快下班的时候，我们接到了电话通知，告诉我们明天上午可以调取证据。第二天，我们如约前往消防机构，很快拿到了想要的东西。

火灾原因认定，是消防机构根据现场取得的证据，对火灾事故的起因做出的推论性认定。火灾原因认定所代表的是消防机构的看法，该认定是否客观，要看证据是否充分，律师办理此类案件，必须考察证据是否充分以及推理过程是否科学和符合逻辑。

我仔细研究了火灾现场勘验笔录、调查访问材料、现场图及现场照片等证据后，我认为，该认定存在以下问题：

①调查取证避重就轻，将最可能的起火原因（小李饭店的烟筒）漏列，导致取证不充分；②在漏列最可能的起火原因的前提下，适用排除法推定不能排除的起火原因，导致结论错误；③认定起火时间为2015年10月6日12时50分整，没有事实根据。

另外，我们又补充一下内容：

（1）火灾事故发生一周后，消防机构才在现场发现烟头，不能证明该烟头是否曾经经历过本次火灾。

火灾发生后，当时现场勘查并没有发现烟头儿，但是在火灾发生一周后，消防人员先行到现场，然后把杨女士叫到现场，告诉杨女士说发现了一个烟头。众所周知，一般情况下烟头在经历一场大火后，不可能完好无损。申请人要求对烟头进行深入研究，根据烟头烧损状况判断是否可以排除遗留火种引发起火的可能。

（2）将起火部位认定为一层仓库货梯东侧区域，没有任何事实根据，且与事实不符。

认定书将起火时间认定为2015年10月6日12时50分，当时车间有申请人的员工正在休息,他们发现起火的地方是在厂房外部。

(3) 从起火初期照片来看,起火是在厂房外部,不是在内部。

(4) 外国消防专家经过仔细的现场勘查取证,并综合各种因素判断后得出结论:不可能是烟头引发燃烧,引发燃烧最可能的原因是小李饭店的烟囱。

火灾事故调查是一门实践性很强的科学,做出本次鉴定的外国消防专家从事过几十年的火灾事故调查工作,每年要进行50~100余件的火灾原因鉴定,后面附有各位专家的鉴定经历,从专业经验上是可以信赖的。

外国消防专家不放过现场每一个细节,多点取证、多角度取证,利用系统分析的方法,理论与具体实践相结合,归纳判断出起火点,而不是简单地利用排除法进行简单的推理,有图有真相,其结论令人信服。

相比外国专家的现场勘查和认定,我们的消防机构显得武断了很多,寥寥数语,区区几百字显得敷衍了事。

我们在法定期限内向上一级消防机构提交申请书,提请复核。

在熬过了几个月的时间后,终于等到了复核结果,上级消防机构草草地给出了一个维持原认定的结果。

时间过去好几年了,我又接触或代理过很多新的案件,但这场火灾就像一块伤疤,印在我心里,总是挥之不去,在我想起扬州美丽景色的同时,总会不由自主地想起这场火灾,想起美丽江南的这块伤疤。

当事人心中的那座梁山
——我的当事人成了梁山第 109 条好汉

印象中,已经记不清第几次到济南了。但是第一次到济南办案的情景颇为深刻,所以至今仍历历在目,记忆犹新。

那是 1999 年,记不清是几月份了,只记得当时穿着短袖衬衫,应该是夏天吧。那一年,我刚刚转行做律师,接受北京一当事人的委托,到山东帮其追讨一笔 300 多万元的装修借款。准确地说,那一次的目的地不是济南,而是山东省梁山县,到济南只是路过而已。当时的交通工具主要是绿皮火车,一路上走走停停,颠颠簸簸,到济南大约要六七个小时的光景,不像现在,乘坐高铁从北京南站出发,只经过 1 小时 46 分钟左右的工夫就可以抵达济南西站,这个速度相比于绿皮火车已经快了五六个小时,这不得不让人由衷地赞叹现代交通工具的快捷与方便。毫无疑问,高铁让出行的距离变得更近,让每个人的视野变得更加开阔和丰富多彩。

说到济南,没有什么特别的印象,只知道这块土地上曾经孕育出古代文学史上两大杰出词人——李清照和辛弃疾,还有他们不朽的作品。至于知道大明湖以及大明湖的柳泉之美,却是在上高中的时候读过的清末小说家刘鹗的著名小说《老残游记》中的桥段,其中最有名的句子就是"到了济南府,进的城来,家家泉水,户户垂柳,比那江南风景,觉得更为有趣"。如今,"家家泉水,户户垂柳"已经成了济南的老名片,但我一直没弄明白老残为什么认为"比那江南风景,觉得更为有趣",不知道他的感觉来自何人、何处、何物。早就希望有一天能够近距离欣赏大明湖的柳泉之美，去领略老残走过的景点儿，去感受老残所说的趣味。但这次因为是路过，只能和大明湖擦肩而过，空留遗憾了。

从济南乘坐长途客车大约三四个小时的光景就到了梁山汽车站。一出汽车站我心里就凉了半截儿，老实说，这里根本就不像个县城，和我以前到过的县城完全不一样。近处有山，清晰可见，光秃秃的没有植物，唯一的一条主街道，两边的楼房很是破烂，说是楼房，其实超过三层的都不多见，超过五层的应该没有。仔细看去，有好几栋房子已经破败到没有窗户。破房烂屋临街而立，给本来就萧索的街面又平添了几分丑陋。

看着眼前这景象，心中产生了强烈的对比，觉得此地的经济发展水平和我去过的山东胶东半岛城市差了不知几个档次，可能还赶不上胶东半岛的一个镇，感叹山东经济发展的严重不平衡。

我们要找的债务人是当地的一家国营企业，主要生产汽车刹车片类产品。从汽车站出来，当事人小石老板带我直奔财务王科长办公室。走到厂区大门口时，看到墙上贴着一张告示，出于好奇的缘故，我们自然走上前去看看，这一看不要紧，看完后，我和小石的心里立刻有一种不祥的预感。从告示发出的时间和内容来看，企业早在半年前就已经停产了。

我们急跑到财务科长办公室，推门看见屋里有几个穿工作服的人围着一个坐在办公桌前的中年人在说着什么。看见我们来了，坐着的那个人便起身热情接待，小石老板来不及寒暄，也来不及领受接待者的热情，便直接问话："王科长啊，你们企业停产了？什么原因？"王科长立即敛住笑容，换了另一副表情，为难地说道："一言难尽啊，停产半年多了，坐下说吧。"王科长借机将那几个穿工作服的人支开，关起门来小声儿说："这都是厂里工人来要工资的，产品卖不出去，停产了，每个人每个月给100块钱生活费，就这点儿钱我们都拿不出来了。"

我不知道小石老板当时听到这句话的时候是一个什么样的心

情。我想起小石在北京办公室第一次见我时向我叙述的案情。

小石是一位搞装修工程的老板，因为善于经营，年龄不大就已经积累了不少的财富。经生意场上的朋友介绍，和梁山的王科长喝过几次酒之后也就成了朋友，并常有电话往来，但从无业务交流，都是寒暄问候之语。后来的某一天，小石正在家里午休，突然接到了王科长的电话。这次的电话与往日不同，寒暄几句之后，王科长说："有这么一个事跟你说一下，我们厂准备搞一次大的装修，厂长让我物色施工队伍，我自然就想到了兄弟你。"小石听说要给他工程做，自然高兴得不得了，一连说了好几声谢谢。王科长在电话那头话题一转说："是这样的，装修款尚未落实，有几千万的货款要在一年后才能收回，现在厂里急着想先动工，前期需要300多万启动资金。有好几家当地的装修公司抢着要接这活儿，并愿意垫付资金，但是我还是说服了厂长先选择你这儿，厂长对我还是很信任的。选择你的原因主要是考虑认识你这么长时间了，对你知根知底儿，一直想跟你合作弄点儿事儿。我跟厂长说北京的装修水平是很高的，也有垫资能力。我保证货款一到立即还给你，不会拖欠的。"小石听完王科长这一番话，虽略有迟疑，但出于揽活儿的需要和对王科长这个朋友的信任还是答应承揽该工程并愿意垫付300多万启动资金。王科长说："那我就把公司账号发给你，你把钱打过来，然后我会电话通知你来签合同及进场施工。"一桩生意就在电话里完成了交易。小石老板按照王科长的要求，将300多万元借款顺利地打入了公司账号，然后就一直等待王科长通知签约的电话。

眼看一年就要过去了，中间虽然没少电话往来，但王科长均以各种理由说明不能进场的原因，装修工程始终没有进展，这时候小石老板开始坐不住了，他决定带着律师前去梁山探个究竟。这一打探，心里几乎凉透了，他感觉自己可能上当了。

晚上，王科长请小石和我吃饭，厂长亲自陪同，以尽地主之谊。厂长是一位山东汉子，很豪爽，且酒量上乘。按照山东当地的规矩，"一杯白酒和六杯啤酒"，你自己选一个。两杯白酒下肚，厂长微醉；12杯啤酒下肚，小石已经开始迷糊。那时候我还年轻，两杯白酒喝下去，头脑还算清醒，说话基本还算利索。我借机说起装修和还款的事。厂长端着酒杯不断地向小石致谢："幸亏你那300多万，要不我们厂早就发不起工资了，你就是我们的'及时雨'呀。""你不用怕，我们的困难都是暂时的，厂子早晚会起死回生的，到时候连本带利一并还给你，一分也不会少的，你是我们的救星，我们怎么能坑你呢。"厂长说话的时候眉宇间总是充满着一种豪气。小石看短期内还钱无望，开始沉默无语。正沉默间，王科长打破了沉默，对小石说："我们厂长还有一套方案供你考虑。"小石赶忙问什么方案，厂长豪气地说："你的300多万算作投资，成为我们的股东。我们梁山不是有108条好汉嘛，你来了就算第109条好汉，企业起死回生的那一天，我们为你刻碑。"厂长的话让小石和我哭笑不得。酒喝干了，菜也吃得差不多，大家各自散去。

后来，小石又带我去过一两次，在我的建议下，通过当地法院把欠条变成了调解书，约定了还款时间。

再后来，早就超过了调解书指定的还款时间，但厂方无款可还，小石将调解书交到当地法院申请强制执行，半年后法院决定执行中止，等待企业起死回生。

再后来，小石没有再和我联系。案件是否执行？企业是否起死回生？小石是否上了梁山？是否成了第109条好汉？我便全然不知了。

1999年的300万元可以在北京买一套很好的别墅，我想那应该是小石好几年的心血吧，如果企业不能起死回生，小石的钱财就打了水漂。对于企业来说，王科长可能是有功之臣，帮企业拉来了救急款；但是对于小石来说，王科长便是罪人。

很多年过去了，小石早就失去了消息，但我却时常想起小石，他是我最早的当事人之一。300多万元真金白银付诸东流，他当时是怎样的一番心境，是悔？是恨？我已经无法知道。但是我知道他心里一定有另一座梁山，这座梁山和一百单八将的梁山完全不同，一百单八将来梁山是为了"聚义"，而他来梁山是不得已。

好多年没有再去梁山了，相信和全国各地的城市一样，这些年已经发生了很大的变化，街面上的破房子已经拆掉了吧，新楼已经建起来了吧？

山东高院立案顺访大明湖

走马观花之欣赏柳泉之美

最近，我代理一家施工企业对发包方（业主）提起索要工程款的诉讼，准备到山东高院立案。证据材料显示，同一个工程项目分别签订了五份合同，有四份合同明确为建设工程施工合同，第五份为空调采购合同。第五份虽名为设备采购合同，但其内容却包括采购和施工安装，并且空调采购和安装也是用在涉案工程上，即五份合同有着直接的、紧密的勾连关系。进一步梳理发现，每一份合同对管辖有着不同的约定，前四份约定为工程所在地不同的法院进行诉讼，采购合同约定为邹城市仲裁委员会仲裁，但是邹城为县级市，目前还没有设立仲裁委员会。经查证合同履行情况得知，工程款的每一笔支付分不出是对应的具体哪一份施工合同，施工方开给业主的发票也只是注明了工程款，无法和合同履行支付一一对应，如果分开立案，每一份合同的诉讼请求标的额都无法确定。

以前也遇到过类似案件，有的法院认为可以合并立案和审理；有的法院则认为必须分开立案和审理，其理由是主体虽然相同，但法律关系却不同。对此，各地法院观点各异，处理方式也是各有不同。

记得很多年以前，我曾经就类似案件到朝阳法院去立案，该案中，同一个工程项目签订了35份施工合同，我准备合在一起立案，但窗口法官告诉我，必须分开立案，我明知"理论不过"，只好回去改成35份诉状。第二天重新去排队，好不容易排到窗口，法官说每个人每次最多只能立五个案件，无奈，我只好立上五个案件后再到后边重新取号排队。这样一连折腾了五天才把35个案子全部立上，开庭时法官告知35个案件合并成一案审理。在海淀法院也曾经遇到过这个问题。记得那一年去海淀法院立案，取了号，我排在第三个，不久就被叫到，当我把材料交给法官的时候，他发现涉案有15份施工合同，马上明确告诉我要分开立案，我说这是同一个项目，15份合同主体相同，也没有约定管辖。法官说那也不行，必须分开立案。无奈，我离开这个窗口准备回去修改诉状，第二天再来排队。这时有一位在大厅里游荡的高人悄悄指点我说，你重新取号，换另一个窗口试试。我忽然觉得这是个办法，就依计而行，重新取号排队等待叫号，倒霉的是叫号的还是刚才那个窗口。虽然自叹倒霉，但还是没有死心，决定再取号排队。等到十一点了，终于又被叫到。这个法官认真仔细地看了材料，然后问了我几个问题，就收下了材料。对法官说完谢谢后，回头想再找那位高人说声谢谢的时候，发现大厅里已经只剩我一个人了，一看表才知道吃饭的时间到了。看来法院对多份主体相同的合同能否合并立案应该没有统一的处理模式，完全要看立案庭法官怎么看。这些年很少去基层法院办案了，不知道现在的朝阳法院和海淀法院如何处理此类案件。

  其实，我也知道，这类案件分开也好，合并也罢，都有一定道理，在没有明确法律规定的情况下，我不知道这是否属于法官的自由裁量权。说到法官的自由裁量权，我总觉得有时候有些法官会把它玩成脑筋急转弯儿，因为答案不是唯一的，让你总也猜不到答案。

  后来，在不同的法院也遇到过此类的案件，大部分能够合并立案审理，只有少数法院让你分开立案，但另一方往往会提出管辖异议，这种情况已经很常见。

当我准备去山东高院立案，便又开始关注起这个问题，于是便问了几个很熟悉的山东律师朋友，他们的回答有如上述两种观点，能或不能。只有一位经验老到，操着浓重山东口音的老律师说得比较含糊："不一定，不好说，你去试试吧。"我知道这含糊的口气中透着一个法律人的成熟和慎重。我发现，越是没有办理过此类案件的律师朋友回答得越绝对，或肯定或否定，你若让他拿出具体的法条依据和相关的同类案例，他便支吾起来了。其实我也知道没有具体的法条可依，若有便不会有争议了。考虑不能合并立案这个问题并非多此一举，多年的经验告诉我，很多时候看似不是问题的问题，可能会成了问题，一个简单的问题可能要折腾好几个来回，这样的事在诉讼实务中并不少见。

按照我一贯的做法，既然没有法条依据，要想说服法官，促成合并立案就必须准备一些相关案例资料给法官看，以加强说服力。为此，我搜索准备了以下五个案例，试图说服法官同意合并立案。五个案例中，最为给力、最应景、也最具说服力的应该是最后一个案例，即"（2015）鲁民一初字第40号民事裁定"，该案也是在不同的合同里约定了不同的管辖法院，对方当事人对此提出了管辖异议，要求分别立案。经审理，山东高院认为异议不成立，裁定驳回管辖异议，即允许合并立案审理。被告不服高院裁定，目前已上诉至最高人民法院。正好我要去立案的法院也正是山东高院，更为有利的是我代理的案子的原告和"（2015）鲁民一初字第40号民事裁定"是同一单位。

这些年来，很多当事人已经变得很聪明，一般会要求委托人在代理合同中明确承诺，案件的立案、开庭等主要事宜必须由合同中约定的主办律师亲自办理，这个案件也作了如是约定。感谢当事人对我的信任，套用一句话，叫作累并快乐着。

2017年5月15日上午8时30分，我来到山东省高院立案庭，大厅里人不多，窗口只有两位当事人在递交材料。到底是高院，因受理案件标的额很大的原因，立案的人不是很多，无须排队。要是基层法院，恐怕早就排起了长队。我找了一个最近的窗口坐下，一位年轻的女法官笑脸相迎，微笑着问我是立民事案件吗？我说是的。我熟练地将已经理好顺序的起诉状、营业执照副本复印件、资质证书复印件、授权委托书、法定代表人身份证明、出庭函、律师证复印件、证据目录等材料一并递给法官。法官看了诉状等材料，问："几份合同？第一次来立案吗？"我说："一共五份合同，是第一次来立案。"我赶紧接着说："虽是五份合同，但属同一项目的不同部分。"我把准备好的第五个案例的裁定书交给了她。法官站起来让我稍等。说完就拿着材料进到后边的办公室里去了。凭我以往的经验判断，她是到里边请示领导去了。过了不到两分钟的工夫，法官带着另一位女法官来到立案台前，我猜测想必这位应该是立案庭庭长。庭长指着裁定书，微笑着问道："这个案子在谁手里？"我立即说出了法官的名字。又问："对方要求分开立案的理由是什么？"我回答主要是说不同的合同代表着不同的法律关系。没等庭长表态，我又接着说："我们的反驳理由是，五份合同主体完全相同；虽是不同的合同，但属于同一项目，内容相互勾连不可分；对方支付工程款也没有对应具体哪一份合同，只写明了工程款，分开立案的话，每一份合同的支付数额无法分开计算；我方开出的发票只是写明工程款，也不能和每一份合同相对应；涉案工程已经做了整体验收并投入使用，有验收资料为证。"庭长认真听完了我的叙述，继续问："对管辖有约定吗？"我告诉法官四份合同约定的是不同的法院诉讼，有一份约定的是邹城市仲裁委员会仲裁，但是邹城市为县级市，没有设立仲裁委员会。庭长沉默片刻说："把材料留下，回去等通知吧。"说完微笑着离开了。我问立案法官："给我个什么收据类材料吧？"立案法官说："电脑病毒（勒索病毒），不敢开机，无法录入数据。"法官言谈中，表情透着无奈。我无奈地离开。

其实，这样的情形在仲裁中也有涉及，就是经常遇到的多份合同仲裁问题。

多份合同仲裁，在《中国国际经济贸易仲裁委员会仲裁规则（2015年版）》（以下简称"2015年规则"）中新增的规定，"2012年规则"并未涉及。"2015年规则"第十四条规定："申请人就多份合同项下的争议可在同一仲裁案件中合并提出仲裁申请，但应同时符合下列条件：1. 多份合同系主从合同关系；或多份合同所涉当事人相同且法律关系性质相同；2. 争议源于同一交易或同一系列交易；3. 多份合同中的仲裁协议内容相同或相容。"与合并仲裁一样，多份合同仲裁的目的同样是提高争议解决的效率。但与合并仲裁所不同的是，多份合同仲裁是指申请人就多份合同项下的争议在同一仲裁案件中合并提出仲裁申请的情形，在此情况下，如果符合上述条件，可以将申请人的仲裁申请立为一个仲裁案件（也即只有一个案号）。而合并仲裁的前提则是，已经存在两个以上的案件（实践中表现为存在两个案号）。此外，多份合同仲裁的三项条件之间是并列关系，即三项条件必须同时满足。另外，根据本条的表述，如果满足三项条件要求，申请人即可在同一案件中提出申请，仲裁机构就应予受理。

事情办得顺利，心情也就不错。决定换一家酒店住到大明湖附近，准备走马观花一下《老残游记》里说的"家家泉水，户户垂杨"到底是如何一番景致。山东海右律师事务所李玉明主任推荐我住到珍珠泉宾馆，说那里就在大明湖附近。我知道这珍珠泉也是很有名的，在《老残游记》里也有提到，没有犹豫，我便欣然同意，张健律师开车送我到了珍珠泉宾馆，辞别张律师，办完手续住下。看这宾馆里边的设施很是老旧，装修等条件尚不及如家、汉庭之类的连锁酒店，好在向北步行500米左右便是大明湖畔，而且著名的珍珠泉就在这院里，可以近水楼台，先睹为快。

珍珠泉位于山东省人民代表大会常务委员会所在地。明清时期为山东巡抚驻地,称抚州衙门。从人大常委会大门走进去,再绕过政府大楼,随处可见许多小泉,如漷泉、溪亭泉、舜泉、玉环泉、太乙泉等,与著名的珍珠泉,合为珍珠泉泉群。

近观这珍珠泉,周围有泉池,长约42米、宽约29米,以雪花石栏围砌,岸边垂柳飘摇,泉水清澈见底,鱼在泉水中游动,清晰可数。站在岸边,用力跺几下脚,便有泉水从地下不停地冒上泡儿来,晶莹剔透,连成一串,形似珍珠项链一般。读《老残游记》"一路秋山红叶,老圃黄花,颇不寂寞。到了济南府,进得城来,家家泉水,户户垂杨,比那江南风景,觉得更为有趣"。一直不知道老残为什么觉得济南的风景比江南风景更为有趣,看了珍珠泉之后,我觉得这跺脚和泉水的互动应该是老残说的趣味之一吧。

金代雷渊曾有诗题:"因泉自沙际出,如泻万斛之珠,故名。珍珠泉久负盛名,历代多有文人题咏,泉中鲤鱼成群,泉冒珠,鱼吐泡,相戏相伴,故有'鲤鱼戏珠'之胜景。"

乾隆皇帝每次南巡路过济南,均会用珍珠泉水煮茶,并御笔亲题"天下第三泉"。乾隆十三年(公元1748年),乾隆皇帝巡视到济南,驻珍珠泉,御笔亲书:"济南多名泉,岳阴水所潴。其中孰巨擘,趵突与珍珠。趵突固已佳,稍藉人工夫。珍珠擅天然,创见讶仙区。卓冠七十二,分汇大明湖。几曲绕琼房,一泓映绮疏。可以涤心志,可以鉴眉须。园流有灵孕,颗颗旋相于。乍如历海峤,鲛人捧出余。又如对溟渤,三五显方诸。作霖仰尧题,泽物留神谟。我来值暮春,农夫正新畬。看彼芃芃者,欣此涓涓如。安得符圣言,远近均沾濡。"这是关于珍珠泉最高级别的文字描述。

清代王昶《珍珠泉记》云:"泉从沙际出,忽聚忽散,忽断忽续,忽急忽缓,日映之,大者为珠,小者为矶,皆自底以达于水面。"人们形容这里的景观是"跳珠溅雪碧玲珑"。

宋代文豪苏辙，官居济南时对溪亭泉题有"竹外分径水通渠""溪上路穷惟画舫"的诗句。溪亭泉与附近珍珠泉诸泉汇为濯缨泉，不难猜测当年面积应该颇大，可乘船而游，故诗里才有"画舫"之语。

当地老百姓管濯缨泉叫"王府池子"，大概过去是王府的私有财产吧，现今已经成为附近百姓的免费游泳池，不管春夏秋冬，百姓乐此不疲，鱼龙戏水，乐在其中。难以想象，能够天天泡在泉水中免费游泳，这是一种多么奢侈的生活。"家家泉水，户户垂杨"，其实刘鹗在《老残游记》里早就写出了济南泉水与寻常百姓相依相守的现实生活。我在羡慕济南人幸福生活的同时，也会发出"旧时王谢堂前燕，飞入寻常百姓家"的感慨。我站在"王府池子"边上，私下胡思乱想，幸好，这里还没有大规模的开发，否则，早就变成某一开发商的私人会所了。

李清照居青州时，返济南省亲，日后对溪亭泉念念不忘，作《如梦令》，有"尝记溪亭日暮"及"兴尽晚回舟，误入藕花深处"之名句。

走在芙蓉街区里，清泉尚可见，垂柳并不多见，狭窄的街区早已没有种树的地方，"户户垂杨"只有在刘鹗的《老残游记》里欣赏了。虽然看不到垂柳，但是住户门上的对联并不少见，几乎家家户户门口都有一副比较讲究的木质对联儿。虽然内容各异，但几乎都和泉水、垂柳、荷花之类的意象有关，诗情画意可见一斑。从这些对联的内容，可以看出济南人和大自然的紧密联系，也可以看出济南人的生活情趣。给我印象最深的便是这副对联儿。"千眼泉流气象开"，说出了济南的气象都在这泉上。

走在历史的长河中，深感这一代的文化元素、历史底蕴、名人轶事及各种文化的影响力也像珍珠泉的珍珠一样，数不胜数，但是看到街区的现状，又感觉和这些美丽的传说、历史、文化极不相称，心里不免会有些失落。芙蓉街区，有些破烂不整，小街憔悴丑陋的容貌已经承载不起这一地带厚重、丰富多彩的历史文化，天造地设的自然条件远远没有呈现出应有的文化之美、历史之美以及柳泉之美。我不知道，如果老残再游玩到此，会发出什么样的感慨。

大明湖南门的牌楼，《老残游记》里的老残就是从这里进入大明湖游览的。

好了，出发的时间快到了，要赶往济南西站乘高铁站回北京，就此打住，下次再游其他明泉。

下午2：32分，车启动，开往北京。立案庭法官打来电话，告知案子立上了，立案通知和缴费通知会寄到大成律师事务所，请注意查收，按照法院账号打款缴费，然后将缴费凭证发传真到法院，发票会附在卷宗里，记着开庭时一定要找主审法官要发票。虽然不可预知案件结果如何，但必须致谢立案庭的美女法官、美女庭长，态度很好，细节很周全。

印象雁栖湖

远山如黛，静水微澜。毫无疑问，雁栖湖是北京郊外燕山脚下一处美丽而静谧的所在。

在崇山峻岭包围下的一片水域，因每年春秋两季常有成群的大雁来湖中栖息，因此得名雁栖湖，单就这名称的来历，就已经近乎童话传说般美丽了。

不光是名称的来历充满神秘色彩，雁栖湖的地理位置也是占尽了地利优势。在雁栖湖东部、西部和北部分别有居庸关，军都山、红螺山和金灯山三面大山的环抱，这得天独厚的天然屏障，把大漠的"胡天飞雪狂风卷"阻挡在长城以外，不仅保证了北京平原的风调雨顺，还把山外车水马龙的嘈杂喧闹隔绝开来，将一片安静祥和的湖光山色净化成燕山脚下的一片世外桃源。

因为参加律师培训或律协专业会议的缘故，多次来到这里。北京律师学院便坐落在美丽的雁栖湖边，每当我把雁栖湖的美景图片发到微信群里时，身居外地的朋友们总会惊呼，北京还有这样一个好去处，一定要找机会前往。

在律师学院大门外，有一条不算很宽的柏油马路，这既是一条马路，也是一条很好的观光带。马路右向便是一座小桥，站在这座桥上，你尽管用摄影师的眼光，或者画家的审美情趣，站在不同的角度去欣赏这里的景色。远眺，崇山峻岭，莽莽苍苍，绵延不绝，气势非凡；近观，卉木繁荣，和风清穆，苍松翠柏，傲然挺立，仪态万千。不管你站在哪个角度，她都会呈现给你不一样的风姿。

在这山环水抱的湖光山色中，除了大自然的风光造化之外，还有一些画龙点睛的建筑物。

雁栖塔的存在，给开阔的山野间增加了古色古香的人文气息。这座塔修建的时间虽然不长，因为是古建筑特色的缘故，便透出一种穿越时空和历史的美感。如果在塔上安置一些风铃，风吹来时，铃声又会带给人们一些神秘的感觉。

塔是一种有着特定的形式和风格的中国传统建筑。最初是供奉或收藏佛骨、佛像、佛经、僧人遗体等的高耸形点式建筑，称佛塔。后来，随着时代的演变，这些神秘的塔逐渐被世俗化，神圣的建筑物已经沦落为歌功颂德的俗物。

桥和路是为了满足人们的物质需求，而塔已经纯粹是东方文化中精神和信仰层面的东西，或纪念，或歌功颂德。修庙和修塔才是人们的精神境界。

沿着观光马路前行，右边是山体，左边便是雁栖湖，但是这里还不是雁栖湖的最佳观赏处。

在湖的东部，有一椭圆巨蛋形建筑物，叫作"日出东方"，这个位置应该是雁栖湖的最佳观赏处了。设计者可能是用日出东方这样的一个寓意来体现人类、建筑物与大自然的和谐。在建筑物的第 21 层是一旋转餐厅，坐在巨大的落地玻璃窗前，来一杯咖啡，可以静静地等待东方日出。

不同的季节，不同的角度，不同的位置，有着不同的雁栖湖，在不同的时间段，雁栖湖又有着不同的风采。

夕阳西下，我们站在湖边，看着倒映水中的斜阳，心里念着"人闲逸而自在，山静穆而高远"的句子，很容易想起我和白居易合写的一首诗："一道残阳铺水中，半湖碧绿半湖红。正是人间好去处，醉了游人醉老翁"。

"铁甲将军夜渡关，朝臣待漏五更寒"，从军也罢，做官也好，都是很辛苦的差事。"山寺日高僧未起，算来名利不如闲"，既然当差很辛苦，倒不如放下对名利的追逐，寻一处清静的所在，忘却人生所有的困扰，听风，看雨，喝茶来得安闲自在。说到这里，开始有一些"结庐在人境，而无车马喧""采菊东篱下，悠然见南山"的味道了。

陶渊明的"不为五斗米折腰"，为世人所称道，我一直不明白陶渊明如此淡定，是性格使然还是品格高尚，但我可以断定，那时候的房价、地价、教育、看病、养老等负担都不会太重，否则的话，怎么会有"采菊东篱下，悠然见南山"的生命状态？

雁栖湖，白天有白天的景致，夜晚有夜晚的柔媚，或亮丽或朦胧，选一处上风上景的清静处，我们在霓虹闪烁中等待清风徐来。

夜幕降临，"日出东方"首先亮起了灯光，一圈一圈的光晕先是交替地闪烁，最后全部点亮，巨大的球体通体变得金碧辉煌，在夜色中显得格外漂亮。

湖边的别墅群也开始亮起了五颜六色的光，忽明忽暗地从一头闪烁到另一头。路边唯一的烧烤摊儿飘来诱人的肉香味道，灯光下坐满了游客，惬意地饮着啤酒，一副副撸着烤串儿很过瘾的样子，如果不是因为尿酸高的缘故，我也会加入他们的行列。

山上的灯光也开始亮起来了，那些隐在树丛里的灯光顺着山峰的起伏方向排着队不甘寂寞地不停闪烁，每一次起伏都有不同的颜色，在这夜幕下，灯光是这里的主宰。

如果你想看雁栖湖的日出，你需要在一个早上，大概四点多钟起床，运气好的话，赶上晴天，可以尽享这里日出的惊艳时光。

如果天公不作美，正好赶上阴天，看不到日出，也用不着遗憾，因为阴天下的雁栖湖会别有一番韵味。

阴雨绵绵时，重重叠叠的山峰朦胧起伏，像一首飘向远方的歌；天青色的烟雨像极了宣纸上跑出的墨色，雁栖湖便朦胧成一幅极富动感的水墨画。

隐藏在这大山深处的一湖碧水，远离车水马龙的喧闹，少了人类的喧嚣，这是要经过多少万年的修行才能达到的圣境。

因为建筑和人类不是这里的主宰，水才真正成为鱼的世界，大山上才真正成为植物的天堂，因为远离了工业的缘故，天空才真正成为白云的故乡。

雁栖湖就是这样一处美丽而静谧的所在，悠然，静穆，淡远。

春风吹来的时候，不仅有鸿雁栖息，更有百鸟争鸣，草木苍翠中，生机盎然了整个春天；盛夏来临，远山近影，清晰可见，重山叠翠，倒映水中；金秋十月，花果幽香，枫叶飘红；隆冬来临，苍山如黛，大雪飘落中，山苍苍，野茫茫，人间远离了凡尘。雁栖湖的四季演绎着不同的风景，每一个起承转合都是不一样的春夏秋冬。百鸟争鸣，重山叠翠，湖光山色，风清气爽见证你每一次的不虚此行。

太原讼事

> 西风吹冷无月明，
> 太原工地起纷争。
> 剑拔弩张战事紧，
> 行色匆匆赴龙城。
> 业主变更太随意，
> 约定工期未完工。
> 甲方不理支付令，
> 污我合同不履行。
> 我方无奈求衙门，
> 官家调解未成功。
> 业主强势无诚意，
> 强占工地毁合同。
> 欺我人生地不熟，
> 万般无奈走诉讼。
> 为保证据链条整，
> 诉讼禁令欲先行。

在开始本文之前，先一本正经地嘚瑟几句打油诗，说明案件的源起及案由，算是我这篇手记的开头，也是我对这个案子当时具体情况的主客观描述。

这是2016年初的事了。时间过得飞快，到2017年底，从立案到现在，转眼就快两年了，工程造价鉴定、工程质量鉴定以及修复方案和维修费用的鉴定已经形成意见初稿。这类案件往往是战线拉得长，拉得很长，或者拉得更长，这主要是由这类案件的特点和复杂性决定的，想快也快不了。作为施工方，往往深受业主故意拖延之害。作为代理人，不管代表哪一方，所付出的精力和时间都要高出其他案件很多倍。且不说工程专业深度和难度，只看堆积如山的工程资料就能吓退一批法官或者打蒙一批律师同行了。为了这个案件，我从北京跑太原不下二十几趟了，仅是现场勘察就跑了不下八趟。"纸上得来终觉浅，不下现场可不行"。前半句是陆游说的，后半句是我说的。

对于太原这座城市，我没有太多的认识。在接手这个案子之前，只去过一次，那次是跟着旅游团去五台山和王家大院，过太原顺便游览了晋祠。随团出行，导游催得紧，生怕跟不上队伍把自己弄丢，我便一路走马观花，浮光掠影般，所到之处，只留下一些浅浅的印象。

第一次到太原之前，对山西的印象是既好奇又陌生的。说到好奇，是因为从小经常听老人们讲起先祖在明朝移民的故事；说到陌生，是因为史书记载，唐朝以前这里都是少数民族统治的地区，觉得这里的民风民俗和华北平原应该大为不同。

老家族谱记载："吾祖……，明礼部儒官，永乐间由山右小兴州始迁高阳……者也"。其他族谱也有记载："永乐二年，成祖定鼎燕京，诏山西大户迁实内地，始祖讳……由山右洪洞县小兴州来居高阳……村，遂家焉。"据说山右即山西省旧时别称。

小时候对山西的印象只是停留在族谱里，停留在乡亲们口口相传的移民故事里。随着年龄的增长，走得地方越来越多，发现在河北、山东、河南、安徽等地很多村子里都有这样的族谱和传说，可以断定，这次移民的行动之大，范围之广，至少涉及河北、河南、山东、安徽等省市，但奇怪的是在明朝的史书里对这样一次大规模的移民行动却没有文字记载，不得不让后人质疑这次移民的真实性。而华北平原的绝大部分村庄的历史只能追溯到明朝，这好像让人相信移民的真实性。国有史，家有承，人们相信族谱里记载的是最直接的证据，其真实性以及证明力应该是不容置疑的，代代相传而来，人们相信老祖宗是不会欺骗子孙后代的，尤其是涉及自己身世的问题。

这是中国历史上一次"连根拔起"的大迁徙，先民们带着对故土的不舍，带着对远方的迷茫，被迫跪别了列祖列宗，一路哭号，一路回望，踉跄着前行，一直走到再也看不到回家的路。先民们不得已到一个完全陌生的地方开始新的生活，是吉是凶，只能听天由命，像树叶，随着风霜雨雪自生自灭，叶落再也不能归根。哭天喊地凄惨至极的被迫迁徙场面让人撕心裂肺。天地也为之动容，悲悯的上苍赐予这些远行的人们带走山西的部分雨水，因为上苍知道，善良的百姓除了哭泣和被迫迁徙，再也没有别的选择。上苍不想让他的子民到他乡欲哭无泪，那就让远行的人们用家乡的雨水化作泪水去浇灌未来的故乡吧。从此以后，山西开始成了缺水的地方，雨水已变成移民的眼泪浇灌到陌生的地方。数代人过去，直把他乡作故乡。历史或者故事早已远去，移民的传说成为后代子孙们茶余饭后的谈资，或者成为后人们联络感情的话题。先民们像一粒粒种子，带着思乡的苦涩，在异乡落地生根，繁衍后代。这是明朝时期的一段往事，导演这段悲欢离合的大明王朝早已随风潜入历史的长夜，但这段移民的故事仍在民间广泛流传。故乡已经变得模糊而遥远，乡情早已被割断，但是中华民族血脉相连的渊源永远不会断。

民以食为天，安居乐业，永远是普通老百姓的最高愿望。但是古代的统治者为了某种利益，总是裹挟甚至绑架着民众的意志，或欺骗或鞭打或驱赶着前行。"兴，百姓苦；亡，百姓苦"。元代的张养浩早已洞悉中国古代社会民众的疾苦之源，他用诗的语言表达出了：如果天下安定，统治阶级定要大兴土木或者各种折腾，劳民伤财，百姓不好过；如果国家灭亡，灾难四起，战祸不断，被内外折腾，百姓也会受苦。这不仅是张养浩忧民忧国的家国情怀，更是历史的真实写照。

强行迁徙，是尊重市场规则。让百姓自由流动，真正实现自由迁徙，是现代社会的进步，也早已成为人性化社会的共识。

近些年来，有新的研究发现，山西并没有小兴州这个地方，研究者发现在河北滦平城北倒是有一个叫小兴洲的地方，据说这是长城古北外第一重镇，是和山西洪洞齐名的八大移民基地之一，是辽东、内蒙南下北京的交通要冲，因而成为我国北方历次移民的重要集散地，特别是明朝洪武、永乐年间，由关外各地向北平及河北一带移民的集散地。洪武四年，朱元璋做出一个重大决策：废山后诸州县，改为卫地。山后，指燕山以北地区。这又使移民故事变得扑朔迷离起来。其实，历史上有过无数次的大迁徙，或因为战争，或因为灾难，多少次的悲欢离合，多少次的黯然神伤，都已成为过往。我们来自哪里，已经不重要，重要的是去向何方。"试问岭南应不好，却道，此心安处是吾乡"。

北京到太原的交通已经很方便，高铁出京一路前行，依次过保定、石家庄、阳泉，三个半小时即可到达太原南站。

出了石家庄，进入山西地界，地形地貌开始变得突兀起伏，沟连着坡，坡连着沟，突然深下去的沟里，或有一条弯弯曲曲的小路，或有几座高低不同的民居，由于干旱缺雨，房屋虽建在沟底，也不会遭遇暴雨和洪水的侵袭。民居依坡而建，门前便是弯弯曲曲的小路，这些小路通向了远方。高坡挡住了北风的寒冷，这是西部人的生存经验和生活智慧。在贫瘠的高坡上种植着一些农作物，杂草和树木随四季的更迭变换着不同的颜色。出石家庄后的第一站是阳泉北站，透过车窗望去，阳泉县城就好像坐落在这高低不同的沟沟坎坎上，看不到平原上平整地连在一起的小区和地面，高高低低自然错落着的是拔地而起的楼房，远远地望去，勾勒出的是和平原上完全不同的天际线。

一条汾河，从山西北部向南部，穿过太原城，日夜流淌，亘古未息。相传在远古时代，大禹治水曾有"打开灵石口，空出晋阳湖"的故事。以此计算，汾河是从远古流到今天的。至于汾河的源头在哪里，最终流向何方，我并不知道，问了几个司机也都说不清楚。汾河是山西省最大的河流，且为山西所独有，被山西人称为母亲河，对山西的历史文化有深远的影响。

小时候，听母亲说起，有一出老戏，叫作《汾河湾》。母亲只知道是一出老戏，不知道是哪朝哪代的事。后来我从书上知道，主要情节是，唐初名将薛仁贵投军后，妻子柳迎春生下儿子薛丁山。丁山长大后因家贫而每日打猎维持家用。一日，薛仁贵还乡，行至汾河湾，遇丁山打猎，丁山精熟的箭法引起老薛的赞叹。这时，突有猛虎窜至，仁贵怕虎伤人，急发袖箭，不料误伤丁山。老薛遂仓皇逃去，到寒窑和柳迎春相会，述说别后情景。卿卿我我间，仁贵突然发现床下有男鞋而疑迎春红杏出墙，经柳说明情况后，即欲见子，始知方才误伤致命的就是己子丁山，夫妻悲伤不已，慌忙哭向汾河湾。

这个剧目演绎的是一段真实的故事。据说，《汾河湾》的剧情基本上是依据《征东全传》写成的。我没有看过《征东全传》，甚至不知道有《征东全传》这本书，更不知道《征东全传》的具体内容，我是在百度里搜索汾河湾时找到的，拿来借用一下，现买现卖而已，千万别误以为我有多大学问。其实，如果是编剧虚构，按照传统观念，怎么可能让一个大英雄误伤打猎人之后逃之夭夭，背负道德缺陷？又怎么可能在逃之夭夭之后遭遇儿子被误伤致死的报应呢？

关于薛仁贵因救人而误伤人致死的案件，在当时是否引发舆论热议，有没有境外敌对势力操纵舆论，我并不知情，但凭着我极其有限的刑法学知识，我相信老薛的行为不仅构成犯罪，而且还严重违反了道德规范。危难之际，出手救人，本为美德，但误伤人之后逃之夭夭，放任了受害人死亡结果的发生，不仅使自己见义勇为的德行大打折扣，甚至还走向了犯罪。

把镜头拉回到现实中来，太原近年涌现出一些新词汇，最为典型的有如塌方式腐败、官场地震等。我以为，塌方式腐败这个说法是一个极富地方特色又极富时代气息的用词。

经济大潮裹挟了整个世界，文化的传承与繁荣，政治的清明，民风的淳朴，甚至道德操守、道德底线都受到了各种利益严重的污染，没有人能够幸免，没有人能够从容地生活，没有人能够从容地做好自己。在官场上，"升迁""权力""腐败"和"落马"几乎成为同义语，平安落地者成为万幸，但也不一定睡得安稳，心安理得。

为了这个案件，记不清第几次来太原了。这次为赶路走得匆忙，出家门忘了带身份证。到太原南站办理临时身份证明倒是很方便，在北京拍照、排队、办证至少用20分钟，也只能办一个当天有效的临时身份证明。到了太原本来想第二天到南站再办一个临时身份证明准备回京乘车之用，没想到太原高铁站只需将北京一天有效的证件加盖公章并写明当天的日期即可，不会让你再行拍照、排队、重新办证。虽然算不上是什么大事儿，但能看出一个地方的服务意识，事情办得顺利，心里一下子通亮了许多，好像占到了什么大便宜。

去过很多城市，坐过多次高铁，有的高铁站缺德到不让出站的人使用厕所，但太原高铁站的厕所却是很方便的，出了车站左右两个方向都有厕所，出了厕所向前走，都可以很方便地叫到出租车。

太原的出租车也颇具特色，全部是电动汽车，据说无数的充电桩已经遍布太原城，足够充电之用，且已经形成竞争和价格比拼。不管是车里，还是出租车场地，都显得干净了许多。太原的司机对乘客颇为热情，服务态度也让人满意。新能源汽车已经成为古老太原的一道亮丽的新名片。

话题扯得有点远了,但也不是"瞎扯",作为这篇文章的铺垫还是有必要的,光说案件就显得比较枯燥,尤其是工程纠纷案件。

我开始说正事儿。案子发生在山西太原,被告是当地一家民营房地产开发企业。我参与了立案、证据交换、开庭、造价鉴定、质量鉴定、鉴定范围的确定、听证、现场勘察、异议等全部程序。

一个民间投资的大型生活广场,业主委托我的当事人进行装饰装修施工,大部分工程内容已经干完,只剩下收尾工作的时候,双方便起了纷争。准确地说,是业主过河拆桥,既不支付剩余工程款,还要把施工方赶走,但业主知道工期延误的责任主要在己方,想解除施工合同找不到法定的或者约定的事由。于是业主召集施工方、监理公司开会并形成会议纪要。会议纪要内容如下:"乙方根据甲方要求的节点组织施工,并承诺按甲方要求的节点完成相应的施工内容。具体节点如下……"此部分共计约定了十条内容,然后又约定:"如乙方按照上述节点完工,甲方根据节点完成情况参照乙方提交的施工计划支付乙方相应的工程款。如乙方上述任一节点未按甲方要求完成,每预期一日,承包人应按10000元/日向发包人支付违约金,逾期超过七日,乙方承诺将全部已完未支付工程款作为对甲方损失的赔偿,不再向甲方主张。同时,甲方有权单方解除合同。如甲方上述任一节点未按乙方要求支付工程款,甲方不能要求按工期完成",双方项目经理在会议纪要上签字盖章。过了会议纪要约定的竣工日期,施工方没有完成节点任务,业主向施工方发出了解除施工合同的通知。看完会议纪要,我的内心涌动着"人为刀俎,我为鱼肉"的感叹和不平。作为律师,我们没有理由抱怨自己的当事人在管理行为或商业活动中的失误。迫于当时的情境和经验,犯下一个事后反悔且无法挽回的错误,也是商场上常有的事，大部分所谓明白人其实都是事后诸葛亮。作为律师，根据现状和不利局势中找出解决问题的思路，才是我们应该做的或者争取做到的，否则，花钱请你做甚？

2016年初的一天，我来到山西高院立案庭窗口递交立案材料，法官接过材料拿出起诉状看了一会儿，对我说："您稍等，我让庭长看看"。说完拿着材料到里边请示领导。过了一会儿，法官带着另一位中年法官走出来，跟我说："你这个优先受偿权不能在诉讼阶段主张，法院还没有审理，你怎么可以要求法院拍卖工程呢？你应该在执行阶段申请。"其实，法官讲得也不无道理。但是我感觉到这个法官一定是第一次接触优先受偿权的案子。我说："最高院给上海高院有个批复，其中第4条规定：建设工程承包人行使优先权的期限为六个月，自建设工程竣工之日或者建设工程合同约定的竣工之日起计算。如果等到执行，这个期限就过了，过了期限就会失权了。"立案庭法官问："批复在哪里？"我立即在手机里翻出来给他看。看完后他谦虚地说："好吧，有规定就好。"这个法官虽然是第一次接触优先受偿权，但是给我留下了很好的印象，因为我一直以为，给你拿法条说事儿或者尊重法条的法官一定是个好法官。之所以有这样的印象，因为至今我依然记得，几年前我去天津开庭，我代理被告，原告拿不出合同原件和履行合同的证据，我方坚持要看证据原件和履行合同的证据。为了尽快解决问题，我不得已拿出法律人都烂熟于心的具体法条说明理由的时候，主审法官却不再跟我说案子，而是在法庭上用了一个多小时的时间给我讲若干个代表的事。我跟他说法律，他却跟我说政治。我当时怎么都想不通，我以为，一个民事纠纷的小案子，无论如何都上升不到政治高度的，也不应该上升到政治的高度。我在想，一个简单的举证责任分担问题，是一个什么样复杂的内情导致裁判者不按规则出牌，是谁在这样难为我们的法官呢？

海口骑楼老街

我每次到海口，除了去海边的椰风椰韵中闲逛之外，还有一个必去的地方，那就是海口的骑楼老街。那里有海口的历史，民国的风情，南洋的故事，当然，还有各种各样的小吃。

记得第一次到海口是在1989年，正值国家设立海南省和海南经济特区一股海南热席卷全国，很多人尤其是企业老板们像打了鸡血一样兴奋不已，好像这片刚刚升温的热土是专门为他们准备的。那时候我刚刚大学毕业两年，正值青春澎湃，恰逢少年，风华正茂，正是心里充满梦想，这山望着那山高。我借着从唐山去武汉出差的机会，顺便到海口看看，也想凑个热闹。当时的交通没有现在便利，我记得先乘火车到湛江，从湛江乘坐小公共汽车到海安，从海安乘船到海口新港。从湛江到海安的路让人记忆犹新，走的都是乡间小路，颠簸难受不说，有很多地方，因为路上都是泥坑的缘故，车主要乘客都要下车，下车之后必须乘坐村里的手扶拖拉机才能到达坑的另一头儿，然后再上车继续颠簸前行。手扶拖拉机不是白拉你过坑，每位乘客要交两块钱。这样的阵势，我在北方从未见过，这次也算是开了眼，觉得又可气，又好笑，到海南，要先过坑，才能过海。我甚至怀疑，这是不是车主为了赚钱而故意挖的坑。多少年过去了，当初这些经历都已经变成好玩儿的回忆。

第二次是在2008年，受一家医药公司的委托到海口中院出庭应诉。诉讼中，我发现对方主体有问题，本来是公司的事，对方却以个人名义提起了诉讼，这是一个原则性错误。庭审过程中，法官一再试探我们的态度。我感到了压力，便紧紧抓住主体不适合这一点，严防死守加死缠烂打，很快法庭辩论结束，法官宣布暂时休庭。主审法官把对方代理律师单独留下，让我到庭外等候。过了大约十几分钟的时间，书记员把我叫进法庭，然后法官对我说，原告撤诉了。在海口的庭审圆满结束，便匆匆回京，因为下一场诉讼已近开庭。

两次到海口，当时只知道海口有着和内地完全不同的风景，还不知道海口有什么名胜古迹，并且两次都是急匆匆地来，急匆匆地走，即使是向往已久的自然风光，也未及观赏。

从此以后，或因仲裁，或因诉讼的缘故，又多次来到海口。

十二月份的北方已经冰天雪地，东北尤其是黑龙江等极寒地区已经零下几十度。此时的海口，却是让人舒适的季节，不避冷，也不用驱热。对于海口人来说，可能是一年中比较难熬的时日，但对于北方人来说，风是舒适的，温度是适宜的，大自然是枝繁叶茂的，不管在哪里，都可以随心所欲地行走，忘我地欣赏自然的、人文的景观和来来往往的热闹，这正是很多北方人像候鸟儿一样飞到海南避冬的原因吧。

我又一次来到海口，是为了一个仲裁案件，开完了庭，我决定到骑楼老街走走。

我坐在海口朋友的车里，车行在大街上，看着窗外的椰子、槟榔在风的吹拂下，挥动着叶子表示对我的欢迎，路边的三角梅努力地开着，向我绽放着笑脸，透过车窗望去，别有一番韵味。我跟朋友开玩笑说："如果把海口大街上的花草树木全都砍掉，就海口的建筑特色而言，和别的城市还有什么区别？"朋友先是大笑，然后苦笑。不一会儿，车行至老街街区，朋友告诉我，"这里便是骑楼老街了，我相信会给王律师一个不一样的海口。"朋友的口气里带着一种由衷的自豪感，这算是对我刚才调侃的回应吧。因朋友有其他事要办，便驱车离去。

这骑楼老街，是海口市一处最具特色的街道景观。骑楼临街而建，上楼下廊。作为一种建筑形式，结构其实并不复杂，包括女儿墙、券柱组合、栏板、窗户、灰塑和其他构件等，大多数建筑只在一楼设置骑楼，也有在二层、三层都设计的，类似于没有窗户的阳台连在一起，变成一个通廊。一楼作为门市，上部作为居住之用，后边应该没有院落。

这种建筑适应南方天气潮湿多雨、商业楼宇密集等情况而建造的。避雨、遮阳、通行，行人一边悠闲地散步，一边从容地购物。这是一种人性化的设计，体现了对行人、顾客的一种关爱，也是一种购物环境。

在博爱北路和新华北路中间是一条步行大街叫中山街，这里正是骑楼老街建筑的精华所在。我独自一人走在这条老街上。

早晨的老街是安详的，商铺还没有开门，街上也没有多少行人，倒是清静得很。远远望去，整条街呈现出优美的弧形曲线，高低错落的女儿墙，豪华与精致的灰塑沿着曲线向前方蜿蜒伸展。

斑驳的墙皮，诉说着曾经的风霜雪雨，阳台上或墙缝儿里长出的植物，昭示着生命的轮回和不朽。老街的历史便隐在这斑驳的墙皮里，每一条街巷，每一扇窗户，都有着岁月凝成的故事。每一个故事的背后都有着华侨在外打拼的辛酸经历。

建筑保护得相当完好，犹如狭长的时光隧道，每一个细节都印记着曾经的繁弦急管和远去的风花雪月。

街头的几尊雕塑吸引了我的目光。一幅是海边送别的铜雕，一女子带着两个孩子在江边送别老公下南洋打工，他站在拴船的桩子边，目送老公乘船出海，她站在离海最近的地方，也是离船最近的地方，往前再迈一步便是大海，她要目送丈夫，直到看不到船帆。一个孩子朝着站在船头的父亲挥手告别，另一个孩子熟睡在母亲后背上的襁褓里。孩子的眼泪写在脸上，女人的泪含在眼里，却流在心里。船随风远去，船头的男人背对着船行的方向，朝着岸上不停地呼喊，不停地坚强地挥动着大手，直到帆船消失在天际。男人们凭着一身胆气，漂洋过海，没有网络，没有微信，甚至没有电话，一去多年没消息，妻子和孩子苦苦地等待，用期盼和泪水指引男人们回家的路。雕像以马路为海，妻子在这头，老公在那头，生动地描绘了海口人下南洋的历史画面。

另一幅便是一位老华侨在街头座椅上休闲的雕塑，这是一幅颇具匠心和彰显社会公德的画面。老先生好像刚从海外归来，悠闲地坐在长椅的一头儿，右臂挽着风衣。故乡的风是轻柔的，柔到可以化解所有的乡愁。故乡的风是温暖的，暖到可以治愈所有的创伤。皮箱放在地上，我觉得这雕像有一种此时无声胜有声的力量。老先生用无声的语言告诉行人，即使长椅空着没有人坐，也不应该把箱子放在上边，因为那是坐人的地方，应该留给有需要的人。我认为，这样的一个细节刻画代表着这条街乃至整个城市的人文素养和公共道德追求。

走出步行街，便是博爱北路，此时正是上班的高峰期，车流一下子多了起来，上班的人们大多数都骑电动自行车，街巷喧闹且嘈杂。电动自行车在海口是一道特殊的景观，路口处红灯亮起时，车队排成一条长龙，感觉密不透风的样子，颇为壮观。电动自行车悄无声息地从身旁掠过，速度之快，惊得人事后躲闪不迭。电动自行车在带给人们便利的同时，也存在着一些安全隐忧，经常成为交通事故的祸首。另外，这些年因为电动自行车故障引发的火灾也不在少数。

老街的形成是华侨们叶落归根的产物，得益于东南亚华侨的衣锦还乡，事业有成者，回报梓里；衣锦还乡者，兴屋架楼。

回归故里的华侨们用自己毕生的财富和心血打造着海口的精致，勾勒出海口最美的天际线。这些古街成为海口最早的雏形，见证了海南的历史发展轨迹。

下南洋，本是为了谋生，无意中却成了文化交流的使者，赤条条地去，回来时带回来的不仅是财富，还有东南亚的文化，就像这骑楼，成为凝固的传奇和不朽。

回家了，将几十年的漂泊打造成老街这条船，风浪再大，也纹丝不动，庇护自己的子孙生活富裕，永远安康。

走在这条老街上，空气中弥漫着潮湿的气息，老街像一条船，我似乎听到大海的涛声，任凭风吹雨打，不再漂泊，在自己的土地上落地生根，穿越时空，经历了历史的洗礼和选择，在岁月中熠熠生辉。

老街的夜色是迷人的。射灯照在白色的墙上，显出和白天完全不同的景致，老街的弧形曲线依然美丽，只是比白天增添了几分神秘。

天后宫，从此，妈祖宝地被红尘所包围，炊烟闹市裹挟净土梵香，车水马龙漫卷晨钟暮鼓。

在天后宫门口，邂逅一位老先生，我主动和老先生打了招呼，老先生的热情让我停下脚步，我们两个便聊了起来。

老先生姓万，是一位老海南人，1937年生人，住在天后宫旁边的骑楼里。万先生的爷爷是一位老华侨，他现在居住的骑楼是爷爷传下来的，至今已历四代，万先生的父亲兄弟四人，都分别继承了祖业。据万先生讲，老街上最古老的房子始于1849年或者更早，已传承几代人，有的已经传承到第十代。后代子孙们传承了祖业，一定小心伺候，精心守候着祖先们用辛酸和汗水挣来的家业，守候着祖先们的勤劳和智慧，我想，这正是老街得以完整保护的主要原因吧。

夜幕降临，行人渐少，借着灯光看去，一楼的商铺灯火通明，我发现很多老屋二楼以上并没有灯光，且有的窗户半开半掩，不但没人住，好像也无人管理。我问万先生，楼上都没有人住吗？这么好的商业地段，为什么不租出去呢？万先生讲，这些房屋的主人都有新房子住，这些老屋设施条件不如新屋好，都搬走住进了新屋，老房子就弃在这里了。万先生说，这些房子都是祖上传下来的老宅，都是老祖宗住过的，宁肯闲着也不出租，怕惊扰了老祖宗。万先生笑称，房屋的主人们都不缺钱。

听完万先生的话，我突然意识到，房子没有了原始住户，缺少了传承人，没有了传统的技艺，文脉如何延续？建筑虽是凝固的音乐，但没有了文脉的支撑，便没有了灵魂，所谓的古街也只能算是建筑博物馆了。

在商业浪潮冲击下，大部分城市的步行街，千篇一律、千城一面，唯有繁华背后的风土人情，才是这个城市独具魅力的所在。

辞别了热情的万老先生，我继续往前走。

整修过的大街，全然都是商业氛围，缺少了生活气息。走出步行街，我选择了一条没有整修过的街巷，独自走进去。一样的骑楼结构，只是不如商家的骑楼宽敞和气派。门里坐着一些老年人，悠闲地喝着茶，说着我听不懂的方言。看得出来，这里住的都是普通百姓，不是万先生说的"有钱人"，楼上楼下都有人住，生活气息浓厚了很多。再往前走去，便是一条海鲜街，说是街，其实是一条窄的巷子，各种海鲜琳琅满目，活蹦乱跳的，都是刚刚从海里打捞上来的，看了就有食欲。如果不是近期尿酸较高，我一定狠搓一顿。

街巷很长，从一头走向另一头，边走边瞧，需要二十几分钟的工夫。悠长的街巷，是海口人的菜篮子，是海口民生晴雨表。

走出海鲜一条街，我来到水巷口，正打算回酒店休息，无意中发现了一家书店，进店后得知，读书是免费的。这家书店的存在，和周围的商业氛围形成鲜明的对比，犹如一股清风，吹进充满铜臭的商业旅游街区。点一杯咖啡，拿一本闲书，找一个角落，静静地守候满街的老时光。

坐在书店里，我在想，很多地方正在热衷于打造各种小城镇，决策者们是否考虑或借鉴过这些著名街区的形成历史，文化背景以及市场规律等因素。

  这老街的内涵是极其丰富的,每一栋房子都是一段历史,每一栋房子都有很多故事。我不敢走进你的故事里,更不敢预测你的未来,我只能远远地望着你,在风中吟诵起那首不知名却能拨动每一位南洋游子心弦的诗句:"风从南洋来,渡君离琼乡;衣锦荣归处,骑楼遗时光"。

一个人的三亚湾

借着办案的机会,我又一次来到三亚。

此时,正是号称台风之王的"山竹"肆虐南海的时候,在网上不断看到一些小视频,传播着台风的破坏力如何威力无比,这不免引起我内心的小恐慌。更加让人担忧的是,新闻里说台风已经导致两人死亡,为了安全起见,广州、广西等地航班都已大面积停航。

为了便于决定是否出行,昨天晚上,我还在通过办案秘书小黄了解海南的天气和我欲乘坐的航班动态。当小黄告诉我,海南现在是风平浪静,只是飘着些小雨,到目前为止,还没有航班停航的消息。虽然听到小黄报告平安的信息,但我心里的疑虑还是没有完全打消。我在想,海南为啥到现在没有停航的消息,非要等到我大老远跑到首都机场待机的时候才会通知停航吗?

办案秘书也是很辛苦的一个工作,他们在案件准备,参与庭审,办理好案件管理工作的同时,还要负责外地仲裁员的迎来送往。这样一个事无巨细的工作,既考验一个人的智商,也考验一个人的情商,大量的案件积累更考验一个人的体力。大量的案件来袭时,必须花费大量的精力。我所在的仲裁委大抵都有节假日加班的安排,我一直以为,办案秘书是每一个仲裁委的脸面,这个群体直接代表着一个仲裁委的水平和形象。感谢海南国际仲裁院小黄的用心和细心,同样的感谢也送给所有我接触过的其他仲裁委的办案秘书。

我坐在北京首都机场的候机厅里,一直担心着因为台风的影响,飞机不能按时起飞甚至长时间延误或停航。广播里不时传来"飞往××的旅客请注意,我们抱歉地通知您,您乘坐的航班不能按时起飞……",这样的信息更加重了我的担忧。我以为,大抵航空公司是向消费者道歉最多的行业,坐在候机室里你会不断听到这样的道歉通知。谢天谢地,好在我乘坐的航班不但没有受到台风的影响,还能够准时起飞,并且顺利准时到达了三亚凤凰机场。

多年来,我已经养成了用打油诗记录心情的习惯,当我坐在首都机场候机室时,想着今天的天气和天南地北的奔波,即兴写到:老王律界一小差,混迹京城二十载。天南地北做诉讼,不惧风雨踏浪来。

打油诗虽然没有太高的艺术价值,但却能很好地表达一种心境,一种智慧,或者一种情怀,是一种非常适合在微信圈里传播的快餐文化。

飞机在三亚凤凰机场刚一落地,我便打开手机,正好有一个陌生电话打进来,这是办案秘书小黄事先安排好的接机师傅,司机师傅早已等候在二楼的六号出口接我。

每每听到师父这个称呼,我就会想起孙悟空和他的师父。我一直觉得孙悟空和他师父的相遇应该是一种解不开的缘分,是一种美好的人生经历,更是一种几世才能修来的缘分。不知道为什么,当我每次看到"日后惹出祸来,不把师父说出来就行了""师父,您放心"这张充满喜感的师徒对话图片时,我的内心便被一种惆怅的情绪充满。师父这个称谓是否对我有着某种特殊的含义或者很重的分量,我不得而知,但是我内心的惆怅确实来源于悟空和师父的诀别和永不相见。

车子开得不是很快,让我得以从容地欣赏着外面的风光。打开车窗,看着外面的细雨婆娑,感受着海岛的微风拂面,一种幸运和惬意在我心头徜徉,我又信口胡诌道:山竹肆虐袭南海,房倒屋塌酿灾害。人心惶惶不敢渡,空中航线都停摆。学生放假不出门,法院因故庭不开。三亚为何无风浪?道是京城老王来。

9月的某天,在三亚仲裁院开了一上午的庭后,我便决定躲进酒店的房间里,准备收拾一下被各种繁杂事务和坏心情撕扯得杂乱不堪的心绪,也顺便借着这段闲暇,整理一下早就应该出手却拖延了很久的法律文书。律师职业就是这样,由于时间档期的关系,很多工作必须在出差途中完成。

趁着刚刚开完庭的记忆,我迅速在笔记本上记下今天开庭的感悟,也算是对参与庭审人员的一种提醒。①当事人或代理人发言的时候,要根据记录人员的打字速度安排你的语速,保证你说的话都让书记员准确完整地记录下来,因为仲裁员手里有很多案子或其他工作,开完这个庭还有其他事情要做,日后庭审笔录就显得很重要。②参与庭审的人员发言时必须要讲普通话,否则,仲裁员听不懂的话,你可能白说了,会影响仲裁员对事实的判断。③在证据的质证环节,只要求围绕证据的三性及证明力等直白说明,如果你展开辩论,我仲裁员可能会提醒你,对你提出要求。④你的辩论意见或答辩意见,一定要有电子版,提前提交给办案秘书是最好的,这样可以大大提高庭审效率。⑤你提交的证据目录,一定要有页目的具体编排,在庭上能够让仲裁员老师根据页目编码马上找到你说的那份证据。⑥你提交的各种书面文件,最好要单面打字,不要为了省几张纸而搞成双面打字,双面打字看起来不如单面打字看起来方便。⑦庭前认真准备很重要,你有没有准备是看得出来的。你在庭上长时间翻找资料会显得很仓促,甚至很狼狈。⑧这些感悟或提醒是我站在仲裁员角度做出的观察和要求,其实换个位置,我做代理人的时候也不一定比人家做得更好,关键是看所站的位置。我今天是仲裁员,我可以对你吹,明天你是仲裁员,你可以对我吹。

我冲了一杯咖啡,然后坐定在窗前。一边闻着杯子里不断飘起的香味儿,一边暗暗地告诫自己,做事一定要有定力,不管外面的椰风椰韵挥洒得多么张扬，不管蓝天白云飘动得多么醉人，也不管海边的细雨下得多么有意境，我一定不为所动。拒绝窗外各种美景的诱惑，理顺心绪后专心做事。决心既定，我便拿起手机，定好时间，准备先呆坐两小时，然后再开启"干活儿模式"。

恰在这时候，手机里蹦出一条微信横幅，展开来一看得知，是一位律所行政主管发来的微信。因为此前我在微信圈里发了来三亚的消息，朋友看到后便强烈建议我去三亚湾转转，说那个地方很适合我写旅行手记。他还说，最近没看到我的手记好像缺点什么，并且告诉我说不定在三亚湾还能有什么艳遇，朋友说这话当然是在开玩笑，如果真有艳遇，朋友怎么会慷慨地让给我去呢。在他的一再怂恿下，我心开始激荡起来，心猿意马立即动摇了我的意志。以前的经验告诉我，能够定下心来做事是很难的，但是要改变计划往后拖延往往很容易做到，并且能够轻而易举地为自己找到借口。既然以往已经有过拖延的经历，也就不在意再多这一次了，于是我接受了朋友的建议，决定到三亚湾走走。

"这几天心里颇不宁静，我决定到海边拾掇拾掇心情。"这前半句是朱自清先生说的，后半句是我说的。到海边拾掇心情，是我为自己找到的去三亚湾最好的借口。

三亚的天空最不缺少的是蓝天白云，但是这几日，却总是阴云密布，大抵是因为台风的阴影还没有散去的缘故吧，时不时地还要来一场雨。天穹下浅灰色的云，不停地流动，因为都是朝着同一方向流动的缘故，显得很有秩序。阳光不失时机地从云层的缝隙中照射下来，努力给人间以光亮，给暴露在风雨中的那些贩夫走卒以温暖。由于云层连续不断的存在，太阳的光始终不能朗照，受了这样天气的影响，我的心情也就很难一下子豁然开朗起来。

出了酒店的大门，沿着金鸡岭路一直向南行走，大概走了几里路的行程，抬眼望去，一片开阔的海景映在眼前，三亚湾到了。

因为不是节假日，再加上黑龙江省到三亚市的候鸟儿们还没有来这里过冬的缘故，海滩上的人其实并不多，但也不只是我一个人。我用"一个人的三亚湾"这个标题，其实我说的是此时此刻，我独处的一种心境，用朱自清先生的话来说就是，"热闹是他们的，我什么也没有"。

北京已经进入秋季，很多人在早晚已经穿起了外套，但三亚的温度依然高达28℃，即使在海边也感受不到海风的清凉与惬意。

三亚湾的沙子是细腻的。沙滩的柔软和平坦，倒是很适合散步，虽然略显潮湿，但不是因为海水的作用，而是因为刚刚下过一场雨。

三亚湾的海滩路很长，我选择了左手边的路，迈开百无聊赖的步子，踽踽独行。

这是一片自由的海滩，也许是政府留给百姓的天地，也许是海岸线太长的缘故，终究没有被开发商圈成自己的收费花园。

六点钟左右，太阳不再任性，海边开始凉爽起来。海风吹动衣裤，一种惬意的舒适感围绕在我的周身。太阳落在海面上，晚霞不仅洒满西天，也映红了海面。我一直以为，太阳的美不在于她的咄咄逼人，而在于早晨的朝阳初升，傍晚的晚霞初现。

游人们搔首弄姿地拍照，在海滩上大声地呼喊，惬意地奔跑，完全不顾旁人的感受。美本来就是一种自我感觉的东西，如果我们不站在文明的层面考虑问题，又何必在意路人的眼光？

沙滩上的那把粉红色的小伞，把人们的心情装扮成粉红色。

浪涌来，潮退去，没有惊涛拍岸，没有千堆的卷雪，不断地重复着同样简单而枯燥的游戏。

夜笼来，用无边的黑暗包围起点点的灯光。灯光如火，尽力驱赶着暗夜的黑暗与浑浊。

六点半左右的光景，路边的椰林里突然响起一阵噪音性音乐，凭直觉我知道应该是广场舞开始了。为了远离这嘈杂的场景，我加快向东的脚步，沿着海滩前行，继续保持我独处的自由心境。

抬眼望海，一条小船漂在海面上，在海浪的推动下，显现出不断摇晃的颠簸状态，这摇晃不定的便是船家颠簸的生活。小船上已经亮起了明灭不定的光，这或明或暗的闪烁，也许是大海的心境吧，我想。

大约八点钟，大海已经被黑夜完全笼罩。月光从略带愁容的云层间流泻下来，把海滩照得发亮，脚印清晰可见，歪歪扭扭的，是行人走出的快乐或忧伤。月光下的海水，随着波浪不断泛起流动的微光。

我独自一个人，踩着月光，踏着柔软平坦的沙滩，继续在徘徊中前行。

大片的云层飘过头顶，露出一片湛蓝的穹顶。正当我沉醉于这蓝色苍穹的时候，我突然看到，在蓝色的夜空下，一颗耀眼的流星划过天际，如惊鸿一瞥，转瞬即逝。

看到这美丽的一瞬间，我的内心突然感到针扎似的一阵惊悸。这天使般的飘逸闪现，还没等我看清你美丽的脸庞，你就从我的眼前彻底消失了，消失得无影无踪，好像根本没有来到过这个世界。你的消失，一下子让我的世界陷入一片黑暗。你绝尘而去，都不给人以后悔的机会，甚至都不给人死的机会，人世间的残酷大抵不过如此。在这浩瀚无边的宇宙里，有着无数颗星星，我相信，你一定是天空中最美最亮的那一颗。看着你的义无反顾，我突然又想到孙悟空和他的师父，师父是一个神秘而略显凄凉的角色。大凡人世间一切美好的事物都是如此，转瞬即逝，不再相见。即使你追悔莫及，捶胸顿足，也无缘再见。很多美好的东西，与你无关，却能触动你的心绪，甚至让你感到心痛。看到这颗犹如天使般美丽的流星，在我面前滑过，此情此景，此时的感悟，这大概是我一生中最短暂最凄美的艳遇。抬头仰望这一瞬间的相遇，却是我们几世才能修来的缘分。因为这艳遇的短暂，才让人生出痛彻心扉的惋惜，因为凄美，才迸射出摄人心魄的魅力。

只顾着欣赏海边的景色，忘我地在无边的景色中惆怅自己的心情，却不知道在何时，已经有半个月亮爬上了头顶。皎洁的月光透过云层的包裹，自由地洒向海滩。月光如水，今夕何夕？良人虽去，眼前依然是你美丽的转瞬即逝，依然是你坚持的义无反顾，依然是你在夜空下的绝尘而去。看着那漫无边际的海水，我的内心涌起无限的忧伤，满目的凄凉在月光的笼罩下飘来飘去地荡漾。

晚上九点了，便回头找寻回程的路，因为走得太远，思绪依然漂在海上，已经记不清应该沿着哪条路回到酒店。当我连续徘徊不定地走过几个路口，终于记起回程的路是金鸡岭的时候，又顺口胡诌道：匆匆忙忙出酒店，边走边寻三亚湾。来时不记回程路，几个路口转半天。这是此时此刻的心情表达。

游采石矶

依山傍水，临水而居，是中国人最崇尚的福地。马鞍山就是长江边上的一处福地。

我的专业是冶金工程管理，因为马鞍山是我国十大钢铁基地之一的缘故，上大学的时候我就知道马鞍山这座江边小城，但是那个时候只知道马鞍山是一座因钢铁而兴的钢铁之城。

直到2014年8月，作为仲裁员审理工程纠纷案件，第一次来到马鞍山，才知道马鞍山还是一座美丽的山水之城，人文之城，诗性之城。

马鞍山山灵水秀，人文荟萃，历史悠久，万里长江打此经过。在众多的自然风光和历史遗迹中，采石矶应是马鞍山最靓丽的名片，既得江南山水之灵秀，又有长江滚滚磅礴之气势，是自然、历史、人文融合的典范。

第一次到马鞍山之前，我只听说过南京的燕子矶，却没有听说过采石矶。原来，这长江之上，有三大名矶，燕子矶、采石矶和城陵矶。我问百度，矶为何物？百度告诉我，所谓矶者，是指水边突出的岩石或石滩。

燕子矶位于南京郊外的直渎山上，因石峰突兀江上，三面临空，势如燕子展翅欲飞而得名。城陵矶位于湖南岳阳市东北江湖交会的右岸，在长江与洞庭湖交汇处。而采石矶是在长江下游马鞍山市长江东岸的一个港口。长江本是自西向东流去，为何又称江东？原来，和宜昌、武汉、重庆、上海虽同为江城的马鞍山市有着特殊的地理位置。万里长江自天门山起折为北上，"碧水东流至此回"，江南变为江东，马鞍山由此得名为"江东第一城"。

马鞍山市的市名来源颇为传奇,据说楚汉战争时,楚霸王项羽被困垓下,四面楚歌,败退至和县乌江,请渔人将心爱的坐骑乌骓马渡至对岸,后自觉无颜见江东父老,自刎而亡。乌骓马思念主人,翻滚自戕,马鞍落地化为一山,马鞍山由此而得名。据说,项羽兵败不肯过江东,江东就指此地。

采石矶的得名据说是因三国东吴时,此处曾产五彩石,其形状如蜗牛,又有"金牛出渚"的传说,故又名牛渚矶。此矶以山势险峻,风光绮丽,古迹众多而列三矶之首,素有"千古一秀"之誉。

"天门中断楚江开,碧水东流至此回。两岸青山相对出,孤帆一片日边来。""绝壁临巨川,连峰势相向。乱石流濮间,回波自成浪。但惊群木秀,莫测精灵状。更听猿夜啼,忧心醉江上。"李白不仅是诗仙,更是超一流的"广告"高手。想当年,李白站在黄鹤楼上为扬州策划的广告词"烟花三月下扬州"让扬州名闻天下。同样,由李白策划的这则广告也让采石矶名声大振。

采石矶不仅以风物之秀著称,还以其扼守长江天险为兵家所重,成为锁钥东南,江山易主的必争之地。

2018年3月29日一早,我从采石公园大门进入景区,这里7点之前进入是不用买门票的,过了7点要花80块门票钱,我只晚到了5分钟,买了门票才进去的。从路边的指示牌可以看出,上山的路不止一条,我穿过梅花园,走进万竹坞。翠竹掩映下,一栋酷似别墅的徽派建筑出现在眼前,走近一看,原来是一厕所,于是即兴赋打油诗一首:

> 白底黑瓦女儿墙,
> 徽人奢侈做厕房。
> 要是搬到北京去,
> 至少能住一部长。

沿着路牌指向,我走向仿古栈道,这是一条在悬崖上搭建的栈道,厚重的工字钢固定在悬崖的石头上,像手臂一样沿水平方向伸向江面，两三米宽的钢筋水泥板铺在工字钢上，外边固定着保护行人的栏杆。走在栈道上，看到悬崖下的江水，不免有些腿软，但是当我看到坚实的工字钢与山体紧紧相连，心里立即涌出一种安全感。栈道的搭建让游人能够居高临下地接近长江。

沿着栈道前行，看长江的开阔与辽远，弯弯曲曲的栈道产生一种移步换景的效果。横着看，顺着看，上看，下看，左看，右看，都会有不同的观感。看着大江流去，我想象着曾经的战争场面。

历史记载，这里曾经发生过很多次战争，最著名的当数宋金采石之战，还有朱元璋对决陈友谅的采石渡江之战。

宋金之战，一介书生虞允文带领1.7万宋军打败了完颜亮的18万金兵，金兵内讧，完颜亮在此殒命。

完颜亮是谁？完颜亮是金太祖完颜阿骨打之孙，自幼聪敏好学，汉文化功底甚深，他雅歌儒服，能诗善文。完颜亮生性风流倜傥，志大才高。金熙宗深忌其才，恐为后患，未敢大用。

完颜亮谋杀金熙宗政变登基，将都城从黑龙江的上京阿城，迁都进关至金中都，即现在的北京。完颜亮是金朝第四代皇帝，历史上在北京建都的第一人，是立北京为都城的肇始君王。他是一位少数民族的皇帝，也是一位被汉化的皇帝。他既是一位军事统帅，又是金朝著名政治家，也是文学家，能文能武，堪称儒将。他的汉学功底深厚，诗文精美，即使是江南的大儒，对完颜亮的诗词也是赞不绝口。

中国历史上的文人墨客，如李白、杜甫、苏东坡等人踏遍神州大地，也没有在燕地留下任何的墨迹。直到完颜亮迁都后，此时的北京虽不能与当时南宋的开封、杭州相比，但毕竟成为了北方的政治、经济、军事、文化中心。北京由此才开始发生了质变，自金中都之后才有了元大都，明清皇城乃至于今天的首都。

不管多风云叱咤的人，都逃脱不掉一物降一物的规律。能人背后有人弄，这就是天命。完颜亮做梦也不会想到自己会死于一介书生之手，这书生便是虞允文。

距今 800 多年前，金帝完颜亮统率金军主力过淮河，迫长江。两淮前线宋军溃败，金军如入无人之境。"万里车书一混同，江南岂有别疆封？提兵百万西湖上，立马吴山第一峰"。一首《题临安山水》，表达了完颜亮要消灭南宋的决心。虞允文时任督视江淮军马府参谋军事，被派往采石犒师，正值完颜亮所统大军谋由采石渡江，但新任主帅李显忠还未赶到。我们想象一下，当时的大宋军事防御怎么会这么松懈，敌人已经大兵压境，你的主帅还没赶到工地，军中不可一日无帅嘛，你原来的主帅呢？虞允文见形势危急，便亲自督师，向军心散漫的士兵演说："若金军成功渡江，你们又能逃往哪里？现在我军控制着大江，若凭借长江天险，为何不能于死里求生？何况朝廷养兵三十年，为什么诸位不能与敌血战以报效国家？"这番演说不是空洞的说教，没有胡说一些连自己都不相信的鬼话，这振聋发聩的肺腑之言，有效地振奋了军心，成功把士兵团结起来。最终以 1.7 万人的兵力与 18 万金军决战于采石矶，结果大败金军，赢得了著名的"采石大捷"。

随后，金兵内讧，完颜亮被部下所杀。金军大败而去，遣使议和。虞允文在南宋朝野上下获得极高修养品行赞誉。

谁说书生百无一用？关键是看你用与不用，看你会用不会用。这场以少胜多的战争，让武将们感到汗颜，出门或者照镜子时都不好意思说自己是武将，尤其是在虞允文面前，更是极尽讨好之能事，他们自己心里明白，即使是打了一辈子仗的将军们，也不敢说把仗打得这么漂亮。这场战争阻止了金军渡江，从而保卫了长江防线，使金朝攻灭南宋的战略计划遭到彻底破产，南宋得以转危为安，保持长达 100 多年偏安的局面。这场战争也在一定程度上改变了人们对书生的看法。后人一直没弄明白，虞允文一介书生，从未打过仗，凭借什么力量把一个纵横战场几十年的军事天才完颜亮打得落花流水呢？这事儿也许只有我知道。原来这虞允文过去作为一个包工头有过一段施工管理经验，曾经组织过几个大型复杂工程的施工，从物资、人员、设备的调配，到施工计划、网络图的编制、优化到具体实施，虞允文都亲力亲为，总结了一套行之有效的施工经验，正是把施工经验灵活运用到战场，才赢得了这场战争。当然，手下团队的执行力也很重要，也是决定这场战争胜负的重要因素之一。

朱元璋和陈友谅在采石矶也曾有过一次大仗。

朱元璋心里想当皇帝，嘴上不说，暗地里却"高筑墙，广积粮"，不是不称王，而是"缓称王"，朱元璋身边的谋士以及朱元璋本人深谙中国文化的精髓，心机很深，含而不露，不仅蒙了世人，就连大元王朝都以为朱元璋是可以接受招安的。元皇帝的策略是先让朱元璋去折腾吧，等他把陈友谅打败了，再花点钱财收买朱元璋为我所用，老朱不过就是一个农民嘛，说农民都抬举他了，其实是个乞丐，一个乞丐心里怎么装得下整个天下。大元朝想不到的是，正是这个农民，这个吃过珍珠翡翠白玉汤的乞丐，要的就是整个江山。这是大元朝策略上的重大失误，正是这个失误最终导致了元朝的灭亡，这都是后话，在此不表。陈友谅是一个沉不住气的人，不仅早早地公开在采石矶称帝，还打印大量名片到处散发，盲目自信，极度膨胀，导致重度脑残。相比之下，心机策略高下立现。我倒是很欣赏陈友谅对世人的坦诚，想当皇帝就公开宣布，用不着躲躲藏藏，当一天过一天的瘾吧，不就是一个渔民出身吗。

陈友谅称帝后，一直想并吞朱元璋。终于有一天，率水军从采石沿江东下，意图一举攻下应天府（今南京），在采石地区，同朱元璋农民军展开了激战，结果陈友谅大败，放弃采石而告终。两年后，陈友谅与朱元璋在鄱阳湖爆发决战，陈友谅再次失败，死于乱箭之下。

朱元璋不仅心机深不可测，而且还能够把心机上升为大智慧。这类人是最可怕的，大凡成其大事者，不是命好就是心机深。

到底是真龙天子赢得了战争的胜利，还是战争决出了真龙天子？不管如何，谁要是想当皇帝，如果没有十成的把握，千万不要到这里来打仗，弄不好就会江山易主。长江本是自西向东流的，在采石矶折向北去。改换方向，寓意改朝换代，此地适合决战。

暗淡了刀光剑影，忘却了鼓角争鸣，岁月带走了朱元璋和朱元璋建立的那个王朝，历史滚滚向前，不会在一个王朝永远停留，就像这长江，虽然在采石矶打了一个结，但最终依旧东流，浩浩荡荡，不可阻挡，奔流入海。

沿栈道前行，来到三元洞。站在突出悬崖的亭台上，远望长江，颇有蛟龙探海之气势。关于三元洞，碑文介绍：民间相传，明朝初年，湖南有三个秀才进京赶考，途经采石矶，冥冥之中，忽然听到对岸有人直呼三人姓名，深感蹊跷。于是将船靠岸，泊于临江崖壁下的石洞中。当船刚停稳，天气突变，狂风暴雨，卷起滔天巨浪，江面上的船只均被风浪打翻，而三秀才幸免于难，逃过一劫。随后，他们重新起航进京赶考，结果三人皆金榜题名，包揽了前三名（即状元、榜眼、探花），并被皇上封得官位。为了感谢神灵的佑护，三人重返采石矶，在他们泊船的地方修洞筑楼，供佛祭神，以此报答神灵的救命和佑护之恩。看过碑文之后，我感觉写这个故事的人不算高明，因为我发现并没有指出是什么神灵保佑，我们应该供奉谁，让我觉得像是开发商在宣传一个楼盘的位置有多好一样，而不是称颂具体的神灵。

路过三元洞，遇有一妇人在虔诚地跪拜，大概家里有准备参加高考的孩子吧。我始终觉得，科举考试是我们中国老祖宗最伟大的发明之一，应该排在中华民族众多发明之首。一张考卷，一张书桌，对谁都一样的平等和公平，学而优则仕，是否录用，只看考试成绩。当然，考试科目和内容的设置也很重要，不能只会做题，忘了给老人行孝，为国尽忠。在各种利益和关系主导的社会里，如果科举这条路也被污染了，普通百姓向上攀爬的途径就彻底被堵死了。

走过了长江栈道才发现，其实脚下的长江只是长江的支流，要想看到更为广阔辽远的大江，需要继续向着采石矶山顶攀爬。

古人把亭台楼阁建在山上，或是为了纪念，或是为了表达敬仰，大都取高山仰止之意，我认为这是体现了古人高超的智慧，上山时仰视，沿着台阶一步一叩首，下山时低头沉思，做着各种各样的思考。缆车的设置就破坏了古人的良苦用心。

李白的衣冠冢坐落在采石矶半山腰，石头砌筑的圆形墓冢掩映在竹影婆娑中，墓碑上镌刻着林散之先生亲笔题写的"唐诗人李白衣冠冢"几个大字。树上的小鸟儿蹦来蹦去，不发出一丝声响，默默地守候着这位浪漫诗人，生怕惊扰了李白的奇思妙想。

关于李白之死，历来众说纷纭，莫衷一是。总体可以概括为三种死法：其一是醉死，其二是病死，其三是溺死。第一种死法见诸《旧唐书》，说李白"以饮酒过度，醉死于宣城"；第二种死法亦见诸其他正史或专家学者的考证之说，当李光弼东镇临淮时，李白不顾61岁的高龄，闻讯前往请缨杀敌，希望在垂暮之年，为挽救国家危亡尽力，因病中途返回，次年病死于当涂县令、唐代最有名的篆书家李阳冰处；而第三种死法则多见诸民间传说，极富浪漫色彩，说李白在江上饮酒，因醉跳入水中捉月而溺死，与诗人性格非常吻合。其实，在我看来，李白死于任性、顽皮、浪漫和幽默，他的死是一个黑色幽默。下面是我在2014年8月第一次游采石矶时写的一首打油诗，记录于此，以示纪念。

游采石矶

李白夜游采石矶，
月光皎皎诗兴起。
不见明月当空照，
但见婵娟沉水底。

怜香惜玉才子心，
伸手欲救眼迷离。
酒醉神迷站不稳，
脚下失足坠江里。
千呼万唤人不见，
江水空绕采石矶。
一代诗仙随风去，
人去有期归无期。
三元阁上衣冠冢，
后人凭吊听风雨。
千古风流诗仙在，
月光如水烟波里。

参拜了李白衣冠冢，继续向上攀爬，几分钟就到达最高处的三台阁。

关于三台阁，有两种解释，第一种是说，三台是汉代对尚书、御史、谒者的总称，即尚书为中台，御史为宪台，谒者为外台，合称"三台"。在我国各地均有名为"三台阁"的建筑，例如安徽马鞍山、兰州兰山等地。第二种是说三台为文昌星居住之地。

采石矶三台阁始建于明崇祯年间，乾隆年间毁于战火，20世纪末得以重建。故阁内三台阁也是一处文化圣殿，里边供奉的是文昌帝君，以祈地方文运昌盛。

李白是采石矶的灵魂，因为有了李白，采石矶也被诗化了。文昌阁的设立其实很契合采石矶的文化主旨，文昌阁祈求文运昌盛，李白则身体力行。

登临三台阁，可南望天门中断，西眺大江奔流，东睹古镇采石，北看九华风光。

一代诗仙捉月地，千古画卷采石矶。这是现代人对采石矶自然风光以及其丰厚的历史和文化底蕴最诗意的高度概括。

走过联壁台、大脚印、赤乌井、伯牙台、然犀亭、峨眉亭、江山好处亭、怀谢亭、待归亭等等，这些景致给采石矶增添了壮美的色彩，优美的传奇。

古往今来，还有许多文人名士，如白居易、王安石、苏东坡、陆游、文天祥等都曾来此题诗咏唱，留下了许多有名的诗篇。其实我也来过，只不过史书没有记载。

山下，有太白楼和李白纪念馆，看到李白举杯邀明月的塑像，不禁让人忍俊不禁。李白右手将酒杯举过头顶，仰望着皎洁的月亮，显出李诗人的浪漫豪情。再细看，李白的左手紧握着一把酒壶，藏在身后，生怕月亮把酒壶抢走，嗜酒如命的小样儿栩栩如生，待酒醉之后，又很无私地向世人贡献着大量的精神食粮，此时你又觉得李白是多么的慷慨无私。

在太白楼里，有众名人题写的诗词，看不出哪一首写得好，虽然都是名人写的，但作品都不是很出名。有郭沫若先生题诗如下："我来采石矶，徐登太白楼。吾蜀李青莲，举杯犹在手。遥对江心洲，似思大曲酒。赠君三百斗，成诗三万首。红旗遍地红，光辉弥宇宙"。

应该说，采石矶是一个尚未被物质污染的洁净之地，采石矶的诗性影响着马鞍山的文化品位，愿采石矶山水依旧，诗性依旧。

（2018年4月1日晚11：00草成于北京）

偶遇笔架山

　　游览笔架山，纯属偶然。
　　当秘书告诉我办理这个案子要去东北的时候，我心里立即充满了顾虑。有顾虑倒不是对东北或东北人有什么成见或不满，相反，因为我在东北度过了四年大学时光的缘故，自己也算半个东北人了。四年的大学生活在我身上留下了永远抹不去的深刻烙印。我虽然是河北人，但口音里却带着明显的东北口音，每次接待会见客户的时候，当事人都通过口音特点判断认为我是东北人。每当这个时候，我都津津乐道地讲一些在东北上学时候的一些民风民俗和一些趣闻趣事儿。
　　最终架不住当事人真诚且期盼的目光，我决定接手这个案子。签订代理合同、组织整理工程证据材料、立案、交费，很快等来了开庭的日子。锦州开完庭后，感觉比我预想的还要好，所有的担心都没有发生，心情不错，于是便有闲暇看看当地的风景名胜。抬头看天，除了工作，我想起了生活、旅游是生活重要的一部分。问及当地名胜，当事人兴致勃勃地要带我去看笔架山，没想到，到此这一游，便留下了深刻印象。
　　吃过锦州的烧烤，尝过渤海湾的海鲜，却不知道锦州有座笔架山。
　　八月的北方是闷热和干燥的，即使是在东北，也少不了桑拿的天气，何况锦州只是刚刚出了山海关不远。我们乘车向着大海的方向奔去，沿着宽阔的马路，掠过城市的风景，海风吹进车窗，已经可以闻到大海的味道，大海的气息很快就填满了我们的周遭。顿时感觉这天空逐渐开始变得湿润起来了，人也神清气爽起来了，心里充满了期待，期待看到辽阔的海天，期待扑面而来的海风，期待闻到新鲜的没有雾霾的空气。想象着大海汹涌澎湃的样子，心里便涌动起惊涛拍岸的力量。车子停在渤海的岸边，一座宽大的海滨广场呈现眼前，广场通过数级台阶通向海滩。海风，海浪，海阔的天空，海水的味道，一下子把我们带入另一片天地。我迎风而立，目光掠过翻滚的海浪。遥望着远方，苍茫的海雾中，一座很不起眼儿的小山映入眼帘，一眼望去，顿时感到的不是惊喜，而是失望。这山其实不算山，只是高出海面一点点。因为海面很开阔且波涛汹涌的缘故，这座小山就显得很不起眼。如果不是朋友眉飞色舞地介绍，或许根本不会注意到这样一座小山。看着山的高度，我的兴趣一下子就被打消了，甚至都想放弃这次游览。朋友好像看透了我的心思，不断地向我述说着小山的神奇。看着波涛汹涌的海水，我问，天桥在哪里？朋友说，潮水退下去的时候，天桥就会自然显现，我们乘坐快艇上山，下午两点左右潮水就会退下去，到时候我们可以步行回到对岸。为了不扫朋友的兴，也为了一睹天桥这一神秘的奇观，我遵从着朋友的热情。上午9点左右，我们乘坐一艘能承载七八个人左右的快艇，自海岸出发，一路乘风破浪直奔这座山下。海风在耳边呼呼作响，出于一种安全的本能，也是因为胆儿小的缘故，我全神贯注地紧紧抓住船上的栏杆，生怕一不留神就会被风吹到海里。因为穿好了救生衣的缘故，心里的惊恐自然也就减少了几分。迎着呼啸的风，踏着汹涌的浪，抬头望去，山有三峰，二低一高，外形和笔架颇有几分相似，依其形意和神似，当地人管此山叫笔架山。全国各地像这种形似笔架而作笔架山的一定不在少数，但此处的笔架山却有几分奇特之处。单就这形似笔架，还算不上奇特，但这笔架山立于海中，定是天下孤绝了。

　　路不长，山不远，还没有淋漓尽致地乘风破浪，很快就来到了山下。下了快艇，我们开始沿着台阶向上一路攀爬，台阶在茂密的树阴下蜿蜒而上。在山上，我感受着大海的气息，在大海上，我们感受着山的坚毅。这是一座四面环水的小岛屿，有了大海这般吞吐日月的宏阔背景衬托，海雾缭绕间，便幻化出一种仙境了，小山也颇有了几分仙山气象，这或许就是受佛、儒、道、神众家青睐的原因吧。

山上地方并不大，但是建筑物却不少。自下而上，移步换景中，我看到山门之内，有真人观、吕祖亭、太阳殿、雷公祠、电母祠、五母宫、方丈院、三清阁等众多庙宇及点缀品，这些建筑都是用石头垒砌而成，相连相接处，大概也是全部使用石头，颇有几分吴哥窟的建筑特色，只不过规模气势不及吴哥窟，但这却是笔架山的第二个奇处。阁中供奉道家、儒家、佛家，为三教合一的寺庙。三家合住一处，没有高低贵贱之分，不存在谁领导谁的关系，用各自的理念共同营造着天地正气，用教人向善的普世价值观共同坚守着天地正义。不幸的是，人类却筑墙挖沟，圈成为自己谋利的工具。这世界本是人家盘古为万物生灵开出的天地，寒来暑往，生生不息中万物生灵守望并继续着这份造物的传奇，不知从什么时候起，人类把自己当成天地的主宰，更有狂妄者把自己当成宇宙的主宰，他们成群结队，拉帮结伙儿，荷枪实弹，视万物为无物，肆意践踏、驱赶和屠杀，甚至连自己的同类都不放过。他们高喊着，此山是我开，此树是我栽的口号，以替天行道、维护天地正义的名义将地球据为己有。他们打着天地正义的旗号，其实早就忘了何谓天地正义。站在主峰之上，望大海之辽阔无边，看天地之苍茫壮阔，站在盘古大殿前，想象着天地混沌初开时的模样，我好像看到盘古开天辟地的那颗初心在胸膛里不安地跳荡，这世界早已不是初创时的模样。

在山与海岸之间，有一条神奇的沙石甬道，由岸边通往山上，形成一条通路，名曰"天桥"。当潮水涨起时，天桥隐没在波涛之中，笔架山变作了孤岛，悬于万顷浪涛之上。当海潮渐渐落去时，一条从陆地通往山上的通道便开始时隐时现地显露出来，潮水落尽，天桥便完全裸露出来，直通大笔架山。每当涨潮，海水又从两边向天桥夹击而来，天桥在海浪中渐渐变窄，直至完全隐去。到笔架山，必须走一走天桥，否则就错过了一分神奇。

下午2点左右，我们从山上走下来，大潮已经退去，早晨的波涛汹涌已经变得风平浪静，凹凸不平的砂石地上，尚有部分海水留在凹坑里。就在这样一个地段，因为皮鞋不能蹚水，脚下的石头会伤到脚。头脑灵活的商家，在此卖起了拖鞋。还有的当地人，支起锅灶，现煮海鲜叫卖。

乘风破浪中，我们感受这波浪滔天的气势。当潮水退去，上午的水漫金山，已然化作一条通向岸边的通途。只在上下午这样一个瞬间，人类的沧海桑田便是这样一番神奇的变幻。

笔架山，你伫立海中，涨潮时你和陆地相离，落潮时你和陆地相连，你就像母亲身边的孩子，时而离开母亲身边去贪玩儿，时而回到母亲的怀抱来撒娇。

神奇的笔架山，当我走近你，了解你，我的心底就会自然而然地吟出刘禹锡那个发了霉的名句："山不在高，有仙则名。水不在深，有龙则灵。"笔架山虽然少了雄奇险峻，却多了几分灵性，这确实是一座不一样的小山。刘禹锡的千古名句虽然发了霉，这山水的意境却是全新的。

这一来一去，路途之上，顺风顺水，天气也没有太大变化，没有了曲折，我这文章写起来也就没了迂回，少了起伏的张力。

此时，正是旅游旺季，此地，游人如织，信仰海鲜的人远比信仰道、儒、佛教的人多。看着这神奇的笔架山，看着座无虚席的饭店，看着海吃海喝的游客，再看看略显孤寂的殿堂，我以大海为墨，天桥为笔，以蓝天为纸，有感而发，挥毫写下一首小诗，辑录于此，以示王律师曾经到此一游之意。

案牍劳形琐事繁，
偷闲一游笔架山。
潮涨飞舟乘风渡，
潮落徒步踏沙还。
三峰耸立如笔架，
盘古开得天地宽。
道儒佛教齐供奉，
三教合一旺此山。
游人如织多行乐，
不拜神仙吃海鲜。
——2016年9月游览笔架山时所作

此心安处是吾乡

白居易：无论海角与天涯，大抵心安即是家。身心安处为吾土，岂限长安与洛阳。我生本无乡，心安是归处。

东坡问柔：广南风土，应是不好？柔对曰：此心安处，便是吾乡。东坡大为感动，遂作《定风波》，名句遂出：试问岭南应不好？却道，此心安处是吾乡。

——题记

岭南福地广州城，千年底蕴润花容。
达摩祖师西来渡，开坛讲经立禅宗。
大漠风沙前行阻，丝绸之路海上行。
南越遗迹今犹在，千年古道存古风。
商时南越周百粤，春秋战国建楚庭。
秦皇治下番禺郡，大将任嚣始建城。
秦朝先行开祖制，前汉晋隋依秦行。
唐设番禺都督府，孙权始称广州城。
古今跨越几千年，山河依旧名不同。
金戈铁马帝王业，兴亡易手转头空。
改朝换代如走马，帝祚永固痴人梦。
政权阴雨多变幻，南国山河依旧晴。
时空转换人代谢，唯有人文持续增。
建筑明珠陈家祠，中山堂里民族风。
岭南拾遗栈道古，西关大屋风情浓。
黄埔一百单八将，个个英姿建奇功。

> 黄尘古道埋忠骨，英灵福佑五羊城。
> 南粤先贤五十六，灿若星辰耀天空。
> 榕树叶底人攒动，车如流水人如龙。
> 霓虹灯下听粤语，岭南舌头有点硬。
> 笑看姑娘花枝展，裙子再长也怕风。
> 华灯初上一杯酒，馨香四溢花满城。
> 浮想联翩君莫笑，老王初到五羊城。
> 夜深人静无眠意，码字打油数星星。
>
> ——作于2016年6月间

眉飞色舞间，转眼又一年。

说这话还要回到2016年了，这是我在广东省高院开完庭后，紧张的心情得以放松，闲暇之余写下的一首打油诗。以我对广州十分有限的了解，用我笨拙的文字，从历史、发展、形成角度描述了广州城的建城史。办案之余，时间有限，走马观花，蜻蜓点水，研究不深，或以偏概全，或词不达意，还望行家见谅。

2016年的6月份，我到广州是因为一起工程结算纠纷诉讼案件。

原告、被告是广州很有名的房地产开发企业和建筑施工企业，原告承包了被告的工程，竣工后双方做了结算，被告因资金紧张，未按合同约定支付竣工结算工程款，经多次交涉，被告仍无支付行动，甚至没有支付的意思表示。无奈之下，原告委托我将被告起诉到广东省高院。起诉前，原告建议我先发个律师函给被告，我明知律师函没有多大杀伤力，但还是尊重委托人的意愿，义正词严地使用书面函件，以外交清算的口气和最后通牒的气势数落了被告一番并提出了明确的权利要求。正如我所预料，这律师函果真如惊鸿去后，杳无音信，江湖上一如既往的平静，好像什么事情也没有发生，我等只落得个自讨没趣儿，颜面无光。

同样是法律，拿在衙门和公检法手里便是利刃，便是刀枪剑载，拿在律师手里，法律终究还是书本上那几页家国闲愁。但是律师也不是打酱油的，该出手时必须出手，既然橄榄枝唤不醒装睡的人，那只能借刀以施压，亮剑以逞威，我们很快办完了立案手续。

双方已有结算报告，对方也没有拿工期、工程质量说事儿，基本事实和基础法律关系已经很清楚，没有人装神弄鬼，也没有人节外生枝，案子进展得很顺利，虽然被告提出管辖异议拖延了部分时间，原告也表示理解，在波澜不惊中，只开了一次庭，双方就达成了和解协议。因被告不同意以法院出具调解书的方式结案，最终以被告先支付5900万元工程款，被告出具书面还款承诺并提供担保为前提，原告撤诉暂时结案。临近年底了，能有5900万资金回笼，对于原告来讲是一件皆大欢喜的好事，完成了回款任务，大家就能拿到一笔丰厚的奖金。如果后期被告不履行还款承诺的话，只是苦了我这律师，还要飞到广州提起诉讼。值得庆幸的是被告在拖了几个月后还是还清了余款。少了诉讼，省了执行，在信用严重缺失的今天，结局也算很圆满了。

这次到羊城广州，是为了一起仲裁案件。

2018年1月9日一大早儿，飞机从北京首都机场正点起飞，经过滑行和短时间的加速，巨大的机翼在引擎的轰鸣声中托起庞大的机体很快钻入到云层之上。地上有些阴沉，云层之上却是晴空照万里，能见度很高，想必定是风和且日丽，天气格外晴好，又是一次让人心情爽朗的旅行。大自然给人类一个笑脸，世人便忘了雾霾横行，忘了阴云密布，忘了狂风暴雨，忘了电闪雷鸣。事先用手机选择了一个靠窗的座位，隔窗望去，薄薄的云层下边，格式化的田畴清晰可见，高楼大厦鳞次栉比，依稀可见公路上的汽车像蚂蚁一样地爬行，树上的叶子早就被秋风打落得干干净净，光秃秃的枝条和树干在寒风中瑟瑟裸奔。从空中俯瞰，莽莽苍苍的大地，活生生就是一幅巨型立体山水画，远山近水尽收眼底，湖光山色一览无余。蓝天的下边，是白云的故乡；白云的下边，是山川大海的模样。天气晴好，一定有鸟儿飞翔，间或也会有彩色的旗子飘扬。

　　作为首席仲裁员，总要多花费一些心思，对案件要做通盘考虑，保证不出差错的同时还要提高效率。庭前已经接到办案秘书寄来的案件材料，看过申请书及相关证据后，认为案件的基本事实和法律关系已经基本清晰，先以申请人的仲裁请求为基本脉络，对照合同条款及相关证据，看过之后感觉没有太大疑问，拟就了庭审提纲，列出所提问题，算作暂时准备停当，其他问题就要通过现场感受双方的唇枪舌剑，结合庭审剧情的演绎和发展，随机应变地进行把控和调整了。但是在接到被申请人的答辩意见后，我感觉到案子的不简单，因为被申请人以合同诈骗为由报了案，公安局已经立案。

　　上午九点多，飞机准点儿降落在白云机场，落地，滑行，减速，出舱。瞟过空姐们千篇一律的职业笑脸，打车直奔了酒店。为了在时间上从容应对，也为了去见一位老朋友，我提前一天到了广州。住进广州仲裁委安排的酒店（在此，要特别感谢广州仲裁委领导及办案秘书小姚贴心细心的工作安排），把沉重的包裹扔到床上，如释重负般跨出酒店的大门，决定到外边走走。

　　若论大都市的气派与时尚，我相信北上广并无本质差别，倒是三地的市井氛围各具特色，尤其是广州这座国际大都市的街巷市井氛围更值得期待。

　　出得酒店，一条马路掩映在榕树的枝干下，榕树是一种奇特的树种，从枝干上飘下的胡须扎入地下生根变成了树干，支撑起巨大的树冠。只看这些榕树，一幅南国生机勃勃的图景就已经呈现在我的面前。沿马路右转，步行几分钟左右，便是珠江岸边。

　　沿江前行（离酒店已经很远），便是一条街巷，沿街摆摊的都是小商小贩，活蹦乱跳的海鲜河鲜摆在路边，各种时令蔬菜、水果琳琅满目，一派南国市井景象。

广州是一座既有国际气派又颇具浓郁平民情怀的城市，我想这正是国际大都市的魅力所在。一个城市如果没有了平民，就缺少了市井，没有了市井也就没有了生活，没有了市井，剩下来的也不一定都是阳春白雪。一个城市脱离了现实去大干快上地追求所谓的高大上和表面上的整洁，忽略了对人的关怀，尤其是缺少了对平民的关怀，城市便没了温度。

遥想大宋王朝，曾经是世界上科技最发达、文化最先进、经济最富裕的国家，但是一幅《清明上河图》展现的全是老百姓的市井生活。所谓天下苍生，说的就是天下和苍生密不可分的道理，有了百姓天下才有活力，有了百姓天下才有力量。一幅《清明上河图》把城市的繁荣与市井的热闹，以及两者之间的关系诠释得淋漓尽致，大宋的繁荣也随着市井的繁荣成为传奇和不朽。

逛完了市场，我徒步江边，风轻柔地吹拂，略感凉意扑面。改革开放之初，这南国的风带来的都是新的理念、新的希望和无穷的活力。这南国，曾经是内地改革开放的风向标。那时候，有一位老人在南国画了一个神奇的圈儿，整个北国的春潮便跟着南国的圈儿澎湃激荡了很多年。

珠江是大自然赐给岭南人的天然福泽，珠江的无数细小支流，像无数双温柔的手，伸向岭南人需要的任何地方，让钢筋水泥变得既有水性又有温度，让城市变得有灵性，给漂泊在外的人以温暖，给无数的生灵以生命的源泉。

点缀或镶嵌在现代建筑间的稀疏的岭南传统建筑，相比现代的"火柴盒"增添了许多浪漫和艺术气息，这些散落在民间的历史记忆，战胜了岁月的侵蚀和人为的破坏，成为穿越时空的历史积淀，像南国的一坛老酒，愈久弥香。

来广州之前，约好了一位多年未见的老朋友小张，叫他小张，是因为他长得比我年轻了很多，其实论年龄他比我还大了三岁。

这几天很多人都在微信圈里晒自己十八岁时候的照片,我没有找到我十八岁时的照片,也就没得可晒,但是十八岁那年留给我的记忆倒是非常深刻,那是因为我十八岁那一年,走在大街上,开始有人管我叫大爷。其实长得老也不一定是坏事,我36岁开始从高级工程师转行做了律师,一出道就有很多当事人把我当成了资深律师,这倒是让我感觉很受用的一件事。正好应了一句话,命运关上了我长得年轻的那扇大门,却为我打开了可以混充资深律师这扇窗,命运待我不薄,我感谢命运的公平,更感谢命运对我的关照。他乡见故知,人生一大快事,更何况,这小张是我交情甚密的一朋友,兴奋之情自然会更多几分。当我回到酒店时,小张一家人已经在大堂等我多时。

小张是我多年前的朋友,家在华北明珠白洋淀附近,现在叫雄安新区。差不多和我同时期来北京打拼,小张学的是工业与民用建筑,在一家房地产开发公司做项目经理。我虽然做律师,但我学的是工科,机缘巧合在一次朋友的酒会上和小张认识,后来就不断有联系,慢慢地成了很好的朋友。小张跟我几乎无话不谈,跟我讲过好多建筑领域里好玩儿的事儿,因为都是业内人士,说的多为负面的东西,每次讲过后,他都特别叮嘱我,一定不能写成文字,更不能散播出去。我每次都答应小张并发誓一定会守口如瓶。这么多年来我一直坚守着我的承诺,从不向外人说起,但世事变化太快,当年他给我讲的那些建筑行业潜规则之类的东西早就成了家喻户晓的公开的秘密。

后来,因为和朋友共同投资一个房地产项目被骗,妻子也因此离他而去,心灰意冷的小张去了广州。走的时候发誓一样地告诉我,以后一定还会回到北京的。说这话的时候,小张把酒杯握得紧紧的,眉宇间充满着坚定。虽然多年过去,但我依然记得小张当时自信的表情。

小张是个多愁善感的家伙,多年未见,我以为他会发些"日暮乡关何处？烟波江上使人愁"之类的思乡之情。没想到在这里过得如鱼得水，乐不思蜀。小张已经完全适应了这里的气候和生活方式。他认为，他最困难的时候，广州包容了他。北京是小张的伤心之地，广州是小张的重生之所。南国的温柔化解了小张内心的伤痛，南国的开放与包容给了小张新的生机。

小张带着妻子和孩子来和我见面，妻子比小张小了近十岁，是一位南国女子，言谈举止中透着恰到好处的知书达理，女儿在中山大学读完了硕士，现在美国读博士。贤惠的妻子，聪明的女儿，小张的状态和离开北京的时候已是判若两人，满满的幸福写在一家人的脸上。

以前见小张，指定是一瓶白酒一分为二的，谁都不多不少，小张管这叫公平。小张一直自夸倒酒的水平，一滴不多，一滴不少，用他自己的话说叫作"正负不超过半滴"，至于是否超过了半滴，我没有考证过，因为每次都是小张亲手把着酒瓶子，每次都是我喝多。这次见面，小张带了一瓶茅台，原准备一分为二的，当我听说小张肝脏不太好的时候，我坚持说我们已经过了喝大酒的年龄，我们还是以茶代酒，用珠江的水，南国的茶，共话沧桑。其实我因为尿酸高的缘故，最近几年已经多次戒酒（戒了好几次了）。

离开北京后，小张一路南下，来到广州，先是在一家建筑企业打工站住脚，住地下室，合租民房，后来有了自己的建筑公司，现在小张的公司在广州乃至广东省已经小有名气，当年落魄离京的那个小张如今已经成了名副其实的张总。

我不知道是南国的自然条件、美食美景让小张生活得如鱼得水，还是南国的"小蛮腰"缠住了小张回北京的愿望，抑或是因为南国温暖的柔风软化了小张回北京的意志，我想都有吧。总之，在广州，小张已经找到了内心的安定，已经没有了再回北京的愿望，看来这小张是要"不辞长作岭南人"了。在祝福小张的同时，我也庆幸自己在广州又多了一个落脚的地方。

高铁、飞机、高速公路、互联网等交通和通信的便利，让很多人实现了四海为家的豪迈，小张品尝了人生的酸甜苦辣后，收获了爱情、家庭和事业，在岭南落地生根。

小张是一个有故事的人，他的经历就是一部长篇小说。其实，在每一个人在外打拼的奋斗史里，都充满着心酸、泪水和幸福，不是有限的文字所能涵盖。

中午，一起用完了午餐，我和小张及其家人漫步在珠江岸边。

一阵吉他声送来一首老歌《一封家书》，熟悉的旋律和歌词萦绕耳畔，"我在广州挺好的，爸爸妈妈不要太牵挂"。一首充满亲情的老歌，唱出了游子对父母的牵挂，也顺便表扬了广州的开放与包容。《一封家书》是一个时代的印记，承载了那个时代的乡愁，见证了广州最具活力的一个发展阶段。随着通信的高度发达，用邮局传递家书的年代早就一去不复返了。一切近在咫尺，天涯即可秒达，四海为家已不再是梦想。

白居易说，"我生本无乡，心安是归处"。苏东坡说，"试问岭南应不好？却道，此心安处是吾乡"。经过了官场数度沉浮和颠沛流离之后，白居易和苏东坡终于找到了自己内心的安定。

"天下熙熙，皆为利来，天下攘攘，皆为利往"，司马迁准确描述了世人为了各自利益而奔波的场景。站在珠江岸边，看着远逝的江水和过往的船只，我在想，求利也好，理想也罢，高尚也好，卑微也罢，在外漂泊的人们，踏遍千山万水，跨越万里重洋，最终还要回到自己心灵的故乡。少年的轻狂，青春的梦想，中年的豪迈，老年的平和，几多荣誉，几多沧桑，终究都会化作天边那一抹儿美丽的夕阳。

（2018年1月9日晚，草成于广州东逸湾酒店）

山城五日

　　大年三十儿的北京，风和日丽，较暖的阳光驱散着初春的冷。

　　要过年了，很多北漂儿都已回乡和亲人团聚，大街上的行人变得稀少起来，与往日人流如织的场面形成鲜明的对比。车流也远不如往日多了，稀疏的车辆流动在宽阔的马路上，已经习惯了在拥堵的路面上见缝插针的司机们，一定不太习惯这突如其来的通畅，很多人惊奇地发现北京这马路原来有这么宽阔，开车的同时还能看到路面了。地铁里空空荡荡的，少了透不过气来的拥挤，没了嘈杂的急躁和不安。车厢里屈指可数的几个乘客，悠闲地坐在座位上，惊喜而好奇地四下张望着，拿出手机不断地拍照，似乎要把这难得的空旷和清闲立即发送到微信圈里，让朋友们感受一下拥堵之外的别样北京。

　　经过全家人无记名投票，今年把过年的地点选在重庆。这么多城市，为什么选中重庆？如果有颁奖词的话，应该是这样描述：这是一个我们全家人都没有去过的地方。

　　历史上描写重庆的诗篇有很多，描写蜀道之难最有名的诗篇，莫过于李白的《蜀道难》和李商隐的《夜雨寄北》。

　　李白从不同的层面描述蜀道之难："西当太白有鸟道，可以横绝峨眉巅。上有六龙回日之高标，下有冲波逆折之回川。黄鹤之飞尚不得，猿猱欲度愁攀援。青泥何盘盘，百步九折萦岩峦。一夫当关，万夫莫开。朝避猛虎，夕避长蛇"。李白最后总结道："蜀道之难，难于上青天，侧身西望长咨嗟！"李商隐因为旅游来到重庆，因巴山夜雨阻隔了回家的路，于是写一封信给自己的亲人。"君问归期未有期，巴山夜雨涨秋池"，这是李商隐在信中向家人述说自己的无奈。"何当共剪西窗烛"？郁闷纠结的李商隐告诉家人只能等到回家之后与家人共同回味巴山夜雨了。

李白从山高险峻无路可走感叹蜀道之难，而李商隐则是从天气现象来抱怨蜀道难行。两个人讲的都是山路和陆路的难行。李白的另一首诗《早发白帝城》："朝辞白帝彩云间，千里江陵一日还。两岸猿声啼不住，轻舟已过万重山"所表达的是水路的顺畅和轻快，这是李白在流放途中遇赦返回时所作的一首七言绝句。老李把遇赦后愉快的心情和江山的壮丽多姿、顺水行舟的流畅轻快融为一体来表达。由此看出水路还是很畅通的。但是此时的李白，顺风顺水心情大好，已经不觉得蜀道难行了，再加上这家伙是一个浪漫主义诗人，这里边到底有多少心情的因素，我就不好讲了。

取火车票时，发现有两个乘客因被法院列为"失信人"而被拒绝乘坐高铁。两个人只好郁闷地离去，看来大年三十是赶不回家乡了。这对于把过年和家人团聚看得很重的国人来说似乎很残酷，但是诚信缺失其实是比不能回家更为严重的事情。因为诚信的缺失，即使有现代化的交通工具，也让你回家的路变得遥远。这似乎有些不近人情，但是法律的严肃性、司法的公平公正关乎社会秩序的有序运行。对失信者采取必要的限制或处罚措施是维护社会公平正义的必要手段。

坐高铁，出北京，经河南，过湖北，经过十几个小时的飞奔，终于抵达目的地重庆北站。北京、河北、河南地处华北平原，修建高铁无须穿山越岭，但湖北、重庆都有崇山峻岭高山阻隔，要打通无数个隧道。

蜀道之难，既阻隔了李白的浪漫之旅，也耽搁了李商隐的回家之路，这是古人对蜀道难行的慨叹和无奈。现代交通工具的发展和交通条件的改善，让我们朝发夕至，也让李白们"蜀道难，难于上青天"的慨叹永远留在文学作品里。

初一日　山城夜景

重庆是一座特别的山水之城，其特别之处在于市中心三面临江，一面靠山，倚山筑城，建筑层叠耸起，道路盘旋而上，形成这座城市的独特风貌。

建筑物坐落的位置最为神奇，起于山上者，拔山而起，颇有力拔山兮气盖世的气魄；起于地上者，崛地而起；起于水上者，如出水芙蓉。重庆是一座人和山水联系最紧密的城市，是人和大自然和谐相处的典范。

重庆的地势是立体的，依山而建，建筑群也是立体的，立体的建筑群造就了立体的夜景。这立体的感觉相比于平地多了不少的诗情画意和观赏趣味。

晚上的解放碑区域是最漂亮的，高大的树木上，由一张张彩灯结成的大网，罩在整个树冠上，有的地方五六棵大树用一张网罩起来，形成一道银装素裹、金碧辉煌的墙。

解放碑的夜景，代表着商业的繁华和商家的实力。长江大桥和嘉陵江大桥的夜景，气势如虹，是一种山水相连的壮阔和高远。一棵树的夜景，从不同角度观看山城全貌，更是诗情画意的立体展示。

朝天门的夜景最为奇特，两江汇合处，形成三角之势，各有嘉陵江大桥和千厮门大桥飞架两岸。两岸皆有山，山坡上和山顶上都有建筑高低错落，在建筑与建筑之间都有茂密的数目和花草覆盖，透过楼间距和楼顶，依稀看到远山的存在。以蓝天和开阔的江面为背景，山与楼共同勾画出美丽的天际线，这是一幅人与自然和谐相处的巨幅画面。

其实，重庆的夜景早在清代就已经很有名气。"万家灯火气如虹，水势西回复折东。重镇天开巴子国，大城山压禹王宫。楼台市气笙歌外，朝暮江声鼓角中。自古全川财富地，津亭红烛醉春风"。这是身为重庆人的清朝人赵熙对重庆富庶生活和灯红酒绿的夜景的描述。

初二日　解放碑印象

解放碑最初兴建于民国二十九年（1940年）孙中山逝世纪念日，于1941年底落成，命名为"精神堡垒"以激励中华民众奋力抗争以驱逐日寇，抗日战争胜利后改名为"抗战胜利纪功碑"。1950年改为"重庆人民解放纪念碑"。

该碑是全中国唯一的一座纪念中华民族抗日战争胜利的国家纪念碑，用以纪念重庆对于国家的伟大贡献，是抗战胜利的历史见证。

倭寇的铁蹄并未踏足四川地面，但是四川为全国的抗日提供了五分之一的兵员和近三分之一的财政粮赋。350万川军出川抗战，其中64万多人伤亡。川军参战人数之多、牺牲之惨烈，居全国之首。四川人民这段英勇悲壮的岁月，是四川有史以来最光辉灿烂的一段历史。

四川农民王者成，赠给儿子一面"死"字旗，旗上写道："国难当头，日寇狰狞。国家兴亡，匹夫有分。本欲服役，奈过年龄。幸吾有子，自觉请缨。赐旗一面，时刻随身。伤时拭血，死后裹身。勇往直前，勿忘本分！""伤时拭血，死后裹身"这是一个中国农民悲壮，是一种视死如归的洒脱。

日寇入侵之时，不分阶级，不分信仰，不分地域，不分老幼，不分地位，不分贫富，全民同仇敌忾，共筑精神堡垒，形成一致对外的民族气概。抗日精神是一种民族精神，是所有中国人所共有的精神吗？

平生第一次见到解放碑，失望大于惊喜，没想到早就名声在外，名闻遐迩的解放碑居然像一个全新的装饰品，经济的繁荣掩埋了原有的历史风貌，建筑的风貌远不如其所代表的民族精神和历史意义。

解放碑记录着重庆的历史与文化，支撑着重庆的过去和未来，如今的解放碑已是中央商务区的代名词，解放碑所代表的经济意义远大于它原有的历史意义和民族精神。

在这繁华的背后，我们始终不能忘记的是什么。我们在建立新秩序的同时，应该从旧秩序中继承和保有哪些有用的东西。从中华民族几千年的历史脉络中，我们可以看到，有一种一以贯之的精神价值始终左右着中国历史的发展方向，历朝历代都是从继承旧世界开始，建立一个新世界，从整个历史脉络来看，我们不能完全丢掉旧的东西而建立全新的东西，假如旧的一旦被打破，新的又不被接受，就会陷入多么可怕的境地。

在经济大发展的今天，我们忽略了对环境的保护，甚至付出了惨痛的代价，痛定思痛之后，好在人们已经意识到环境保护的历史重要性和现实的紧迫性。我以为，比毁坏环境更可怕的是精神家园的遗失，有多少人尤其是年轻人还知道这碑的原本意义和其所承载的民族精神吗？

尊重民族精神首先要尊重历史，财富的保值增值固然重要，民族精神的保值增值则更是必不可少。

初三日　参观渣滓洞白公馆

游览了解放碑，看过了磁器口古镇，参观了洪崖洞，再去渣滓洞和白公馆，感觉心情最为复杂。解放碑、磁器口古镇、洪崖洞代表着重庆的历史变迁和现时的繁荣，而渣滓洞和白公馆却完全是另外一个世界。

以前对渣滓洞、白公馆的了解，起于《红岩》和《在烈火中永生》两部小说。我想没来过重庆的人也和我一样，也大抵如此。听着《红岩》和《在烈火中永生》长大，从小学开始就对国民党迫害共产党的残酷手段恨之入骨，对共产党人视死如归、大义凛然的豪迈气势充满敬意。上小学的时候，满脑子都是红岩烈士的英雄形象，只要听到《红岩》和《在烈火中永生》中的文字，气概总是为之一壮。尽管幼小的身体发育还不成熟，尽管自己不是共产党员心中总是涌起无限的胆气，感觉自己已经是钢筋铁骨，时刻准备着和国民党反动派进行顽强的斗争，甚至时刻准备着和敌人同归于尽。

渣滓洞和白公馆充满着阴森恐怖的气氛，毕竟已经隐入历史的烟云，营造这种氛围的当事者也早就偏安台湾一隅，暗自总结失败的教训去了。历史虽已远去，但刑讯逼供，暴力摧残意志，冰冷的刑具摧残肉体和精神的恐怖仍历历在目。

初四日　山城的早晨

早晨6:00左右起床，出了邹容广场，走到解放碑，然后顺山路下行，约莫十几分钟的工夫，便到了长江边上，沿着这条滨江大道，顺着江水流动的方向走下去，便是嘉陵江。

江边的高楼大厦颇为奇特，依山而立，面水而建，乘坐电梯上楼，显示的明明是九层，出了电梯却是地面，原来地下还有八层楼，只不过第一层楼是在江边。在这样复杂的地貌之上建造高楼大厦，其难度之高，成本费用之高可想而知。

两江连接处，不惊不扰，没有波浪起伏，没有泥沙翻滚。来到朝天门最高处的平台上，黎明中的山城显得安静与祥和。看着朝天门黎明中的夜景，山水相依，波澜不惊，心中所有的烦忧都会一扫而空。

7:00左右，五颜六色的夜灯逐渐隐去，一声汽笛长鸣，开启了山城的早晨，这是山城一天中最原始的状态。

想当年，国运萧瑟，日寇入侵，倭寇的铁蹄彻底打破了山城的平静与和谐。民国政府不得不退守重庆，关系整个国家制造水平的大型辎重设备都是经过长江运抵重庆的。在历史的紧要关头，在中华民族危难时刻，作为母亲河的长江庇佑了中华民族的有生力量，保住了抗日的物质基础。此时此刻，你会想到，长江母亲的力量是多么伟大。

在领略了朝天门的开阔与壮美，恋恋不舍地走下高台，有一家重庆小面馆已经开始营业。热气腾腾的小面，热气腾腾的摊位，热气腾腾的日子，热气腾腾的生活，点亮了热气腾腾的重庆。

山城的路很特别。因为都是在山坡上，所以没有平坦的路，也没有笔直的路。山路弯弯，七拐八拐，一会上坡儿，一会下坡儿，让你辨不清东西南北，倒是能让你充分领略山城的规划之难和建设之难。

由于路的原因，重庆人一般不骑自行车，共享单车在这里也就没有市场。从滨江路回到解放路，中间要翻山越岭，爬上大概相当于二十几层楼高度的山坡，让我充分感受了山城特殊的交通环境。

初五日　山城火锅

重庆是一座山城，城和路都建造在山坡上，整座城市山环水绕，历来都是一个大码头，是王者必争之地。雾是这座城市的主宰，历史的纷争、现实的腥风血雨以及大自然的狂风暴雨皆隐在这雾里。任何试图透过迷雾看清这座城市真容的努力都是徒劳的，作为普通百姓，找一个地方，吃一顿正宗的山城火锅才是正道，既然不能透过迷雾看个通透，那就来他个大汗淋漓，让自己的七窍变得通透吧，火锅是重庆百姓的福分和最爱。

　　火锅不是重庆人的发明，但是重庆人把火锅发展到了极致。鸳鸯火锅最能引发人们的奇想，也最值得人回味。

感受武汉

初到武汉

初到武汉，是在 1987 年，因为毕业实习来到这座城市。韶华易逝，青春易老，不经意间，三十年恍若转眼。

"昔人已乘黄鹤去，此地空余黄鹤楼。黄鹤一去不复返，白云千载空悠悠。晴川历历汉阳树，芳草萋萋鹦鹉洲。日暮乡关何处是，烟波江上使人愁"。想象中，由长江、白云、晴川、落日、黄鹤楼、汉阳树、鹦鹉洲等这些诗情画意的意象搭建起来的城市一定是一座浪漫之都。我似乎看到，悠扬的笛声中，一群黄鹤翩翩起舞，由远及近，由近及远，柔美的舞姿在烟波浩渺的长江之上时隐时现。悠扬而略带忧伤的旋律，拨动着诗人敏感的心弦。优雅的时空转换，淋漓尽致地展现着古人的多愁善感。"才饮长沙水，又食武昌鱼"，从这一份让人深感潇洒惬意的品味中，猜测出武汉一定是鱼米之乡了。至于"万里长江横渡，极目楚天舒"，"一桥飞架南北，天堑变通途"，则更显武汉的江天辽阔，以及人类改造大自然的冲天豪迈。凭着有限的知识积累，我对武汉这座江湖之城、钢铁之城充满了向往。

为了让我们这些即将走出校门的大学生看到当时中国最先进的轧钢设备，学校安排我们到武钢进行毕业实习，我们有幸参观学习了当时国内最为先进的轧钢设备生产线一米七轧机。在历史的这一时点，刘先生是武钢第一副总经理，后来做了中国冶金部的部长，国务院机构改革时冶金部被撤销，刘先生华丽转身成了守护京城的九门提督，刘先生因此也成为原中国冶金部历史上走出来的最大的官儿。其实这事儿和我没有一点儿关系，我只是顺便说说，强调一下时间概念而已。

一米七轧机是指轧制钢板的最大宽度为1.7米。主要产品是生活和汽车用钢板，这是当时国内唯一的一个能够生产宽钢板的项目，为我国的汽车工业作出了历史性贡献。

当时我们的实习内容就是画出施罗曼飞剪的机械原理图。飞剪是冷轧厂带钢自动连续剪切线上的关键设备，技术含量是很高的。施罗曼飞剪由联邦德国S.M.S设计制造。那时候，国人还没有很强的保密意识，因为外国人有保密要求的缘故，图纸是不允许看的，只能根据老师和现场技术人员的讲解，了解一个机械原理而已，至于如何把机械原理变成代表生产力的飞剪都是技术秘密或者专利了。后来企业的保密意识比那时候提高了很多，如果是现在，恐怕就连现场参观的机会都不会有了。

说到中国钢铁工业的历史，首先要追溯到清代的汉阳铁厂，这是中国钢铁工业在武汉源远流长的明证。汉阳铁厂是中国近代最早的官办钢铁企业，由晚清名臣张之洞领衔主办，是当时中国第一家，也是最大的钢铁联合企业。汉阳铁厂的靓丽登场，被西方视为中国觉醒的标志，武汉也因此成为中国钢铁工业的摇篮，这是中国最早的工业化实践，2018年汉阳铁厂入选第一批中国工业遗产保护名录，同时入选的还有武汉长江大桥。

汉阳铁厂虽然有着重要的历史地位，并且获得了很多荣誉，但是在建厂之初因选址争议和选择炼铁设备所犯的低级错误造成的不利影响，对今天仍有警示意义。

选址，首先要考虑运输成本，选在靠近铁矿的地方，以保证运输成本最低，这是在投资项目可行性研究阶段必须考虑的问题。大冶铁矿不仅有着悠久的历史，而且铁矿储量还很丰富，铁厂选在大冶铁矿是最合适的，但是最终却选在了远离大冶矿区的汉阳。

厂址选好了就可以选定炼铁设备了。选择设备必须充分利用现有条件，也就是在现有条件下，选择能够适应当地物质条件的炼铁设备。比如，根据矿石的具体成分选择相应的炼铁设备，保证能够炼出合格的铁产品。这需要对本地矿石的品种、成分、储量进行深入的调查，做出具体的数据分析，然后还必须要作长远的统筹考虑。然而，汉阳铁厂最终选择的炼铁设备不适用于大冶的高磷铁矿石，导致钢轨含磷量过高，质量不合乎要求。为此，张之洞多次奏请朝廷拨款追加投资，建设成本居高不下。

江湖上开始传闻张之洞存在擅自选址行为，并指责选在汉阳的目的是坐在武昌总督署内看到铁厂冒烟，还能随时过江便于督察。

张之洞连夜向朝廷发出紧急特快专递《勘定炼铁厂基筹办厂工暨开采煤铁事宜折》以说明情况："查开设炼铁炉，若论常法应于炼铁相连之处设立之，唯地理、物产不能一律巧合，大冶有铁而无煤，江夏马鞍山有煤，江夏在上游，大冶在下游，若湖北煤不敷使用，可再用湘煤，而湘煤也在上游，故厂设汉阳，能够两就，并且销售、督察都很方便。"

张之洞大人对选址问题的辩解也许能够说得过去，但是在选择设备问题上的错误却难以找出辩解的理由。舆论汹汹，矛头直指张大人，社会普遍认为，张之洞选购汉阳铁厂炼钢设备时盲目自大，愚蠢无知，事前不做实际调查，以至于选购的设备不适用于大冶的高磷铁矿石，导致钢轨含磷过高，质量不合乎要求，造成了严重后果。

如果真是如此，那张大人真是愚蠢到了极点。张大人是饱读诗书之人，一定知道"君子性非异也，善假于物也"的道理，并且当时也聘用着英国的工程技术人员，稍有科学精神就不至于犯下如此错误。

不过有后人研究发现，当时张之洞根据汉阳铁厂的产品质量要求，立足于大冶铁矿石的化验数据，以此作为订购炼钢设备的依据。后来汉阳铁厂钢铁产品含磷过高的问题是多种因素综合作用的结果，不能简单地归咎于设备购买环节。之所以产生如此后果，一是张之洞虽然对铁矿石的成分进行过化验，但了解得并不充分；二是情势发生了变更。张之洞订购炼钢设备时，不会想到日后大冶的低磷铁矿石会大量输往日本，也没有想到日后汉阳铁厂要全力依靠萍乡煤焦，又如何会想到由此引发的钢铁产品磷质过高的问题？当然，他缺乏长远的眼光，未对原料、燃料做全面系统地分析考察，为以后的产品质量问题埋下了隐患。如此说来，当时铁厂足以致命的病源很多，如燃料缺乏、管理混乱、成本高昂等，酸性转炉的负面影响绝非致命原因。这一分析，也许有一定道理，但是我觉得更符合现代人推脱责任的逻辑思路，把原因弄得复杂化，多样化，让你很难界定责任归属，最后不了了之。

  1949年后，汉阳建起了武钢。张之洞如果地下有知，也许多了一个辩解的理由。这充分说明我老张的选址没有错误，之所以被指责，都是政治对手在利用这事来攻击我。

  这已成一桩历史旧案，不管张之洞是否犯了失察或主观私断的低级错误，还是政治对手编造段子来糟践张大人，都已经无法查明。

  透过这桩历史谜案，我们可以看出这是一个投资建设项目咨询管理问题，是不懂科学决策，缺乏长远考虑的典型案例。

  我们现在正在大规模地进行基础建设投资和对外投资，每一个项目都会涉及前期可行性研究问题，选址和选购设备问题是投资建设项目管理的主要内容之一。虽然几百年过去了，我们没有理由耻笑张大人，类似的低级错误还会有发生，尤其是对外投资项目中，经常会有愚蠢的传奇出现。因此，汉阳铁厂选址缺陷和设备不能适应当地铁矿的失误即使到现在也有现实的借鉴意义。

  一个月的实习很快就结束了，这是我和武汉这座城市第一次结缘。登高远望，看着滚滚的长江水，长江、黄鹤楼给武汉增添了无限的浪漫气息。站在炼钢炉旁，看着那滚滚的钢铁洪流从炉中倾泻而出，站在轧钢机旁，看着钢板不停歇地从轧机里吐出，顿觉钢铁给武汉增添了阳刚之气。吟着"一桥飞架南北，天堑变通途"的诗句，想到逢山开路遇水搭桥的豪壮之举和我的钢铁专业有关，心中总是涌起无限的自豪感。每当此时，我就想起大学老师经常说起的那句话，"男孩子就应该学钢铁专业，钢铁就是男子汉的专业。"

二、孤独的黄鹤楼

黄鹤楼与湖南的岳阳楼、江西的滕王阁并称"江南三大名楼"，虽都为名楼，但其出名的原因各有不同。

岳阳楼因了范仲淹的《岳阳楼记》而闻名，滕王阁因《滕王阁序》而名动天下。黄鹤楼因崔颢《黄鹤楼》一诗而出名，又因李白《黄鹤楼送孟浩然之广陵》，其声名更著。三大名楼，虽然都能代表一种历史文化现象，但是所代表的文化内涵却大有不同。

范仲淹正襟危坐，心忧国事，览物抒情，将家国情怀挥洒成一篇《岳阳楼记》，不仅让岳阳楼闻名天下，还将满满的精神内涵注入岳阳楼，让岳阳楼有了活的灵魂，千古名篇和名楼融为一体。范仲淹以"先天下之忧而忧，后天下之乐而乐"的政治抱负和胸襟胆魄，为岳阳楼立心，为天地添正气。

青年才俊王勃，到江西看望父亲，正逢滕王阁重修之日，王勃同学，登临此阁，放眼远望，心胸顿时舒畅，兴致兴起，将书生意气、胸怀抱负汪洋恣意成一篇《滕王阁序》，不仅自己名留千古，也让滕王阁声名远播。只要听到"物华天宝""人杰地灵""高朋满座""胜友如云""渔舟唱晚""落霞与孤鹜齐飞，秋水共长天一色"，就会立即想到滕王阁。王勃之《滕王阁序》文采飞扬，点亮了洪都新府华丽词章，暗淡了豫章故郡千古文章，一千多年过去，涓涓文脉源远流长。

站在岳阳楼或者滕王阁上，颂着"先天下之忧而忧，后天下之乐而乐""落霞与孤鹜齐飞，秋水共长天一色"的名句，心中就会充满蓬勃向上的力量。相比之下，而崔颢和李白的诗作虽然也成名篇，但是抒发的都是闲情逸致，不涉及人生或者政治抱负，扯的都是闲篇，缺少了撼天动地的力量，更要命的是崔颢根据传说创作的《黄鹤楼》"昔人已乘黄鹤去，此地空余黄鹤楼。日暮乡关何处是？烟波江上使人愁"，这忧愁，满天，满地，满楼，满大江，好不凄凉。

崔颢走后，李白又来推波助澜。话说那一日，李白巡游到此，在黄鹤楼下和孟浩然喝了几杯闲酒，登临此楼，一时诗兴盎然，当他发现崔颢的这首诗后，连称"绝妙"，于是写了四句打油诗："一拳捶碎黄鹤楼，一脚踢翻鹦鹉洲，眼前有景道不得，崔颢题诗在上头"。

"昔人已乘黄鹤去，此地空余黄鹤楼。黄鹤一去不复返，白云千载空悠悠"，人去楼空，黄鹤楼自然更加孤独。

李白在参观岳阳楼时说："楼观岳阳尽，川回洞庭开"，意思是说看了岳阳楼就不用看其他楼了。李白不仅推波助澜，还暗示黄鹤楼不如岳阳楼，李白真是个坏家伙。

到了宋代，有个叫刘鉴的家伙，游览黄鹤楼后，遂作《登黄鹤楼》："西风吹我登黄鹤，白云半在阑干角。题诗不见旧时人，惟见青山俯城郭。萋萋芳草鹦鹉洲，江水衮衮来无休。岁月俯仰成春秋，古人今人无限愁。"好一个"古人今人无限愁"，这家伙更是夸大其词，接着推波助澜，非要把黄鹤楼的孤独和忧愁推向极致。

纵观历代名士如崔颢、李白、白居易、贾岛、陆游、杨慎、张居正等，都先后到这里游乐，吟诗作赋，这帮家伙都没有离开一个愁字。

登上黄鹤楼，古人们看见的都是无限的忧愁，是这些家伙没有创意，还是黄鹤楼建造的原因就已经决定了黄鹤楼只能代表孤独和忧愁的文化品性？

黄鹤楼虽因崔颢和李白的题诗，而闻名天下，但是没有像范仲淹和王勃给岳阳楼和滕王阁注入精神内涵那样塑造出一个积极向上的精神境界。不仅如此，他们的情绪还让游人深受感染，看着滔滔的江水发愁。好像千年的忧伤，即使是跳进滔滔不尽的大江，也洗不尽万古的忧愁。

"一桥飞架南北，天堑变通途""万里长江横渡，极目楚天舒"。显然，这水调歌头的万丈豪情，比起崔颢的《黄鹤楼》以及李白的《送孟浩然之广陵》，从意境、气魄乃至精神气质上都略胜一筹。

黄鹤楼一直等待着有缘人为自己量身定做属于自己的名篇，仿范仲淹之于《岳阳楼记》，立意高远，家国情怀跃然纸上；效王勃之于《滕王阁序》，字字珠玑，句句生辉，章章华彩，名篇名楼融为一体，文采飞扬到万古流芳。

黄鹤楼在寻找自己的灵魂，文采与黄鹤齐飞，精神与名楼同在，不能像李白崔颢那样写到人去楼空。

或归去来兮，或流连忘返，这样的风水宝地，应该成为江城人才济济的沃土。

三、丰碑

如果说长江是武汉的"风水"，黄鹤楼是武汉的"文脉"，那么武汉长江大桥则是江城飞扬的豪迈。前文说到武汉是一座能够创造历史的城市，其实，武汉长江大桥的建造就是创造了历史。

武汉长江大桥号称万里长江第一桥，所谓第一是指第一座，也就是最早修建之意，但是也确实创造了几个第一。

其一，论证时间之长，谨慎行事，堪称第一。据历史档案显示，在武汉建第一座长江大桥的设想最早由湖广总督张之洞在1899年提出，目的是用以沟通南北铁路。从1913年到1956年，40多年的时间里进行了五次规划，实际的勘测设计始于民国时期，成于中华人民共和国。

其二，首次使用管柱钻孔法施工，堪称第一。当时成熟的施工方法是气压沉箱法，但是苏联专家认为长江大桥不宜采用此法施工，原因是危害工人的健康，而且需要购置大量特殊设备，加大工程投资。建议用管柱钻孔法，不但能在水面施工，不受深水期的限制，而且不影响工人身体健康，但是这种方法当时仍然是一种新技术，苏联也尚未实践过。大桥建设部门对管柱钻孔法的设计方案经过三个月的讨论和半年的试验，证明确实可行。

其三，实际费用没有超过投资预算，堪称奇迹。武汉长江大桥，连同配套工程，总投资预算1.72亿元人民币，实际只用了1.384亿元；大桥本身造价预算7250万元，实际只用6581万元。

其四，2018年1月，和汉阳铁厂一起入选中国第一批工业遗产保护名录，堪称桥梁界第一，成为最年轻的国家级文物。按照《中华人民共和国文物保护法》的规定，这就意味着对大桥的保护已经上升到国家法律层面。

其五，经过多次事故重创，大桥居然屹立不倒，堪称第一。

大桥的建造，历三朝，凡40多年的论证勘查，起于清朝，经民国，至新中国实施建设，一波三折，终成正果。这桥的建造过程，倒是像极了万里长江的百转千回，经过了湍流激荡，汹涌澎湃，终于归于平静，归于天堑变通途，归于沧海桑田。有了这样不同凡响的历史，再加上"一桥飞架南北，天堑变通途"诗情画意的点化，长江大桥便成了国人心中的一座丰碑。

沿大桥台阶拾级而上，步步登高，站在大桥上，放眼览胜，早晨的长江，风和日丽的长江，雨中的长江，雪中的长江，晚霞中的长江，景致各有不同，看朝阳升起，看晴空万里，看细雨斜阳，看花飞寒江，看渔舟唱晚，选一个合适的角度，定格成风景。

有人说建筑是凝固的音乐。其实，建筑更是凝固的历史。透过一座建筑物的风雨春秋，我们看到一群人的良心，看到一个时代的良心，看到一个民族的良心，看到一个国家的品质。

回顾建桥历史，看了这些印象深刻的数据，想起那一串闪光的名字，每一个参与者都足以照亮历史，实在让人感慨万千。实际发生的造价居然比预算还少，站在现在工程投资和施工角度来讲，简直是不可思议的奇迹。更让人惊奇的是，经过多次船只操作失控后的重创，大桥居然屹立不倒，这和因为货车超重压塌的那些桥梁形成鲜明的对比。

四、民国建筑遗存

离开了长江大桥，穿过了喧闹的街市，我走进绿荫覆盖的民国建筑遗存。这里遍布着民国时期的民居、名人故居、商行、政府机关、领事街、名人路、名城街道、古巷、酒店、租界、巡捕房等建筑群落，经过了岁月的侵袭，这些建筑虽显破旧，但仍不失优雅，很多细节仍然展现着艺术的灵动。

我惊叹于建筑物的神奇，同样的天空，同样的土地，因为建筑物的不同造型，不同风格，变换出完全不一样的天际线，凝固了时代的精彩和风情，形成了一个时代不一样的精神气质。

我走詹天佑故居，这里曾经成为普通百姓杂居的住所，当人们终于知道詹天佑的历史意义之后，又将该建筑内居民迁出并进行维修，恢复原貌。有些东西，一旦丢失，就再也找不回来，没有灵魂的躯壳，只能沉睡在博物馆里。

我走近这些建筑物，感叹细节的精致，感伤远去的优雅，幻想着历史和传统文化在现实生活中的活灵活现。

我试图走近每一位房屋的主人,从他们曾经的音容笑貌,喜怒哀乐,从他们的各种气息中,感受时代的不同,感受到那个时代的深沉和优雅,感受到他们创造或传承的力量。我在这些凝固的历史中,低头寻找,抬头仰望,或温情或凄凉,我试图体会那个时代的温度,找到传承的力量。

这里曾经车水马龙,这里曾经人头攒动,这里曾经灯红酒绿,这里曾经风情万种。随着时代的变迁,莺歌燕舞归于寂寞,纸醉金迷隐于冷清。

五、热干面

民以食为天,这是老祖宗总结的一条铁律,吃饱肚子才是第一位的。

走累了,也饿了,那就尝尝热干面吧。不管是民间言称的五大面条,还是官方御评的十大面条,一直都把武汉热干面名列其中,毫无疑问,热干面已经成为武汉的名片。

我始终觉得,面食不仅是一种美食,更是一种行为艺术,是一种对生活的诗意表达,从刀削面、兰州拉面的制作过程可见一斑。

我仔细观察热干面的制作过程。把煮熟过的干面条放到热开水里稍烫一下即捞起,上面撒上香葱再浇上芝麻酱,用筷子将葱、芝麻酱和面条充分搅和后即可食用。从做法和吃法上来看,可能是方便面和北京炸酱面的结合。

从热干面的做法和吃法来看,并没有什么独创,独到之处可能在于热干面的口味,所谓一方水土养一方人,说的就是口味吧。虽然调味主要也是芝麻酱等,但是味道却有大不同,这大概就是它能成为中国五大或十大名面的一种原因吧。

吃之前的搅和也是有讲究的,有人喜欢搅得匀,让芝麻酱、香油、醋或者卤水均匀地包裹在每一根面条上,而我喜欢留白,像书法和绘画,喜欢咸淡交汇的感觉。热干面没有汤,要趁热且可以边走边吃,虽然节省了时间,但缺少了优雅和从容。

　　或妙手偶得,或自然天成,或歪打正着,抑或是无心插柳柳成荫,总之是出现了一种正合武汉人胃口的东西,也许只有武汉人才能品透热干面的生活本质。

　　武汉热干面是武汉人的生活,是武汉人的日子,是武汉人的最爱,是武汉人的味觉享受。对于出门在外的武汉人来说,热干面是一种乡愁,是一种思乡之情,是舌尖儿上的乡愁。热干面承载了很多武汉人生活、成长中很多美好的记忆。而热干面对于我,只是一种生活体验。

六、商事仲裁与商业文明

　　长江是一首歌,奔流湍急时,高歌猛进,无可阻挡,既有雄浑澎湃之气势,又有一泻千里的诗情画意。走出大山的阻隔后,奔腾的长江归于平静,归于江天辽阔的舒展,安静得像一位少女。万里长江的魅力,在于大气磅礴,在于变化多端,在于夜以继日地奔流不息,在于百转千回后的沧海桑田。

　　据说,民商事仲裁起源于原始社会氏族部落酋长对内部纠纷的居中公断,它作为一项制度最早被接纳是在古希腊、古罗马时代。在雅典,人们经常聘用私人仲裁员,根据公开原则解决争议。古罗马的《十二铜表法》中亦有关于仲裁的规定。

　　其实,氏族部落首长对内部纠纷的仲裁的权威性取决于部落成员对部落酋长的信任。而仲裁,很大程度上依赖于仲裁双方对仲裁员公正性的信任。

　　中国最早的仲裁机构都设在各种商业协会,协会是否相当于部落，我没有做深入考证，我感觉应该有着某种内部联系。随着现代商业文明的发展，商事仲裁逐渐发展成为一种普遍的社会文明。

余秋雨在《三台阁题记》中说："采石矶是万里长江的结穴处"。长江流域曾经涌现出屈原、李白、杜甫、苏东坡等伟大诗人。"千古诗魂，系于一江"，历史文脉源远流长，遥相呼应。余秋雨认为："长江到此，完成了文化使命，再往前就是商业使命了"。

采石矶地处江东马鞍山，是万里长江边上三大名矶之一。我以为，采石矶之后的武汉、南京、上海也确实能够担负起这样的商业使命。商业文明的重要特点，是平等和诚实信用，是契约精神，这些精神气质是成就商事仲裁的肥沃土壤。

仲裁是商业文明的重要标志，是城市文明的重要组成部分。很难想象，一个没有仲裁或者不重视仲裁的城市如何能够成为真正意义上的文明城市？

伏鳌者圣，得鳌者贤

原以为，只有国家领导人才可以参加博鳌论坛，没承想，我等普通百姓也可以在这里行走。博鳌论坛其实就是一个会议中心，为社会各界提供会议场所和服务为营生。只要你愿意，交了足够的银两，谁都可以在这里开会，这充分体现了会议面前人人平等的理念。

2018年5月5、6两日，首届博鳌大成法律论坛在这里隆重举办。各路法律精英以及各界有识之士就像蓄势待发的船舶齐聚万泉河入海口，随时准备着驶入浩瀚的海洋。

博鳌镇位于万泉河入海口处，对于博鳌的含义，民间认为是鱼多、鱼肥的意思。按照官方的解释，博鳌是指胸怀世界、独占鳌头之意。官方和民间的解释并不矛盾，只不过是从不同的角度和层面以不同的价值追求表达着共同的美好愿望。一部《红色娘子军》让万泉河闻名天下，即使没有来过海南的人，也知道万泉河是一条天下名河。

博鳌镇原来跟会议无关，更不是会议中心，尤其不是国际会议中心，可是后来到这里开会的人多了，也就成了会议中心，尤其是来了外国元首之后，便成了国际会议中心。鲁迅先生确实很了不起，他的名言名句在很多地方都可以直接套用。

据说博鳌镇是海南著名的十大文化名镇之一，至于其他九大文化名镇都是哪个，我并不知晓，只知道这博鳌如今已经成为国际会议组织博鳌亚洲论坛永久性会址所在地。

据官方语言体系评价称："博鳌亚洲论坛是一个非政府、非营利的国际组织，目前已成为亚洲以及其他大洲有关国家、工商界和学术界领袖就亚洲以及全球重要事务进行对话的高层次平台。博鳌亚洲论坛致力于通过区域经济的进一步整合,推进亚洲国家实现发展目标"。我想这是官方对博鳌亚洲论坛的定位,显示了官方的开放心态和国际视野。

区区小镇,为何受到政府如此青睐,又何以成为世界舞台?根据我考证推演一番后,发现大抵有如下原因。

首先,博鳌优美的自然环境和宜人的气候条件吸引了决策者的目光。

博鳌镇位于万泉河与南海交汇处,境内有万泉河、龙滚河、九曲江,三江汇流,有着得天独厚的自然环境优势。这里山岭起伏,植被茂盛,聚江、河、海、山、岭、泉、岛屿等天地灵性为一体。

自然植被、半自然植被和人工植被广泛分布在山岭、盆地、河谷、内湖、江河沿岸、滨海滩涂,既有大自然的神奇造化,也有人类美化大自然的丰功伟绩。

这里气候温和,光照充足,雨量充沛,由于海风的作用,这里是海南夏季最凉爽的地方。在海南炎热的夏季,能有这么一块清凉之所在,博鳌真是一块上天赐给的宝地。

其次,博鳌的由来充满传奇色彩,且寓意极其美好。

在博鳌,民间流传着"观音降鳌"的美丽传说。按照神仙纪年,大概很久很久以前,南海龙王的女儿生下一子,取名为鳌。此子出生时,出现龙翔凤舞、百鸟齐鸣、金光普天等天地异兆,并且鳌长相很奇异,不是正常龙的样子。

龙王见女儿竟生了这么一个怪物,立马心生不快,抽出腰间玉带抛向河海间,这一抛,就形成了玉带滩,意在阻隔鳌母子回归南海之路。小龙女苦苦哀求,恳求龙王认下鳌这个外孙,但老龙王铁石心肠,小龙女心力交瘁化作龙潭岭。这龙潭岭面南海而立,是小龙女在表达想回南海的决心以及不能回到南海的遗憾和不甘。

鳌见此情景，便兴风作浪，以翻江倒海之势，为母报仇。眼见百姓遭殃，观音菩萨怎能袖手不管，于是足踏莲花宝座赶至南海边。观音与鳌斗法数十回，终将鳌收伏点化成鳌龙。观音乘鳌龙往西而去。卸下莲花宝座化作莲花墩。鳌留下原身化作了东屿岛；留下身后这片美丽而神奇的宝地，世人称为博鳌。唐代怀仁和尚知道了这件事，感叹道：伏鳌者圣，得鳌者贤。

观音将鳌收服后，在此处掷金牛一头，形成金牛岭阻止水患；并在三江之地施了法器，天降财宝，地涌甘泉，民间流传的"财源茂盛达三江"一说由此而来。"买卖兴隆通四海，财源茂盛达三江"，已经成为中国商家追求的美好愿望。

博鳌，既有传说，又有美好的寓意，自然成为世人心中的风水宝地。

2018年5月5日至6日间，大成法律论坛在博鳌亚洲论坛大酒店举办，这次论坛是海南省被中央确定为自由贸易区后的短时间内，大成律师事务所顺时顺势做出的反应。据说这是博鳌历史上第一个以法律服务为主题的论坛。本次论坛完全是开放性的，除本所律师深度参与外，还邀请了其他律所律师及社会各界人士共同参与。

这次论坛拟定了很多板块儿，我个人觉得最为给力的当属"旅游休闲与大型基础设施法律服务"。我本人做过很多基础设施的法律服务，喜欢旅游，更喜欢休闲，但是如何做好旅游休闲大型基础设施的法律服务，或者如何以旅游休闲的心态去做好大型基础设施的法律服务，还真没认真研究过。

在开好会的同时，也不能忘了放松心情，这里的美景不能错过。

早晨醒来，隔着窗户能够隐约听到虫鸣鸟叫的声音，不时还有青蛙的声音夹杂其间，这里的青蛙叫声很大，听不出是哪里的口音，声音虽然不算好听，但毕竟是来自大自然的声音。推开窗户，走到阳台上，在黎明的微光中，能够清晰地看到椰树在天空下的剪影。椰风椰韵自不必说，椰树本身的造型也有着很明显的美学价值，入画效果也是极佳。槟榔树的亭亭玉立也十分好看，但都是直挺挺的，同一个造型，没有变化，有些死板，入画效果远不及椰树更加风情万种。

出差到别的城市，一般都在酒店里消磨时光，但是在博鳌实在不忍心错过这天造地设的南国美景。

趁着很多人还没有醒来，走出酒店，沿着曲曲弯弯的小路行走，大面积的草坪像海浪一样涌向远方，有些许微风拂面。一条河呈现在我的眼前，河面平静如镜，这就是万泉河。河岸成弧形，水自东北向西流去，最终汇入到南海。

一部《红色娘子军》让万泉河美名远扬。其实万泉河有着更为久远的历史。万泉河名称的由来与元朝文宗皇帝有直接关联。元朝太子图帖睦尔，因宫廷内斗被流放到海南定安的多河畔。天长日久，太子对多河与这里纯朴善良的百姓产生了深厚的感情。后来图帖睦尔被召回京城即皇帝位，在离别多河时，村民夹岸欢送，"太子万全，一路万全"太子感动之极，挥手泪别。登基后的文宗皇帝不忘旧恩，将多河改名为万泉河，以此报答百姓的款款深情。

沿着柏油小路，移步换景，继续往前走，有茂密的树林莽莽苍苍，也有稀疏的椰子树恰到好处地点缀在漂亮的草坪上。微风吹来，椰树的叶子婆娑起舞，泛着金色的光，愉快地展示着海南岛特有的风情和海南人的热情。

对外地人来说，博鳌的蓝天、绿地、青山绿水就是心目中海南的样子，她可以满足外地人对海南椰风椰韵等自然风光的全部想象。

对于大自然来说，人类是最讨厌的动物，凡是有人类大规模开发或大规模进入的地方，都会带来灾难。这里人不多，少了人声鼎沸的嘈杂，除了鸟儿的鸣叫，似乎能够听到风吹过的声音，这里最主要的居民不是人类，而是鸟语花香，是风水，这里是开发后得到很好保护的范例。

如此看来，人类保护大自然的最好方式就是远离大自然，而不是把大自然变成自己的家园。

美好的时光总是匆匆而过，一天半的会议很快到了尾声，6日下午5：00左右，一场新雨过后，博鳌上空出现了非常漂亮的彩虹，在美丽之上又增添了一层神秘的色彩，我想这一定是海南的天时对这次论坛会议的支持与回应。心情爽朗之余，突然看到马光远先生关于《海南房地产限购与自贸港发展背道而驰》的文章，马先生的核心观点概括为：①海南房地产搞限购，跟自由贸易港的发展是背道而驰的；②如果海南的房子不让海南以外的人购买，搞自由贸易港首先就等于把人排除在外了；③目前实行这种严格的限购政策，这是很愚蠢的；④既然我们要搞一个开放的东西，一定要把很多限的东西打掉。

马先生是知名的经济学家，用词如此肯定甚至激烈，一定有他的道理。海南被确定为自贸区，具备了天时；有着得天独厚的自然条件，占着地利；人才问题，除了立足本地外，还可以引进外地的人才，这便是人和。那么地方的政策是什么呢？其实这才是最为关键的。政策作为操盘手呼风唤雨的调节工具，对天时、地利、人和的影响是巨大的。有一句相声词"只要政策对了头，没有棉猴儿可以有棉猴儿"，此话虽是娱乐搞笑，但是却说出了政策的重要作用。若政策不对头，天时、地利、人和的作用就会打折扣。

自由港的核心应该是"自由"二字，自由应该是一种亲近感，而不是距离感，更不是隔阂。党中央给了海南特殊的开放政策，要集全国之力建设全国的海南，而海南应该以更加开放的心态利用好这一发展良机。

最后,呼应一下主题。"伏鳌者圣,得鳌者贤",自贸区的设立,已经搭起了平台,如何唱好这出戏,海南能否成为贤者?能否得风水之灵气?关键是要看在好的政策下,大家如何去建设了。

初见西安

　　自西周文王建城始,至今已历三千年有余,其间有十三个朝代在这里粉墨登场,一番热闹过后,西安,寂静的只不过是一座灞桥而已。

　　古老的灞桥,修了又毁,毁了又修,如今就连古老的桥墩也都隐入河中,代之以丑陋的钢筋水泥桥梁,和这灞桥一起沉入水底的是汉唐盛世和汉唐文化,往日的诗意风流都化作喧闹的噪声和飞扬的尘土。

　　西安,承载了太多沉重的历史话题,繁华与杀戮,高大与卑微。感受盛世繁华,来西安;体会沧桑,来西安。

——题记

灞桥伤别

初到西安,一下子陷入眼花缭乱。

历史的厚重,让我无法揭开你的面纱;年代的久远,让我无法看清你的容颜;岁月的沧桑,斑驳了我的视线。回民街的小吃,琳琅满目得让人流连忘返。二十年的北京生活,逐渐建立起来的古都印象,顷刻间开始凌乱。

干净的街道,宽阔的马路,车水马龙,鳞次栉比的高楼大厦,彰显着现代的时尚与气派。我漫无目的地在大街上行走,带着一种好奇搜寻着古城的历史痕迹。触目可见的道路标志提示着这个城市曾经的辉煌。开发商也颇受历史文化底蕴的影响，就连小区的名字也附庸着各种历史的风雅。保存完整的明城墙，展示着古都特有的气质。气势恢宏的大雁塔，虽历一千三百余年，依然佛光普照，广场再大，也夺不走大雁塔的气势和光芒。"暂放尘心游物外，六街钟鼓又催还"，遥相呼应的钟鼓楼，默守着古人们日出而作，日落而息的旧日时光。从这古老的人文景观中，很容易体会到一种温馨的人文关怀。到了现代，暮鼓晨钟逐渐失去了它的作用，"朝钟暮鼓不到耳，明月孤云长挂情。"看着这些似乎伸手可及的建筑物，很容易让人产生穿越历史的联想。

女娲庙、烽火台、骊山、灞水、鸿门宴、咸阳古道、长安古道、华清池、马嵬坡，每一个名称都有着数千年历史文化的渲染和积淀。不同的地名，因人因事而异，同一地名也会因人因事而演绎过不同的精彩，不同的历史印记，形成了不同的历史景观和文化意象。

触景生情，想象着那个久远的年代，史书上那些灿若星辰的人物立刻鲜活起来，一场场历史大剧仿佛就在昨天。

周幽王、秦穆公、商鞅、荆轲、李斯、秦始皇、陈胜、吴广、项羽、刘邦、汉武帝、霍去病、卫青、李世民、武媚娘、李隆基、杨贵妃，这些人在数千年的历史演进中都留下了深刻的印记，或霸气十足，或奋发图强，或慷慨赴死，或胸怀天下，或励精图治，或倾国倾城，或精彩绝伦，或神采飞扬。

灞水依旧东流，人间几度春秋。

周汝昌说："盖自秦汉以逮隋唐，山河缔造，此地之崇陵，已非复帝王个人所葬所，乃民族全体之碑也。"这句话说的正是，和夕阳一起落下的，是这个民族往昔的汉唐盛世。我听过周汝昌先生关于《红楼梦》的讲座，这位老先生口才虽然不太好，但文字表述却颇为壮阔。

灞桥，是出入长安的要道，是旧时东巡洛阳的必经之路，是三千年历史，十三个朝代盛衰兴亡的最直接的见证者，司马迁在写《史记》时，肯定经常来灞桥怀古。

灞桥，见证了三千一百年的历史风云，见证了十三个朝代的兴亡更替；见证了大秦帝国几代君主几百年的励精图治；见证了咸阳古道的落寞；见证了长安古道的汉唐盛世；见证了汉赋的文采风流；见证了唐诗的优雅从容与豪放；见证了人世间折柳相赠的悲欢离合；见证了从西到东，古代文明的兴盛与寂寞。汉唐文明，没有走出灞桥；无数知识分子的长安情结，遗落在灞桥。

古老的灞桥，修了又毁，毁了又修，如今就连古老的桥墩也都隐入河中，代之以丑陋的钢筋水泥桥梁，和这灞桥一起沉入水底的是汉唐盛世和汉唐文化，往日的诗意风流都化作喧闹的噪声和飞扬的尘土。

曾经的繁华，曾经的文明，曾经的优雅，曾经的辉煌，曾经的万国来朝，曾经的霓裳羽衣曲都随着灞河的水流走了。

故国何以兴盛或衰亡？文明何以流传或遗失？今天的时尚与逝去的风华有着怎样的反差？一个家族的兴衰沉浮，带来一个国家的大起大落，一个人的喜怒哀乐就这样决定着一个国家的命运，决定着一个民族的生死存亡。一个家族或者一个人的利益，绑架着全体百姓的利益。君主只对自己的列祖列宗负责，一个家族完了，一个国家就亡了，无辜的百姓陷入水深火热之中。

西安，三千年历史，十三朝的古都，承载了太多沉重的话题，繁华与杀戮，高大与卑微。感受盛世繁华，来西安；体会世事沧桑，来西安；透过历史看清未来，来西安。

羊肉泡馍与仲裁的紧密关联

　　西安的小吃有很多，也都很有名，但最具西安特色和名片意义的当属羊肉泡馍了。鲜美中透着温厚，平实中透着实在。北宋著名诗人苏轼曾用"陇馔有熊腊，秦烹唯羊羹"的诗句点赞。

　　西安人所谓的馍，从形状来看其实就是饼。看上去，馍是死面或者半发面的，应该是在铁锅上烙出来的，烙出来的馍有一层脆皮，但是没有一点儿糊的样子，馍的表面没有油，烙制用的应该是慢火，急火是容易烙糊的。我不知道对白面的选择是否也有很高的要求，以我个人的经验判断，好像都是很白的面粉。烙馍一定是一个技术活儿，这功夫应该是在火候的把握上。掰馍大致的程序分成四部，掰、劈、掐、再掐。先把饼从中间掰成一般大小的两半儿，再把每一半儿从中间用手劈开成厚薄大致均等的两片，这样保证分开的四片中，都有脆皮儿。羊肉泡馍的制作规程中，要求馍通过"掰、撕、掐、抖"最终形成"黄豆粒大小的碎粒"，跟我的理解差不多。留有脆皮儿的馍才禁得住泡，才不会泡成粥状的面糊糊，而影响了有嚼头儿的口感。掐馍的过程充满着仪式感和参与感，既体会到生活的不易，又能感受生活的乐趣。

　　感谢翟建明大律师热情的接待，更感谢老翟耐心细致地传授掐馍技巧和心得。这掐馍的技法在西安也是分出了流派的，典型的有老米家、老李家、老马家等，如果老翟要是不做律师的话，我相信一定还会有"老翟家"。仔细想想，做律师确实是一个耽误正经事儿的职业。

　　作为老西安人，老翟馍掰的手法已经相当娴熟，气定神闲中，两块馍饼被他连掰带掐成一碗雪白的碎馍，大小相当均匀，在我看来没有几十年的功力是达不到这种水平的。

而我馍掰得心浮气躁，显得有些急功近利。把我和老翟掰的馍拍照上传到微信朋友圈，我问：跟着老翟学掰馍，看看哪个是我掰的？朋友说：您这是泡饼，人家才是掰饼。西安人掰馍，比较碎，比较细腻，所以一看便知。如果你跟服务员说一声"汤宽，盐少，不放明油"，就更能证明你是西安人了。

我想老翟一定能代表西安人掰馍的心态，细腻，沉稳，不急不躁，不急功近利，掰出了西安传统美食的文化底蕴。从他一边掰馍一边讲解的神态中，我体会到了西安人对自己饮食文化的一种自信。

寒冷的冬季里，在掐好的馍上浇上一勺羊汤后，一碗热腾腾的幸福和温暖，便在你的眼前飘散开来。冰峰汽水和酸梅汤是西安特色饮料，据说是西安人吃羊肉泡馍的标配，我感觉这饮料的作用大抵有两方面，一方面为了解腻，另一方面是为了解热。

羊肉泡馍，掰馍、劈馍、掐馍的过程，对外地人来说只不过是一种美食体验，但是对西安人来说，这馍里有西安人的美好生活，是西安游子的乡愁。

本次来西安是到西安仲裁委开庭的，有两个案子，我被当事人选为边裁，感谢当事人的信任。

兵马俑发现人老杨的前世今生

来到西安，不能不去兵马俑。

带着羊肉泡馍的温暖，我来到兵马俑景区，下车后一家宾馆门前"兵马俑发现人之家宾馆"的大字招牌吸引了我的注意，走进去便和店主人聊了起来。

千古一帝秦始皇走了，带走了他不可一世的强大兵团，带走了他征服六国后的快感，带走了生前所有的荣耀，也带走了他励精图治的那个时代，留下了嬴氏祖宗几代人用了数百年创造的大一统的大秦基业。后来有一个比大秦更加凶猛无比的人物出现，这个家伙叫项羽，他用兵马俑手中的刀枪剑戟武装了自己的部队，变成了推翻大秦的有力武器。最后，因为智商和情商偏弱的缘故，玩阴谋诡计干不过一个叫刘邦的人而错过了成为天子的历史机遇，无可奈何的项羽，只好以霸王别姬的悲情，壮怀激烈地谢幕。几千年过去，秦始皇的兵团还在黑暗的地宫里，直到遇到了挖井的农民杨志发，才得以重见天日。

外地人知道兵马俑，不一定知道杨志发，但是在当地，杨志发可是鼎鼎大名。如今老杨已被任命为秦始皇兵马俑博物馆的名誉馆长，这也算是当地政府对老杨的表彰。

同样是刨地，别人刨出来的都是土豆儿、红薯等农产品，老杨这一头镢下去，却刨出了兵马俑。老杨发现兵马俑是源于给生产队打井。他的祖先们在这里生活了几千年，和他种的是同一块土地，用的是一样的镢头，挖的是一样的井，但是其他人都没有这样的幸运，他的那把镢头在当地成了名副其实的千古一镢。这千古一镢刨出了千古一帝，老杨和他的镢头可以和秦始皇一起千古留名了。我估计这老杨应该是被大秦镇压后转世的一些人里的一个，比如：荆轲、樊於期、燕太子丹、修墓的、修长城的，等等太多了，他使用的镢头应该是他转世之前使用过的兵器。老杨的今世是一个老实巴交的农民，唯一和其他农民不同的只有两样儿，一是他当过几年兵，二是娶了一个小学老师做老婆。这样一来，老杨比其他农民就多了一些见识，对文物多了一些敏感。在其他人还在骂老杨惊扰了土地神灵的时候，老杨已经推了三车兵马俑的碎片到县文化馆，文化馆为了表彰他，奖励老杨三十块人民币，回到村里后，老杨立即将三十块钱交给了生产队，队里给老杨多记了半天的公分，那时候一个公分大概几毛钱或者几分钱吧。老杨在向我介绍这些情况的时候，一边说一边乐，表情里满满的都是自豪感和幸福感。

李世民的大唐盛世和唐玄奘的信仰自由

走在西安的大街上，总能近距离地看到古建筑的影子，让人觉得西安是一座很容易接近历史，随时都可以走进历史的城市。在西安，我们距离历史很远，却又很近，可以触摸，可以对话，可以胡思乱想。

大慈恩寺是唐代长安城的名片，也是大唐长安城的重要遗存。因为维修的缘故，这次我没有机会登高远望，只能通过古人的诗句联想："十层突兀在虚空，四十门开面面风。却怪鸟飞平地上，自惊人语半天中。回梯暗踏如穿洞，绝顶初攀似出笼。落日凤城佳气合，满城春树雨濛濛。""四十门开面面风"是古长安的一道景观，登上大雁塔可以领略繁华盛世的气势恢宏。

唐代贞观王朝是中国历史上少有的不歧视商业的封建王朝，给商业发展提供了许多便利条件。"买东西"一词中的东西最初指长安城两大集市"东市"和"西市"。"东市"和"西市"是长安城的经济活动中心，也是当时全国工商业贸易中心，还是中外各国进行经济交流活动的重要场所。

唐朝之所以出现盛世，和朝廷的开放心态有直接的关系，唐僧的信仰自由也是大唐盛世一道亮丽的景观。

回坊街——西安的"清明上河图"

回民街的招牌大概也保留了一部分古代的样子，这是难能可贵的。跟那些惨遭统一整容的街市比起来，保留了很多个性的东西，呈现了五彩缤纷的传统美感。

回民街的小吃多得让人眼花缭乱，这里绝对是"吃货"的天堂，更是外地人体会和感受西安市井文化的最佳去处。琳琅满目的商品摆在店门口，客人不用进店都能看到。这是一个大都市的市井画面，是西安的《清明上河图》，如果张择端生在这个时代，这《清明上河图》的巨幅历史画卷肯定是诞生在西安的。

如果当初开封的城市管理全都是整齐划一的管理思维，一刀切的管理模式，哪还有什么《清明上河图》。

嘈杂的叫卖声里充斥着浓浓的商业气息，高低错落的仿古建筑，形成不同的画面，闪烁不停的霓虹招牌，大小不一的幌子随风飘动，在向行人们不停地招手。行人们络绎不绝地走在街道上，好像已经习惯了这些嘈杂的叫卖声，不为所动，只按照自己的方式行走。

一个城市，三千年的历史，十三个朝代，历史的积淀如此厚重，就连小吃都显得古色古香。银饰品、花生糖的敲打声，显示着传统手工艺的生命力。古腔古韵的叫卖声里，透着一种穿越时空的力量。门口摆放密集的摊位显示着寸土寸金，敞开式的店铺为方便行人观察和进出，在竞争上各有各的心思。颇具特色的少数民族服装、服饰，彰显着西部的民族风情。氛围很重要，氛围是传承的环境和动力。大家都在做专业，做精品，很多人会把心思用在专业和传承上。是什么信念或利益驱动，促使他们一辈子甚至是祖祖辈辈做着同一件事，打造着同一个小产品，成为祖祖辈辈谋生的职业。这些老店铺里一定有很多故事，这些故事成为他们乃至整个城市的财富和精神支柱。

晚上的回民街有着与白天不同的精彩，夜幕刚刚降临，商铺的灯光就纷纷亮起来了，在夜色的映衬下，商贩的叫卖声在夜空中不绝于耳，整条街被浓厚的市井氛围所笼罩。

晨钟暮鼓，意思指寺庙中早晚报时的钟鼓声，可以用来形容寺院僧人的生活。后来成为中国古代城市生活的象征。比喻可以使人警觉醒悟的话，也形容时光的流逝。"朝钟暮鼓不到耳，明月孤云长挂情"。在古长安以"钟鼓司晨"由来已久。"夜漏尽鼓鸣即起,昼漏尽钟鸣则息",晨钟暮鼓,作为古时候维护社会生活秩序的公共服务手段,一座像样点儿的城市都会建有钟鼓楼,或单独的钟楼、鼓楼。

巡访西安古城墙

看过江南最为经典的私家园林,参观过山西最具代表性的私人大院,数次登上过北京明清时期建造的帝国建筑,觉得都不如西安的古城墙更加震撼。

城市的发展,早就超出了原来城墙的范围,是拆是留,肯定也有过一番纠结,但最终还是保留了明城墙的样貌,这已是功德无量,对历史,对民族,对西安,对中国,对世界,对我们曾经的过往。这城墙成就了西安独一无二举世无双的城市特色。

走在这城墙之上,一种穿越古今的情怀,在心里徜徉。护城河的流水诉说着曾经的过往。意境悠长的灰砖黛瓦把你的视野带向远方。如梦似幻,好像走着走着,就能梦回大唐。这气势,这气韵足以让其他城市失了颜色。

一座城市,最可贵的,就是一直保有自己的特色,不管历史风云如何变幻,不管世事如何沧桑,不畏浮云遮望眼,不浮躁,不盲目扩张,尊重规律,不为经济利益而人为地造假,这是一种文化自信。

保留并保护好一座古城比建造一座城市更加地不容易,想起"楚人一炬,可怜焦土"的历史冲动,所以我就更觉得西安人是了不起的,甚至是伟大的。战争的烽火数度蔓延,历史风云几起几落,古城也是几度沧桑,古城的历史遗迹尚存,西安人功莫大焉。

走在这样的氛围里,你会想象着当时皇帝巡城的样子。当夜色降临,红色的灯笼亮起来,走在古城墙上,脚下踩着的是曾经的繁华。

(2019年1月22日草成于北京)

香屯有长城

冰冷的大地总也招架不住春风的撩拨,一遍春风起,冰雪消融,两遍春风吹,花草遍地蝴蝶飞。

盛开的桃花像一幅长卷,沿着山路任性地铺展,无边无际地蜿蜒到看不到头儿的远方,不喜欢热闹的桃树远离了这山路,躲进大山里做了隐士。逃之夭夭,灼灼其华。春风来时,大山也难以掩住桃花盛开之时自然闪出的光芒。抬眼望去,漫山遍野的点缀,每一片白色都能从不同的角度光耀着行人的眼。

很多行人,选一处既能停车,又能驻足远眺的山路,静静地欣赏这大山里的漫天画卷,大抵是因为山路较窄的缘故,没有看到众多摄影爱好者端着相机徘徊在山间的壮观画面。

香屯是延庆山里的一座小村庄,如果单就美丽而言,即使跟周边临近的村庄相比,香屯也算不上最美,倒是因为坐落在幽静的山谷里的缘故,颇有几分桃花源的味道了。村后的山上便是蜿蜒的明代长城,"屯"字的含义就是屯兵的意思,这里曾是明代的军事重镇,长城在这里驻足,并从这里蜿蜒伸展到远方。依山傍水,有了桃花源的地势和神秘,加上倚靠长城的大背景,再加上地方政府借助媒体的大力宣传,便成就了这座小村庄"最美香屯"的称号。我以为,说是最美香屯,其实更多表达的是当地人的美好愿望,不过,这里的自然条件和长城的人文背景也确实具备打造最美香屯的条件,只是需要高手的规划和大量的资金投入。如何在不破坏自然景观状态的前提下,让人们找到心灵的故乡,满足人们归隐田园的愿望,应该是我们探讨和实践的永恒话题。

最美的季节,最美的香屯,最美的长城,本想邂逅一份最美的心情，没承想，事与愿违，密云失火，殃及香屯。就在这几天，香屯接到上司紧急命令，因防火封山到 4 月 10 号。

很多人试图找到上山的路，偷偷爬上长城，一睹这别样的神秘。外地人终究不如当地人更了解这里的地形，凡是能上长城的路口都有村民在把守。一夫当关，万夫莫开，所有心存侥幸的游客都被和颜悦色的村民劝回。长城不让爬，只能带着遗憾错过一次和这里的长城近距离交流的机会。

这里的先民们大抵都是因为躲避战乱的缘故来到这里的。山上植物覆盖茂密，春天来时，山花开满山谷，山上的野果子就能养活这里的人。这里的风水颇佳，小村子背靠大山，村前有山泉水流成的小溪，小溪在此段汇成小河，滋养着这里的居民。小村的对面，又是一座大山，坐落的位置和角度，刚好构成一幅大型山水画。冬天看雪，春天看花，夏天看到莽莽苍苍的绿色，秋天便是硕果累累的世外桃源。

站在村里的任何一个地方，向远处的山上看去，都能看到零零星星的烽火台，翻一下网上的图片，发现这里的烽火台已被岁月拍打得有些破烂不堪，也许正是这样破烂不堪的残垣断壁，才更显历史的沧桑。是历史勾留了岁月，是岁月积淀了文化的味道。

曾经的战事，曾经的鸿雁传书，曾经的人间故事，曾经的悲欢离合，早已随着曾经的烽火连天远去，只留下这残垣断壁幻化成今天夕阳下的光影，供游人在酒足饭饱之后生发各种想象。

面朝黄土背朝天，
一年四季不得闲。
装装样子拍照易，
土里刨食真挺难。

西湖漫步

对西湖的认识，源于那些漂亮的明信片，源于那些优雅的诗词歌赋，源于那些缠绵悱恻的传说，源于历代文人的美好想象和不遗余力的渲染，源于那些让人荡气回肠的故事和优美乐曲。受了这些元素的熏陶，在我的脑海中，逐渐形成了一个想象中的西湖，一个梦幻中的西湖，一个美轮美奂的西湖。数次来到杭州，或路过杭州，每一次都是匆匆地来，匆匆地别，在我与现实的西湖之间，总是留下一个遗憾地擦肩而过。

记得第一次到西湖，大概是在几年前到浙江省建筑业协会进行法律业务交流的时候，那是一个月光如水的夜晚，夜色降临杭城，月光透过薄纱般的云层泻下，踩着月光，借着黄酒的力量，我们走近西湖。记不清是从哪里进入到景区的，只记得是沿着白堤走到了断桥，绚烂的灯光下，看到湖边的榕树和垂柳，看到远处灯光包围的雷峰塔，看到远山的轮廓。看不清湖水的荡漾和微澜，看不清远山的青翠与秀美。笼罩在夜色中的西湖，只看到各种颜色的灯光和月光下远山模糊的轮廓，满脑袋的诗词歌赋，满脑袋的西湖美景，却无法和现实的场景进行比对，就好像原准备进行一场宏大的叙事，结果还没来得及展开就必须收住了兴趣和想象。走近西湖，却没能领略她的风采，便又平添了一层遗憾。从此以后，有仪式感地、颇为隆重地、近距离地观赏西湖，对于我来说，就成了一种期待和向往。

这次到杭州参加由建筑时报社、美国《工程新闻记录》联合主办的"2019ENR最值得推荐的中国工程法律专业律师"颁奖典礼，领奖之后，终于有一份闲暇和心情，一览西湖的风姿了。

虽然读过很多关于西湖的文字，也算来过一次西湖，但并没有全方位地实地观赏过西湖，西湖于我并没有太多现实的印记，因为是初游的缘故，便少了故地重游的感慨和各种各样的回忆，一切都是新鲜的样子。

　　站在湖边，首先感受到风的存在。阵阵微风熏来，脑海中残存的那些古人关于西湖的诗词和文字都掉落在柔软的湖水里，化作粼粼的波光。西湖的山，西湖的软风，西湖的细雨，西湖的小桥流水，西湖的垂柳，西湖的传说，西湖的风月，西湖的嘈杂与宁静，西湖的盛大，一下子在我面前铺展开来。

　　西湖，不仅是一处风景，也是一种心情，更是一种心境。我以为，游览西湖有三个层次，逛西湖，是一种心情；漫步西湖，是一种心境；品西湖，是一种境界。

　　选择不同的游览路线，会遇见一个不一样的西湖。

　　湖边的大型豪华游船，稳稳地停泊在湖面上，船头与地面等平等高，一脚踏上船去，如平地般平稳踏实，如果不是看到拴船的缆绳，你会认为那一定是长在水里的古建筑。游船的结构和造型完全是古建筑和亭台楼阁的完美组合，古朴典雅，雕梁画栋，船头上"青莲居"三个大字赫然在目，不要以为这是进了风月场所，其实"青莲居士"是李白的雅号，这名号现在看起来虽不显阳刚，但寓意却十分美好。李白是谁？"唐诗第一哥"呀，起个名字必须高端大气上档次，既要彰显李白的个性和风骨，也要体现出超凡脱俗的内涵和品位。

　　架不住商家带有诱惑力的叫卖，买完票，上得船来，择一处靠窗且视野较为开阔的地方坐定。游船启动，开启湖中之旅。大船颇有气势地移动着巨大的身躯，缓缓地向湖心岛方向驶进，导游的解说中规中矩，程式化的背稿本来就让人觉得少了趣味，语速太快加上信息量过大，让我很快就脱离了她的解说，自顾自地看起船外的景色来。我以为，摆脱那些别人带给你的模板式的固化的欣赏模式，信马由缰地展开自己对西湖的想象，形成自己对西湖独特的印象，才是正确的旅行模式。远的山，近的水，纤细的保俶塔，越来越清晰的雷峰塔都在眼前划过，留下美好的观感。大约一小时的光景，就到了三潭印月处，游船围岛环绕一周，就开始回航了。眼看着已经靠近雷峰塔，却不能走近她，便被一种遗憾吊足了胃口。游船很快到了启航的岸边，这一趟行程就此结束。走下船来，一阵清风吹面，这时我才突然发现，原来这游船是用玻璃做了全封闭的，坐在船里，感受不到风的吹拂，也听不到湖水的声音，只听到导游的解说和机器的低声轰鸣。这一趟给我的感受是，观赏西湖，乘坐大型封闭游船，是最下等的选择，因为不能近距离地接触西湖，甚至感受不到西湖的气息。

第二天一大早儿，我带着昨天的遗憾，再一次来到西湖。这次，我选择了人工画舫，这是一种人力划动的小木船。我被船夫热情地迎上船去。大概是长期暴露在太阳下撑船的原因，船夫皮肤有些黝黑，看上去显得精瘦而有力量。由于从小所受的教育，每当我看到人力车夫、船工等靠苦力生活的人们的时候，总是首先想到人剥削人的制度。其实社会变了，我们应该换个角度看问题，人力车夫也好，船工也好，其实都是靠诚实的劳动吃饭，拉车撑船都是解决了他们的就业问题。同样的行为，放在不同的环境去观察，却给出不同的定性和结论，我不知道这种角度的转换，是否符合人类普遍认同的价值观。

画舫轻摇，缓缓移动。身体随着小船的摇晃，我的心里开始有些紧张，船工轻松地驾驭着小船儿，向着湖心驶去。看到船工的镇定自若，我的心里多了几分踏实。船工一边摇着小船，一边开始他的讲解。从保俶塔讲到雷峰塔，从苏东坡讲到白居易，从苏小小讲到白娘子，从西湖醋鱼讲到西湖的莼菜。既有西湖的故事，也有西湖的历史，还有西湖的八卦和美食。由于他讲的内容大都能在百度里找到，让人感觉不到有什么新意和兴趣。倒是从船工熟练轻巧的摇船动作中,我们开始感受西湖的另一面。

除了我们这只小船外,还有很多类似的一些小船漂在湖上,远远近近的,摇摆不定,各具情态,承载着各自的惬意和悠闲。微风夹着细雨飘洒在湖面上,细小的雨滴,轻拍着船上遮阳挡雨的帆布顶棚,不一会儿,船顶上积聚了一些雨水,船工担心雨水留到游客身上和船舱里,便熟练地托起帆布,让雨水流到湖里。

吴侬软语的鸟声随微风飘散,随着细雨滴落湖中,化作鱼儿,化作水草随风逐浪,化作粼粼的波光,化作游人不同的想象。

鱼儿涌动,让人想起西湖醋鱼。船工说,这湖里的鱼被一家饭店的老板承包了,作为饭店西湖醋鱼的食材。我想如果这西湖里流动的都是醋,这鱼捞上来就可以直接享用了吧。

坐在小船上,天和地,云与山,微风和细雨,湖水和小船,融为一体,在这样的环境中,自然是美好的,人是惬意的。人类和大自然的和谐共存,在这种和谐中,人类能够自由地生活,这大抵是人类生存的最高境界。

如果选择乘船游览西湖,这小木船应该是最佳的选择,轻轻慢慢地,听到木桨划出的水声,听到细雨敲打船顶的节奏,微风飘过湖面,拂在脸上,这是西湖向游客发出的轻柔的善意。

小船在平静的湖面上缓缓地向着湖心方向移动,船上承载的也许是乘客成功后的归隐,也许是游人忙碌中的偷闲,生活百态各具情状,人生百味荡漾其间。这条小船是范蠡坐过的吗?这条船是西施坐过的吗?这条船曾经来过一个撑着油纸伞的书生吗?苏东坡、白居易也乘坐过这条小船吗?这条小船从历史和传说的深处走来,又载着我们走向历史和传说的深处。

西湖本来是海洋里的一滴水,厌倦了大海的喧闹与咆哮,向往无风无浪的平静,历经了几千年的修炼,吸收了天地之灵气,终于成就了水的另一种形态,静谧、安详、温婉和大气。

崇祯五年十二月,余住西湖。大雪三日,湖中人鸟声俱绝。

是日更定矣，余拏一小舟，拥毳衣炉火，独往湖心亭看雪。雾凇沆砀，天与云与山与水，上下一白。湖上影子，惟长堤一痕、湖心亭一点、与余舟一芥、舟中人两三粒而已。到亭上，有两人铺毡对坐，一童子烧酒炉正沸。见余，大喜曰："湖中焉得更有此人？"拉余同饮。余强饮三大白而别。问其姓氏，是金陵人，客此。及下船，舟子喃喃曰："莫说相公痴，更有痴似相公者！"

只有西湖才有这样的意境，只有西湖才配得上这样的文字。

第三天，我选择了环西湖漫步，我以为，这样的路径，可以在地面上近距离地接触西湖，从不同的角度感受西湖的气息了。我以为，逛西湖是一种走马观花，适合初游。漫步西湖，才能找到与西湖相通的心境。我沿着左手边的湖堤，漫不经心地，没有目的地，随心所欲地行走。

西湖，对于任何人都是一样的开放，一样的友善。让我这个外地人深切地相信，西湖是全国人民的西湖。

西湖有着得天独厚的自然优势，又在吴越文化里浸润了几千年，已经形成了独特的自然和文化品位。西湖是温婉的，西湖是浪漫的，西湖是温情的。

走出广场舞音乐的剧烈震动，一曲《梁祝》悠悠扬扬挥洒在柔和的风里，就像世俗间的一股清流，又像淤泥中挺立的荷花，给人耳目一新的感觉。白色的和平鸽在地上自由地觅食，身手灵活的松鼠在树上惬意地爬上爬下，在树枝间来回穿梭，动物和大自然和谐共生融为一体。总有讨厌的人类执着地要跟这些动物打招呼，在和谐的氛围中增加了不和谐的因素。西湖需要的是更多的保护，而不是赞美，即使没有了苏东坡，没有了杜甫，没有了那些形形色色的艺术家，西湖依然是美的，西湖不需要人们强加给她任何标签，比如，三潭印月、苏堤春晓、雷峰夕照、花港观鱼等等，在我看来，这些人为的固化世人审美情趣的标签都是画蛇添足。集贤亭是最接近湖水的地方，鱼儿清晰可见，水草随水波一起荡漾。一位老先生，坐在湖边，面对着群山，一曲悠扬的萨克斯，怀念着过去的旧时光。

西湖总是人流如织，每个人眼中都有一个西湖，每个人心中也有一个西湖，西湖是风雅的西湖，西湖是世俗的西湖。西湖是心灵的归隐，西湖是江湖中的避风港。西湖是现实的，在现实的世界里，一定是风雅与世俗的交相辉映。

沿着湖边，继续前行，快到中午的时候，我们终于到了雷峰塔下。带着许仙和白娘子的传说去看已经倒掉的雷峰塔简介和图片，一定是浪漫的，再想到法海的出现，浪漫的故事中便增加了一些不和谐的色彩。其实，没有法海的出现，便没有了许仙和白娘子的悲欢离合，没有悲欢离合，就没有了曲折，没有了冲突，没有了高潮。故事的曲折、冲突、高潮就在悲欢离合中牵引着我们的目光，敲打着我们心中最柔软的地方，让我们在荡气回肠中流干所有的眼泪。

新建的雷峰塔，已经没有了那座砖塔的神秘和沧桑，虽然建造得气宇轩昂，装饰得美轮美奂，但无论如何都掩藏不住钢筋水泥的味道。只有那些发黄的图片和新塔下面的废墟，还能给人想象的空间。乘着电梯，看着钢筋水泥的建筑结构，怎么也不能和那个千年等一回的故事联系在一起，总是感觉是在逛商场。倒是登上塔顶的那一瞬间，眼前一下子豁然开朗，驱散了我心中的纠结。

站在雷峰塔上，我们可以回望来时的路，一路上，我们看到了很多风光景色，感受到了西湖的美丽，但是当我登上塔顶的那一刻，我突然发现，之前所经历的种种，远不如这登高一望来得震撼。举目远眺，湖光山色尽收眼底，小桥流水完全隐入西湖广阔浩渺的大背景中。站在雷峰塔上，俯仰之间，感天地之大，感宇宙之雄浑壮阔。环顾四周，西湖便是这天地的精灵了，远离人世间的嘈杂，聚集着天地日月之灵气，为人类守一方岁月静好。

极目远眺，面对宏大壮阔的场景，认识到自我的渺小，不仅是一种格局，更是一种境界。

下了雷峰塔，我继续前行，来到了苏堤。叫苏堤是为了记住一个人，之所以记住他，并不是因为他借西子之美赞美了西湖，更不是因为他的题字提升了西湖的文化品位，而是因为他对疏浚西湖做出的贡献。疏浚西湖不是为了捞政绩，苏东坡也没有因为疏浚西湖得到升迁。做了有益于众生的好事，大宋官府虽然不买账，但是百姓自然会记住，这是苍天对人世间彰显的公平和正义。

苏堤，没有名贵的树木，没有名贵的花草，只有普通树木诸如柳树等，没有豪华到刻意的修饰，看上去就是一道普通的堤坝。苏东坡没有利用手中的权力为自己私造别墅，而是用湖底的淤泥筑起了一座挡住外来泥沙侵袭的堤坝。走在这座堤坝上，我们似乎看到挽着裤腿儿、站在泥里水里的苏东坡，似乎看到忙碌在灶台前，为农民工蒸炖东坡肘子的苏东坡。

走近苏堤，才能看到素颜的，天然去雕饰的西湖。我最喜欢的是西湖的平民气质，你走近她，她就是你的朋友，你跟她打招呼，她就是你熟悉的邻家女孩儿，没有颐指气使，没有高高在上，没有拒人千里，有的只是平和与安详。

从逛西湖，到漫步西湖，我感受着西湖的宁静与祥和，西湖是一个让浮躁走向平静的地方，是一个让灵魂回归的地方。

西湖是一个情景交融的所在。西湖积累了太多的人文素材，西湖的历史给人以启示，西湖的浪漫和传奇比她的历史更有魅力。虽然，现实的西湖，远不如诗词歌赋般美丽和魔幻，远不如荡气回肠的传说令人向往，然而，我更喜欢现实的西湖，一个不加任何修饰的，素颜的西湖。

不同的路径，会有不同的画面和感官，沿湖左转或右转，站在高处或低处会看到不一样的西湖，会有不同的感受和想象，感谢西湖给了我从不同角度感受美的惬意，感谢西湖给了我自由观赏的路径，感谢西湖给了我自由想象的空间。

诗人们把满腹的才华托与西湖，艺术家们把所有美好的想象都加在西湖身上，隐士们愿意把自己的心志表露无遗。一次湖心亭看雪，让张岱大彻大悟，把超凡脱俗的精气神以"冰雪之气"注入西湖，每读《湖心亭看雪》，往往令人一扫胸中浑浊之气。一把油纸伞，成就了许仙和白素贞的千年等一回；一座雷峰塔，预示着法海执法的威严。西湖就是这样一处存在，人也好，仙也罢，各守各的规矩，天与地，人和大自然在这里和谐共生，共同书写岁月静好的人间传奇。

走完了西湖，我们到步行街走走，然后再到御街看看。御街的人流量比步行街少了很多，看上去是一个不适合做小生意的场所。我在第一家门店坐下来，点了几根羊肉串儿，看到服务员小哥穿着宋朝的衣服，我在想今天吃到的一定是南宋的羊肉串儿了，等我跟小哥聊了几句才知道，原来这小哥来自河南开封，我突然明白，我们吃到的不是南宋的羊肉串儿，而是北宋的羊肉串儿。在南宋吃到北宋的羊肉串儿，那些被迫南渡却不能北归的北宋人一定会有一种去国怀乡的千年惆怅，更有一种国恨家仇在心中荡漾，南宋终未再能回到北宋。当忽必烈的舰队打到南海的时候，大宋朝最后的小皇帝年仅八岁的赵昺，被迫在崖山投海自尽，彻底结束了大宋王朝的统治。赵匡胤通过陈桥兵变建立的那个国家死在了南国的温柔乡里，那些埋骨江南的北方汉人，最终也没有回到自己的故园，他们的后人们在吴侬软语的江南落地生根，成为江南人。

南宋在临安的统治，成就了杭州帝都的名号，给妩媚的江南增添了皇家的气息，再加上钱塘江浩荡穿空的气势，造就了杭州不同于其他江南城市的气象万千和大气磅礴。

钱塘浩浩，催人奋进，辞亲远游，仗剑天涯，以四海为家。

西湖脉脉，功成名就，归去来兮，田园归隐，看夕阳西下。

我站在钱塘江大桥上,望着浩浩荡荡的钱塘江,夕阳西下,一幅大气磅礴如诗如画的图景在眼前展开,万丈豪情在胸中澎湃。望着这一幅让人们迷醉了数千年的美景图,宋朝词人柳永脱口而出《望海潮·东南形胜》:"东南形胜,三吴都会,钱塘自古繁华。烟柳画桥,风帘翠幕,参差十万人家。云树绕堤沙,怒涛卷霜雪,天堑无涯。市列珠玑,户盈罗绮,竞豪奢。重湖叠巘清嘉。有三秋桂子,十里荷花。羌管弄晴,菱歌泛夜,嬉嬉钓叟莲娃。千骑拥高牙。乘醉听箫鼓,吟赏烟霞。异日图将好景,归去凤池夸"。

钱塘江,浩浩荡荡,川流不息。

这一刻,日暮的光影像西湖的水一样柔和,西湖沉浸在夕阳中,是那么醉人。夕阳西下,我们回到世俗的西湖,找一家餐厅,坐定,喊一嗓子:"翠花,上西湖醋鱼,再来一份莼菜汤!"

三次仲裁为哪般?[1]

2017年7月5日,办案秘书打电话给我,说有一个建设工程施工合同纠纷的案子,仲裁委主任指定我做首席仲裁员和另外两位当事人选定的仲裁员组成仲裁庭审理这个案件,问我是否愿意接受指定以及开庭的大致时间安排,当得到我同意的答复后,办案秘书表示会尽快把案件材料邮寄给我。

几天以后,我收到了办案秘书寄到我办公室的快件。打开包裹,习惯性地先找到仲裁申请书,快速阅读起来。看完材料后,我发现原来这是一起已经经过本仲裁委员会仲裁过的案件,让我更为惊讶的是这竟然是第三次提起仲裁。

作为建设工程专业律师和仲裁员,代理过、也裁决过各种类型的工程纠纷案件,但是像今天这样,经历过两次仲裁裁决后,发包方又以施工方拒绝履行裁决确定的义务为由,要求赔偿因此而扩大的损失而再次提起仲裁的案子我还是第一次遇到。

看到这里,你可能马上会想到"一事不再理""重复仲裁"之类的专业术语,但是这个案件的仲裁请求里却是包含了第一次仲裁时未涉及到的内容,其中有一项内容是要求施工方交付合格的工程,但对于交付的具体含义却语焉不详。

回到案件的起始阶段,我们还是按照纠纷发生的时间顺序从头捋一捋吧。

事情的经过是这样的。

一家房地产开发企业将住宅楼工程发包给一家建筑施工企业,

---

[1] 本篇所记录的案件由于时间原因,所引用的法律文件系当时法律文件。

双方就施工范围、工程造价、开竣工日期及工期、工程进度款支付、工程质量、竣工验收日期等主要内容做了明确约定。

合同签订后，施工方进场施工。后双方因为工程款给付及已完工程是否存在质量问题发生争议，开发商于2009年11月3日，依据合同约定的仲裁条款，以工期违约、工程质量不合格为由对施工企业提起仲裁，同时要求施工方交付竣工资料并开具已付工程款的发票。施工方接到仲裁申请书后，也不示弱，立即针对开发商的仲裁申请提起了反申请，要求开发商给付工程款及相应利息，并要求开发商赔偿因违约造成的停工损失。

申请人的仲裁请求共计四项：

①请求裁决被申请人支付延误工期违约金；②请求裁决被申请人对工程质量不合格部分进行修复或如不能修复对造成的损失进行赔偿（具体数额以鉴定为准）；③请求裁决被申请人交付工程竣工验收的全部资料；④请求裁决被申请人承担本案全部费用包括仲裁费、鉴定费及其他费用。申请人向仲裁庭提请工程质量鉴定，并提交了书面申请书，请求对涉案工程的塑钢门窗、地面、抹灰及室内大白、装饰是否存在工程质量进行鉴定。

施工方作为被申请人，针对申请人的仲裁请求提出以下反请求：①请求裁决申请人履行合同义务，给付工程款及承担利息损失；②由申请人赔偿因违约造成的停工损失；③仲裁费全部由申请人承担。被申请人向仲裁庭提请工程造价鉴定，并提交了书面申请书，要求对涉案工程造价进行司法鉴定。

仲裁庭同意双方的鉴定申请，并通过法定程序确定了工程质量鉴定机构和工程造价鉴定机构。按照法定程序，仲裁庭组织双方经过了异议、质证程序，最终确定工程造价鉴定意见为：已完工程总造价为×××万元；工程质量鉴定意见为：钢窗、地面质量、抹灰及室内装饰大白四项工程质量均全部或部分不合格，但不影响结构安全使用，可按技术处理方案进行返修后，按双方协议文件进行验收。

经过开庭审理、庭审调查、庭审辩论、最后陈述等程序，仲裁庭查明并认定以下事实：

2001年3月20日，申请人与被申请人签订施工合同，申请人将其开发建设的位于×××市××小区工程发包给被申请人。合同对该工程施工总面积及合同价款做了约定。承包范围为：土建、水暖、电照，承包方式为包工、包料，工程工期为2001年3月20日至2002年12月30日，工程质量等级为优良。同时约定，申请人将合同价款的30%，于2001年3月20日前一次性支付给被申请人；每月8日申请人按照月结算金额拨付工程进度款；双方还约定了违约责任；如申请人不能按照约定拨付工程预付款、进度款，则工期顺延，造成的损失由申请人承担等。

施工合同签订后，被申请人进场组织施工，但因工程款拨付等问题，被申请人于2001年8月至2002年4月，2002年9月至2003年4月先后两次停止施工，致使工程未按约定工期完成，至今尚未竣工，同时该工程出现质量问题。双方就工程款给付及已完工程是否存在质量问题发生争议，申请人提出仲裁请求，被申请人提出反请求。

庭审期间，双方共同申请仲裁庭委托鉴定机构对该工程造价、工程质量进行司法鉴定。鉴定机构出具的造价鉴定结论（《中华人民共和国民事诉讼法》修改前称鉴定结论，修改后称鉴定意见）为：土建工程造价核定为×××元；出具的工程质量技术鉴定结论为：钢窗、地面、抹灰及室内装饰大白四项工程质量均全部或部分不合格，但不影响结构安全使用，可按技术处理方案进行返修后，按双方协商文件进行验收。

[仲裁庭认为]

①关于结算依据问题（略）；②关于工程造价问题（略）；③关于工程质量问题。

就双方争议工程存在的质量问题，经双方当事人申请，仲裁庭委托鉴定机构鉴定，出具了工程质量技术鉴定书，认定被申请人施工的工程部分不合格，并建议修复后验收。本庭结合工程现状及根据《中华人民共和国合同法》第二百八十一条之规定，"因施工人的原因致使建设工程质量不符合规定的，发包人有权要求施工人在合理期限内无偿修理或返工、改建，经过修理或返工、改建后，造成逾期交付的，施工人应当承担违约责任。"据此，被申请人作为施工方有无偿进行修复的义务，而且经修复该工程可以达到合格工程标准，改建后并不会影响正常使用及居住，故本庭采纳该鉴定意见，对申请人的该项修复请求予以支持，即裁决被申请人根据处理建议维修补强并由被申请人承担修复费用。

④关于已付工程款的问题（略）；⑤关于违约责任，仲裁认定：互有违约，混合责任。

⑥关于交付内业资料及发票问题

仲裁庭认为：该工程已实际交付购买者入住使用，视为工程已竣工验收，依此被申请人应向申请人移交完整的业内资料。故被申请人请求裁决交付工程竣工验收的全部资料的请求，应予支持。

经过开庭审理，庭审调查、庭审辩论、最后陈述等程序，根据查明的事实，仲裁庭作如下裁决：

①申请人向被申请人支付拖欠的工程款；②被申请人在收到本裁决书之日起十日内，对该工程进行修复至合格标准，并自行承担修复费用；③被申请人在收到本裁决书之日起十日内向申请人交付工程竣工验收的全部业内资料，并开具申请人已付工程款项数额的正规发票；④驳回申请人的其他仲裁请求；⑤驳回被申请人的其他反请求；仲裁庭对仲裁费、鉴定费的承担问题做出处理。

裁决生效后，双方均未向有管辖权的法院提请撤销裁决或者不予执行该裁决。

众所周知，仲裁为一裁终局，自做出之日起立即发生法律效力。背负义务的当事人在裁决发生法律效力后未在履行期限内履行义务，意味着另一方当事人可以马上到法院申请强制执行。根据案件具体情况，申请人和被申请人分别提交了强制执行申请到有管辖权的中级人民法院。

案子转到执行庭后，承办法官很快下达执行通知书给双方当事人，但是双方当事人接到通知后并没有履行相应的义务。被申请人没有履行裁决确定的修复义务，申请人也没有履行支付工程款的义务。经被申请人申请，法院查封了申请人的部分房产。

随着执行工作的进行，问题也就来了。修复是一个行为义务，属于非金钱债务，在被执行人拒不履行修复义务的情况下，法院如何强制或者能否强制被申请人履行裁决书所确定的修复义务？在双方互负义务，且没有先后履行顺序的前提下，仅强制执行一方，有失公平，执行工作开始陷入了僵局。

执行法院书面致函仲裁委员会，其内容为：我院依据你委裁决书，受理的某建筑工程安装公司申请执行某房地产综合开发有限公司建设工程施工合同纠纷一案，双方当事人均未履行义务。执行过程中，对裁决第二项即"被申请人在接到裁决书之日起十日内对该工程进行修复至合格，并自行承担费用"，双方争议很大，我院执行不能，现函请你委明确以下问题：

（1）工程合格的标准是什么？具体符合什么条件？

（2）如被申请人不履行，该修复行为如何替代？能否折抵一定数额的金钱补偿？请你委7日内函复我院。

收到中院的函件后，仲裁委就如何回复，专门召开了一次委员会内部的专家咨询会议。专家组认为：

（1）案件裁决后，仲裁庭已经解散，使命已经完成，原仲裁庭还有无权利回复法院执行中的质询？仲裁委有无权利回复法院质询？

（2）关于仲裁庭的释明权？申请人并没有明确提出对维修费进行鉴定，是直接裁决还是释明？直接裁可能会超裁，不释明可能会使裁决不适当，导致执行困难，两者之间如何选择？

仲裁委回复意见为："修复至合格"的裁项符合法律规定，应该在执行阶段解决，不存在执行不能问题；司法鉴定所出具的《工程质量技术鉴定意见》指出，可按《某省建筑工程施工质量验收标准》之统一标准篇的4.0.6条第四款规定，按技术处理方案进行修复后，按双方协商文件进行验收。这就是已经明确了修复标准。

因为案子执行不下去，申请人（施工方）提起仲裁，这是当事人就本案提起的第二次仲裁，施工方仲裁请求：

①请求对工程质量问题进行修复的费用进行鉴定并从工程款中扣除；②由被申请人承担本案仲裁费用。

仲裁委审查后，以一事不再理为由，做出了不予受理的裁定。

当事人第三次提起仲裁。

2017年6月，业主再一次向仲裁委提起了仲裁，这是当事人第三次通过仲裁主张权利，要求施工方赔偿拒不履行裁决导致的损失，并要求施工方交付工程。仲裁委主任指定我做首席仲裁员，于是这个案子到了我的手里。

这次，申请人提出的仲裁请求具体包括三部分：①要求赔偿拒不履行裁决导致扩大的损失，即维修费；②赔偿拒不履行裁决，导致小业主即购房人的损失；③要求交付验收合格的工程。

看完卷宗记载的案情，一系列的专业细节问题在我的脑海里迅速翻腾起来，混乱如麻团，一时间理不出头绪，最终像冰冷的石头一样堆砌在我紧锁的眉宇间。

"（2009）×仲裁字第×××号裁决"已经生效，本次裁决必须依法尊重该裁决中已认定的基本事实和裁决结果，必须做好两者的衔接。如何衔接？首先要读懂已生效裁决的含义，我想。

主要思考以下问题：

（1）"修复至合格"的法律依据是什么？

仲裁庭裁决"被申请人对该工程进行修复至合格标准"是否符合法律规定？从执行角度讲，该项裁决是否适当？

（2）按法律规定，质量合格是支付工程款的前提，质量合格和支付工程款是否存在同时履行抗辩问题？

生效裁决未就工程质量合格和支付工程款确定先后履行顺序，裁决要求同时履行有无法律依据？

（3）已经生效的裁决要求"修复至合格"具体是指保修义务还是修复义务？

按照法律规定，保修是在验收合格或者交付使用后的义务，修复一般是指合同履行中的义务。生效裁决既已认定视为验收合格，那么"修复至合格"就应该是保修义务。既然是保修义务，那么"修复至合格"就不应该成为支付工程款的前提条件，"修复至合格"也不应和支付工程款存在同时履行问题，对否？

（4）关于仲裁庭是否应该就维修方案和维修费用鉴定进行释明？

申请人请求裁决"被申请人对工程质量不合格部分进行修复或如不能修复对造成的损失进行赔偿（具体数额以鉴定为准）"，是否是明确提出了对维修费的鉴定申请？申请人并没有明确提出对维修费进行鉴定，是直接裁决还是释明？直接裁可能会超裁，不释明可能会使裁决不适当，导致执行困境？

（5）"（2009）×仲裁字第×××号裁决"生效后，当事人能否就维修费再次提请仲裁？

生效裁决中裁决"维修至合格"，没有就维修费多少作出裁决，当事人能否就维修费再次提请仲裁？

本案已经进入执行程序，"维修至合格"正在执行中，如果可以提起仲裁，如何与执行程序衔接而不至于产生司法和仲裁程序发生冲突的结果？

（6）业主能否以要求施工方交付工程为由再次提起仲裁？

在生效裁决已经认定"该工程已实际交付购买者入住使用，视为工程已经竣工验收"的情况下，业主能否以要求施工方交付工程为由再次提起仲裁？

（7）工程交付的具体内容是什么？

工程交付包括法律交付和事实交付，法律交付应指办理交接手续，事实交付为撤离施工场地。

（8）工程交付和退场是不是一个概念？

对于建设工程来讲，施工方自动撤场或者不辞而别，属于交付的一种吗？

（9）正常交付工程和非正常交付工程的区别？

正常交接要办理交接手续，形成交接证书等，非正常交接呢？

（10）交付工程是现状交付还是修复合格验收后的交付？

（11）"修复至合格"：合格是一个实体问题，更是一个专业技术问题，执行庭有无能力或权力判定是否合格？执行庭有无权力指定第三方认定是否合格？修复至合格的判项，有无缺陷？"修复至合格"是需要双方配合的，该裁决是否只考虑了在正常履行状态的情形，而未考虑纠纷状态下的不配合？

（12）要求交付的业主一方，是否应该举证证明施工方正在实际控制着工程？

我们看看我国法律关于修理义务和保修义务的规定。

[无偿修理义务]

《中华人民共和国合同法》第二百八十一条规定："因施工人的原因致使建设工程质量不符合约定的，发包人有权要求施工人在合理期限内无偿修理或者返工、改建。经过修理或者返工、改建后，造成逾期交付的，施工人应当承担违约责任"。这是《中华人民共和国合同法》对验收合格之前施工方的工程质量修复义务，是施工过程中的义务。

《最高人民法院关于审理建设工程施工合同纠纷案件适用法律问题的解释》："第八条　承包人具有下列情形之一，发包人请求解除建设工程施工合同的，应予支持：（三）已经完成的建设工程质量不合格，并拒绝修复的。第十一条　因承包人的过错造成建设工程质量不符合约定，承包人拒绝修理、返工或者改建，发包人请求减少支付工程价款的，应予支持。该规定说明工程质量合格是支付工程款的前提条件"。

[关于保修制度和保修义务]

《建设工程质量管理条例》："第三十九条规定，建设工程实行质量保修制度。第四十条第二款　建设工程的保修期，自竣工验收合格之日起计算。第四十一条　建设工程在保修范围和保修期限内发生质量问题的，施工单位应当履行保修义务，并对造成的损失承担赔偿责任"。

这是对竣工验收合格之后的保修义务，履行保修义务不影响工程款的结算和支付。

（13）"（2009）×仲裁字第×××号裁决"，并未对支付工程款和修复至合格做出履行的先后顺序，按法律规定，工程质量合格是支付工程款的前提条件，支付工程款和工程质量合格不存在同时履行问题。

从"（2009）×仲裁字第×××号裁决"认定的基本事实即"工程已经交付使用"来看，"修复至合格"应属保修义务，但"（2009）×仲裁字第×××号裁决"并没有适用保修的法律条款，而是适用了《中华人民共和国合同法》第二百八十一条规定："因施工工人的原因致使建设工程质量不符合规定的，发包人有权要求施工人在合理期限内无偿修理或返工、改建，经过修理或返工、改建后，造成逾期交付的，施工人应当承担违约责任"。

夜深人静的时候，我独自坐在窗前，望着天上闲庭信步的一弯明月，看到柔和的月色将清光洒在窗前，辽阔的天空浩瀚无垠，一杯暖茶在手，慢慢梳理我的思路：

我首先想到仲裁委有无权力审理这个案件，要考虑的问题是：

1）在"（2009）×仲裁字第×××号裁决"后，双方的施工合同关系是否还存在？"（2009）×仲裁字第×××号裁决"是否意味着合同权利义务已经清算完毕？或者已经解除？

2）如果已经清算完毕，即原合同仲裁条款的授权已经用尽，仲裁委再无权仲裁。

3）由于双方产生纠纷，未办理正常交接手续。在"（2009）×仲裁字第×××号裁决"已经认定工程已经交付的情况下，如果施工方实际占用着工程，是否属于仲裁的范围？

4）要求施工方赔偿拒不履行裁决导致的损失，是否属于合同范围内的权利和义务，是否属于裁决范围？这是一个复杂的问题。

在一个风和日丽的上午，从北京出发，我踏上了去西南方向的高铁，提前一天到达仲裁委员会所在的城市。第二天上午，准时开庭，双方在庭审中发生了激烈的争论（其实应该叫争吵），火药味儿十足。

听取了双方的陈述和辩解后，综合全案证据情况，我个人的思考是：

1）关于拒不履行裁决导致扩大的损失，应否得到支持？从不同的角度需考虑：

（1）何为扩大的损失？如何计算？谁有义务防止损失的扩大？

（2）拒不履行行为是发生在法院执行过程中？

（3）损失和拒不履行行为之间的因果关系考量？

既然要求损失，有必要考察是否存在因果关系，实际损失是否已经发生等？

①执行阶段，拒不履行可能是造成损失的因素之一。

②法院执行力度、执行措施是否到位也可能是造成损失的因素之一。

③申请人的配合也是造成损失的很重要的因素之一。

④即使存在扩大的损失，谁有义务防止损失的扩大？按照合同法理论，守约方有义务防止损失的扩大。

综上，从因果关系角度看，难以成立，即使成立，也应属多因一果且不可分割。

（4）拒不履行生效裁决导致扩大的损失，是否属仲裁条款约定范围？

A. 本案仲裁条款约定的范围？

申请人请求的是拒不履行行为对整个楼房造成的损失，而双方施工合同范围并非整栋楼全部工程，故申请范围超过仲裁范围的部分，不属于仲裁范围，先将超出的范围剔除掉。

B. 区分合格内容和不合格内容。

涉案工程施工范围内有四项内容不合格，其他均合格。

拒不履行行为对已合格部分扩大的损失，是否属于合同内容？是否应该归责于施工方？

拒不履行行为导致四项内容不合格部分扩大的损失，是否属于合同内容？

（5）被申请人拒不履行生效裁决造成的损失应在执行程序中解决，有着明确的法律规定。

《中华人民共和国民事诉讼法》第二百五十三条规定："被执行人未按判决、裁定和其他法律文书指定的期间履行给付金钱义务的，应当加倍支付迟延履行期间的债务利息。被执行人未按判决、裁定和其他法律文书指定的期间履行其他义务的，应当支付迟延履行金"。按照该条规定，被申请人拒不履行生效裁决造成的损失应在执行程序中解决。目前，案子是在司法执行阶段，仲裁不能参与。

（6）相关案例是如何处理的？

案例1，北京高院案例，迟延履行生效判决产生的损失应通过执行程序处理。

案例2，对迟延履行生效判决的损失能否灵性主张？（来源：江苏法院网。）

综合上述6点内容，该两项仲裁请求不应得到支持。

2）关于交付工程的请求应否得到支持？

交付工程的具体含义是什么？根据工程惯例和本案申请人陈述，我们可以将其分解为交付施工资料、修复至合格和撤出工地三项内容。

（1）关于交付施工资料，生效裁决中已经支持，本仲裁庭不能重复裁决。

（2）生效裁决已经认定"该工程已实际交付购买者入住使用，视为工程已经竣工验收"。裁决做出后，双方均未向有管辖权的法院提请撤销裁决或者不予执行该裁决。

（3）关于验收合格，生效裁决已经支持"修复至合格"，且正在执行过程中，本仲裁庭也不能重复裁决。

（4）关于撤出工地，生效裁决未涉及。

本案查明的事实是，因为涉案工程废弃无人管理，导致小偷经常光顾，将大部分门和窗户偷走。曾经有人从楼上坠落致死，当地派出所出于安全的考虑，将唯一的楼门封死。

基于本案基本事实，分析如下：

第一，如前文交代：生效裁决已经认定"该工程已实际交付购买者入住使用，视为工程已经竣工验收"。裁决做出后，双方均未向有管辖权的法院提请撤销裁决或者申请不予执行该裁决。

第二，要求施工方撤出工地的前提是现阶段施工方仍然占据着工地。

我个人认为，在已经裁决交付施工资料和修复至合格的前提下，"占据工地"应界定为实际占有，即事实意义上的占有，而不应是法律意义上的占有。本案未办理交接手续，只能证明是法律意义上的占有，尚不能证明属于实际占有。

从现场情况看，除施工方占有业主两套房子外，其他房子均处于无人占用，无人管理的弃管状态，很多窗户和门已被人偷走。

第三，从已生效裁决书来看，认定了业主卖出了一部分房屋，生效裁决做出时，已经有人入住，这是否意味着业主已经实际控制了涉案工程？

第四，涉案工程只有一道进出的门，当地派出所将正门封死的事实能否证明工程已不在施工方的控制下，或者至少可以证明门被封死后，已不在施工方控制之下？

第五，从法院处理此类纠纷案例来看，尤其是最高院几起工程纠纷案件来看，法院会认为，施工方撤场日即视为工程交接日。本案施工方早就从工地撤出。

第六，从现场情况看，施工方只是占有业主两套房子。我们应该特别注意的是，施工方并没有从楼门进出，而是打通了阳台作为进出的门。也可以证明施工方并未控制整个工程。

综上，施工方除占有业主两套房子外，并未占用其他房子或工地。如果申请人认为被申请人非法占用其房屋的话，可以提起侵权诉讼，要求腾房。

我个人认为，本案如能调解结案，可能才是最好的结局，才能做到"案结事了"。

我个人还认为，本案的症结就在于"修复至合格"一直未能执行下去。其实得不到执行也在情理之中，"修复"是一个行为，"合格"是一个标准，合格具体是指什么？修复后，执行庭有无能力和权力判断是否已经合格？有无权力让第三方验证是否达到了合格标准？执行庭有无越权？这都是要考虑的问题。但"修复至合格"问题不解决，本案矛盾可能会一直拖下去。

如果调解失败，我们尽快做出裁决。

经过多轮的调解努力，最终也没能调成。

[**本仲裁庭意见**]

经过开庭审理、庭审调查、庭审辩论、最后陈述等程序，根据查明的事实，本仲裁庭认为：

针对申请人提出的仲裁请求：第1项即要求被申请人建筑公司支付因不履行生效裁决书的维修义务，导致扩大的维修费用和第2项即要求被申请人建筑公司赔偿因不履行仲裁裁决书给申请人业主公司造成的损失问题，分析如下：

本庭注意到，申请人要求被申请人承担扩大的维修费用损失的前提是拒不履行生效裁决，即要求被申请人承担在此前提下造成的扩大的维修费用损失。申请人所述生效裁决，即指2009××裁字×××号裁决，该裁决针对工程质量问题裁决内容为第二项："被申请人在收到本裁决书之日起十日内，对该工程进行修复至合格标准，并自行承担修复费用"。

根据双方《建设工程施工合同》的约定，被申请人的施工范围为土建、水暖、电气。

根据司法鉴定所作出具的《工程质量技术鉴定意见》表明，涉案钢窗、地面、抹灰及室内装饰大白四项工程质量均全部或部分不合格，但不影响结构安全使用，可按技术处理方案进行返修后，按双方协商文件进行验收。

本庭认为，申请人只能针对其与被申请人签订的《建设工程施工合同》约定的施工范围主张合同权利，否则，超出仲裁条款约定的仲裁范围部分，本庭无权审理。

"2009××仲裁字第×××号裁决"注明：双方如果未按本裁

决书指定的期间履行金钱义务的，应当依照《中华人民共和国民事诉讼法》（旧法）第二百二十九条之规定，按同期银行贷款利率的两倍支付迟延履行期间的债务利息。双方如果未按本裁决书指定的期间履行其他义务的，应当支付迟延履行金。

我国现行的《中华人民共和国民事诉讼法》第二百五十三条规定："被执行人未按判决、裁定和其他法律文书指定的期间履行给付金钱义务的，应当加倍支付迟延履行期间的债务利息。被执行人未按判决、裁定和其他法律文书指定的期间履行其他义务的，应当支付迟延履行金"。根据上述规定，被执行人未按判决、裁定和其他法律文书指定期间履行除给付金钱的其他义务，应当支付迟延履行金。迟延履行金是法律明确规定的由被执行人承担的法定义务，也应是判决、裁定和其他法律文书的内容之一，无须当事人另行主张，而应由申请执行人在执行期间申请执行。本庭认为，如果存在申请人某某公司所主张的扩大的维修费损失的话，其应当根据上述法律规定在执行阶段主张。

本庭针对申请人的第3项仲裁请求：即要求裁决被申请人某某公司立即交付工程，评析如下：

结合工程惯例及本案具体情形，交付工程的具体内容可以分解为交付施工资料、修复至合格和撤出工程实体三项内容。

（1）关于交付工程竣工验收的工程资料，"2009××仲裁字第×××号"生效裁决第三项已经支持，本仲裁庭不能重复裁决。

（2）"2009××仲裁字第×××号"裁决做出后，双方依据该裁决分别向市中级人民法院申请强制执行，均未向有管辖权的法院提请撤销该裁决或者申请不予执行该裁决，视为双方对该裁决不持异议。

（3）关于修复至合格，"2009××仲裁字第×××号"生效裁决已经支持"修复至合格"的请求，"修复至合格"之裁项正在市中级人民法院执行过程中，本仲裁庭也不能重复裁决。

（4）关于撤出工程实体。

在双方已经产生纠纷的情况下，已经不能按照正常交接手续撤离工地和交付工程实体。本庭只能考察被申请人施工方是否实际控制或占有涉案工程。

本仲裁庭认为：

第一，"2009××仲裁字第×××号"生效裁决已经认定"该工程已实际交付购买者入住使用，视为工程已经竣工验收"。从该认定来看，"已实际交付购买者入住使用"说明涉案工程已不在被申请人建筑公司的实际控制之下。

第二，在已经裁决要求交付施工资料和修复至合格的前提下，"控制或占据工地"应界定为实际占有，即事实意义上的占有，而不应是法律意义上的占有，法律意义上的占有界定为未办理交接手续。在"2009××仲裁字第×××号"生效裁决基础上，涉案工程虽未办理交接法律手续，但不能证明被申请人属于实际控制或占有。

第三，某某派出所将单元门封死的事实能够证明工程已不在被申请人某某公司的控制之下，或者可以证明至少单元门被封死后，已不在施工方的控制之下。

第四，从2009年双方发生纠纷至2016年申请人再次提起仲裁，已历数年，唯一进出的门已被派出所封死，涉案工程现场已无施工设备和施工人员。是否占有或实际控制工程是一个事实问题，按照谁主张谁举证的规则，至本仲裁庭做出裁决前，申请人未能举证证明被申请人实际控制或占用其工程。

第五，如果申请人认为被申请人非法占用其房屋，可提起侵权之诉，要求被申请人腾退房屋。

综上所述，本庭认为：申请人的第1、2项请求，没有法律依据，本庭不予支持；申请人的第3项请求，没有事实根据，本庭也不予支持。

太阳底下的法槌

正午时分,太阳朗朗地照着,这世间的万事万物便沐浴在这暖暖的光里。世界上只有太阳才是最公平的,虽然总是高高在上,但是对于大地上的芸芸众生一律给与平等的关照,从不要求任何一个生命对其顶礼膜拜。

吃完了午饭,按照以往的习惯,我正准备开始午休。突然,电话铃声急促地响起,我的眉头一皱,这个时候我最不愿意接听电话,尤其是说起来没完没了的电话,最讨厌的是不请自来的广告电话。我有些不太情愿地拿起电话,看了一下电话号码,电话属地显示为某省某市,开头是139,最后四位数是四个8,看到这霸气的电话号码,我断定这应该不是拉广告的骚扰电话,于是摁下按键开始接听。

打电话的是一位男子,听着他的口音,我凭经验判断应该是南京或安徽芜湖一带的人,以前我接触过很多这片地方的当事人,都是这个口音。打电话的男子姓范,正如我的判断,他确实是安徽籍人。

两天后,按照约好的时间,我在北京的办公室里见到了范先生。

范先生是为一起工程结算纠纷来向我求助的。老范坐在我的面前,叙述起事情的经过:"我是一家建筑装饰公司的法定代表人,公司是我自己的。2015 年 7 月,通过朋友介绍,承包了一家企业的厂房内部装修业务,合同总金额为 3500 多万。按照业主提供的合同范本,双方签订了施工合同,随后我按照业主要求进场施工。我出生在安徽农村,从小跟着父亲学会了木工手艺,打 18

岁起就拎着锯弓子走南闯北,后来学会了组织工程施工,专门承接装饰装修工程的施工业务。"说到这的时候,电话响起来了,老范说声不好意思,便接听起电话。接完电话,老范接着说:"凭我多年的施工经验,组织这样一个工程施工没有任何难度。很快工程如期完成,经过验收合格交付业主使用。业主委托一家造价咨询机构做工程结算,我按照业主要求向咨询机构提交了三套竣工图,造价咨询机构很快就出具工程结算书,工程总结算价为3600万,造价咨询机构在结算报告上盖章签字,然后交给业主和我,双方在报告上盖章签字,报告一式四份,业主交给我一份。扣除施工过程中已支付的工程款1800多万,尚欠1700万元。当我找到业主要求支付剩余工程款时,却遭到了业主一方老总的推脱拒绝。"

说到推脱和拒绝的原因,范先生告诉我是因为业主老板要向他索要高额红包被拒绝。经多次协商未果后,不得不求助律师提起诉讼了。至于范先生说的多次协商,具体是协商什么内容,比如是否包括对红包大小的讨价还价,我不得而知,事实是工程余款尚未支付。

老范在向我叙述案情时,总是习惯性地时不时看着手机上的微信。老范说:"我找了好几拨朋友出面协调,最终还是没有做通业主老总的工作"。老范认为,"要么发红包,要么起诉,别无他路。老范我也是个倔强的家伙,卑躬可以,屈膝绝对不行。我闯荡江湖30多年,江湖规矩还是懂得,要点钱不是不可以,但是不能太黑我,黑也应该有黑的底线。工程款已经结算了,双方都已盖章签字,发票也给你开了,白纸黑字,铁证如山,难道你还能推翻不成?"

我对木匠有一种天然的好感,我一直以为只有聪明的人才会成为木匠,笨人是做不成木匠的。中国的古建筑基本都是木质结构,那些精巧的设计和施工都是木匠所为。因为此故,我对老范印象也不错。

眼见着老范决心已定，而且欠款证据充分，工程已经交付业主使用，质量不存在问题，工期也没有延误。我很快准备好了起诉的文书和相关材料，约好时间和老范一起到某市法院办理了立案手续。

立案后不到一个月的时间，就接到了开庭通知。

我们提前半个小时来到开庭通知中告知的法庭。不知道为什么，一进法庭，我首先看到了法庭里有着完备的录像设备。我想这个设备一定能够将整个庭审情况录制下来，以备查看，这既是技术的进步，也是法院记录和防止违法行为的光明正大之举。无论你走到哪个位置，摄像头都是对着我的，好像时刻在提醒我它的作用。我突然觉得，摄像头就像一缕阳光照进了我的心里。正当我看着录像设备胡思乱想的时候，突然接到了主审法官的电话，法官告知我们，原来确定的法庭有其他案子要占用，我们这个庭准备在法官办公室里进行，并诚恳地表示了歉意。

我们离开法庭来到法官办公室，对方当事人和代理律师已经到庭。法官显得很热情，操着浓重的地方口音，表示热烈欢迎北京来的律师，并亲自为我们看座。当然我们表现得也是彬彬有礼。

开庭之前，被告没有提交书面答辩状。开庭时，被告当庭答辩，其答辩意见让我深感意外。被告说结算报告并不是被告交给原告的，是原告从被告一个副总办公室里偷走的，被告已到当地派出所报案，但没有向法庭提交立案通知。

被告申请让出具这份工程结算书的造价咨询公司工作人员出庭，造价公司来了四个人，一位是法定代表人，两位是技术人员，还有一位是文件收发员。开庭前我方并不知道被告有人出庭作证，更不知道有这么多人出庭作证，更想不到的是咨询机构会否认自己的审核报告。造价咨询公司首先出具一份证明，内容是："这份结算书只有一份，做出后交给了被告，至于原告怎么得到的，我们并不知道。这份结算书存在严重错误，且不是根据竣工图做出的，是根据施工图做出的预算，我们声明正式收回"结算审核"报告。现在我们根据竣工图重新做了一份结算，比原告手里的"结算审核"报告少了1200多万。"落款是造价公司的名称，盖有公章。我立即质疑，我说，按照最高院的《中华人民共和国民事诉讼法》司法解释第一百一十五条的规定："单位向人民法院提出的证明材料，应当由单位负责人及制作证明材料的人员签名或者盖章，并加盖单位印章。人民法院就单位出具的证明材料，可以向单位及制作证明材料的人员进行调查核实。必要时，可以要求制作证明材料的人员出庭作证"。我的话音刚落，主审法官立即对鉴定机构人员说："你怎么回事，怎么不签字呢？赶紧过来把字签上。这是干什么，还有这么玩的，是不是太露骨了，太肆无忌惮了？"这一幕，让我目瞪口呆，近二十年的律师生涯，第一次遇到这种情况。还没等我缓过神儿来，法官便让鉴定机构的人轮番出庭作证，证言内容和证明材料上一致，只是换个人重复一下而已。从电脑屏幕上看书记员记录过程，也似乎早就排练好了一般。

我气愤至极，这不是睁着眼睛说瞎话吗！明明写的是"结算审核"报告，怎么硬说成是预算呢？从落款时间来看，"结算审核"报告出具的时间也是在工程竣工后啊，怎么可能是预算呢？再者，"结算审核"报告编审说明第四项明确记载："1.本次编审依据工程竣工图纸、签证结合现场测量计算工程量；2.相关综合单价根据施工现场的实际施工情况进行了调整"。这段文字充分证明了这份"结算审核"报告的真实性、合法性、完整性和依据的充分性。白纸黑字，红色的公章加签字确认了的事实，就想这么随意地否定，这还有做人做事的底线吗？

在我的气愤持续高潮中，法官轻车熟路地让被告继续举证，这次出场的是文件收发员，她拿出了一份文件收发记录，上面有

"收到范某某交来工程竣工图"一份,还有老范的签字。老范看过后当庭承认字是他亲自签的,也认可签字的时间就是提交竣工图的时间。被告的证明目的是"提交这套竣工图的时间是在结算报告出具之后"。这让我感到十分诧异,因为这么重要的细节,老范从来也没有向我提起过。庭审结束后,我问起老范怎么解释"结算审核"报告做出后又送一套竣工图的事?老范解释说:"'结算审核'报告做出后的一天,被告打电话说让他再送一套竣工图备案用,放下电话就送去了。"我再问:"那'结算审核'报告做出前,你不是送过三套竣工图吗?有记录吗?"老范回答说放下图纸就走了,没留下任何证据。

  法庭调查进行到这里,主审法官突然宣布:鉴于双方对原告证据"结算审核"报告存在重大争议,本庭认为该报告不能作为定案的根据,本庭不予采信。我立即举手申请发表意见,主审法官问我有相反的证据吗?我说被告方证人(造价咨询机构)明显在撒谎,"结算审核"报告编审说明第四项明确记载:"1.本次编审依据工程竣工图纸、签证结合现场测量计算工程量;2.相关综合单价根据施工现场的实际施工情况进行了调整。"这充分证明该报告是根据竣工图做出的,再者,该报告的落款时间是在工程竣工后,怎么可能是预算?再者,签订合同前已经做过预算,工程竣工后,还有必要做预算吗?报告中明明写着本报告"一式四份",被告却说只有一份,明显是在撒谎。我继续说:"我国《合同法》对争议是有定义的,被告不认可"结算审核"报告是对认可的结算协议的反悔,并非《合同法》意义上的争议,主审法官认定的所谓重大争议是完全错误的。"听到这里,法官很不耐烦地打断我,你这是法庭辩论的内容,等到法庭辩论再说吧。

  随后,主审法官问我方:"你方是否申请造价鉴定?"考虑到双方已经结算,并且开庭前老范已经告诉我,他手里除了"结算审核"报告没有其他证据,我们当庭表示坚持以"结算审核"报告作为结算依据,不申请鉴定。

通过迅速梳理鉴定人员出庭作证过程,我固执地认为,这一过程完全是有策划的,通过鉴定人员作证的目的,就是为尽快否定"结算审核"报告的证据作用做铺垫,逼迫我方申请造价鉴定,达到我方自我否定"结算审核"报告的目的。

在法庭辩论阶段,我发表以下代理意见:

工程竣工后,原告在2014年12月按照被告要求,将涉案工程竣工图纸提交给被告,被告委托某工程造价咨询有限公司对工程结算价款进行审核。2015年3月24日,某工程造价咨询有限公司出具"结算审核"报告,该公司在上面加盖了公章和执业印章,注册造价师马某某、崔某、崔某某和吴某都加盖了自己的执业印章,并分别签署了自己的姓名。该"结算审核"报告载明:报审值为3710.3456万元,审减值为110.3456元,审核值为3600万元。被告接到某工程造价咨询有限公司完成的"结算审核"报告后,在上面加盖了被告公章,并通知原告加盖了公章。原告认为双方盖章签字的行为性质是双方达成了一份结算协议。所以我方认为:

1. 该"结算审核"报告的性质是一份协议,不是未经双方认可的鉴定意见。

本案"结算审核"报告已经构成了《中华人民共和国合同法》上的要约和承诺,说明双方在结算数额上已经达成一致,该"结算审核"报告的性质是一份协议,不是未经双方认可的鉴定意见。如果被告认为该"结算审核"报告结果显失公平或者存在重大误解,应该依据合同法在法定期限内提起撤销之诉,但是被告已经放弃了这一程序权利。

2. 该"结算审核"报告最终确认了原告的权利,对被告有法律约束力,被告不履行"结算审核"报告所确定的义务是一种违约行为。

3. 本案"结算审核"报告所依据的结算资料是经原被告双方认可的竣工图和签证资料,这些资料是在施工过程中客观形成的,完全可以作为结算依据。

造价咨询机构在"结算审核"报告编审说明第四项明确记载:①本次编审依据工程竣工图纸、签证结合现场测量计算工程量;②相关综合单价根据施工现场的实际施工情况进行了调整。

该"结算审核"报告做出的时间是在工程交付使用后。这充分证明了这份"结算审核"报告的真实性、合法性、完整性和依据的充分性。

4. 从"结算审核"报告形成过程和形成时间上来看,完全符合工程惯例。

原告施工完成后,制作竣工图纸,提交给被告,被告委托某工程造价咨询有限公司审核结算价款,收到"结算审核"报告后,被告没有提出任何异议,被告先盖章后交给原告再盖章,法律意义上的最终结算协议形成。

即使鉴定机构认为有错误,但是双方当事人已经认可并达成一致意见的情况下,鉴定机构也无权撤回"结算审核"报告。

5. 被告不能以出具"结算审核"报告的造价公司的几名员工提供的几份证人证言为证据欲推翻三方签字认可的"结算审核"报告。

(1)造价公司和被告有明显的利害关系,证人证言不客观,有串通之嫌疑。

(2)在没有任何客观证据的前提下,造价公司仅以自己的证言推翻自己出具的"结算审核"报告,这样出尔反尔,既违反法律规定,又严重违背职业道德。

6. 主审法官认定原、被告对"结算审核"报告存在争议是错误的,因为双方盖章签字意味着双方在结算数额上已经形成一致意见,被告不认可该"结算审核"报告是一种反悔行为,是一种违约行为，而不是存在争议。

（1）"争议"一词是《中华人民共和国合同法》中的专用术语，争议的内容主要是关于合同是否成立、是否构成违约、违约的责任与后果等。本案双方已达成结算协议，从法律意义上来讲，应无争议，被告不认可"结算审核"报告属于反悔，主审法官认定存在争议缺乏事实根据和法律依据。

（2）主审法官仅仅依据出具"结算审核"报告的某工程造价咨询有限公司出具的几分证人证言就否定原、被告均盖章的"结算审核"报告，既没有事实根据，也没有法律依据。

（3）"结算审核"报告是一份技术性很强的专业报告，主审法官是如何从实体上认定其不能作为定案的根据的？

法庭辩论草草收场。

法庭陈述后，庭审结束，等待判决。

经过二十几天的等待后，最终拿到了判决书，法院（其实是法官）依据鉴定机构在我方起诉被告后单方出具的所谓结算报告，做出了判决，比"结算审核"报告少了1200万。我不知道主审法官是如何从实体上认定这份报告的真实性的，这是一份专业技术性报告。

一审判决结果："你说你的，我判我的"。

二审判决结果：维持原判，驳回上诉。

申请再审结果：裁定指令再审。

法网恢恢，疏而不漏，这是官方的宣传和信心；法网恢恢，总有漏网之鱼，这也是某些人的切实感受。依法办案，宏观很乐观，微观有时候却很糟糕。

最高院第四巡回法庭立案随笔

11月中旬的北京已经进入冬季，出行的人们已经开始着上冬装。虽然是冬季，丝毫不能阻挡人们对美的追求。花花绿绿的，以及各种颜色的外套儿、风衣、围脖儿、围巾开始随北风飘动，商场里、大街上，火车站，机场里，满是五彩缤纷的色彩，给初冬的萧瑟增添了许多亮丽和生动的气息，北方大部分地区已经开始供暖，城里城外都开启了过冬模式。

自北京西站乘坐高铁出京，列车起步平稳，提速很快。抬头看时速显示牌上的数字很快就升到了300公里/小时，听不到车轮与铁轨接触的"当当"声，也感觉不到车体的摇晃，比飞机要平稳得多，甚至感受不到车的启动，比起以前的绿皮火车，真是天壤之别。毫无疑问，高铁，已经成为中国近代史上绝对拿得出手的工业名片。

列车一路飞奔，窗外的景色不断后退，形成一条条流畅的风景线，不断向前拉伸开来，带着我的思绪一路向前飞奔。说起对绿皮火车的记忆，要数铁路两旁成群结队的杉树。印象最深的应该是北京到大连路段，本溪铁路段的杉树留下很深的印记。上次去哈尔滨办案，想乘坐高铁看一下两边的杉树，跑到哈尔滨才明白，原来高铁线路是全新铺就的线路，两旁还没有种树。绿皮火车已经进入历史，两旁的杉树还好吗？

高铁滑出北京，飘过保定、石家庄、邯郸、安阳等城市，约莫三个半小时的光景，便抵达了河南郑州东站。高铁速度之快，已经到了让人不敢闭眼小憩的程度，尤其是中途下车的乘客，稍一疏忽，就会坐过站。上车时，服务员查票，问我旁边的一乘客在哪儿下车？乘客说在郑州。不一会儿这位乘客便鼾声如雷，扰得让人有些烦躁。很快车过鹤壁到了郑州东站，我赶紧问，您不是在郑州下车吗？到站了。睡眼惺忪的乘客一下子惊醒，赶紧提包下车，只差几秒钟工夫，多玄啊。

此行的目的是到最高人民法院第四巡回法庭立案，一起建设工程施工合同纠纷申请再审的案子，按照2013年1月1日起施行的新民事诉讼法第二百零五条规定："当事人申请再审，应当在判决、裁定发生法律效力后六个月内提出⋯⋯"依此计算，还有一个礼拜就要到期了。今天是礼拜天，为了明天早一点儿到第四巡回法庭，我便和刘律师提前到了郑州。

一下火车听到的几乎是一水的河南话，河南话的发音还是标准的北方话，只是语调不同罢了。河南话其实是一种极具喜感和戏剧感的方言，因此才成就了豫剧这样一个著名的地方戏种，以至于每次听到河南话就想起徐九经。若是在大宋年代，这河南话应该是标准的普通话了，如果不会讲河南话，你指定是当不了宋朝的播音员的，也许到大宋法院出庭都会受到限制。我们想象一下，文武百官上朝的时候，大家都操着一口流利的河南话汇报工作，高兴了再唱两句，那皇帝岂不是天天过足了豫剧瘾了。闲话休扯，就此打住。

郑州地界的历史虽然很悠久，但是真正的发展还是因铁路而兴，首先成为国家重要的综合交通枢纽，然后才成就了现在的郑州。应了那样一句话，郑州确实是火车拉来的城市。

郑州并没有什么名胜古迹。要么因为历史太久远，遗迹随风散去，早就没了踪影，即使历史书里有所记载，也很难让人相信这里曾经有过波澜壮阔的历史；要么名胜古迹都在郑州周边，市里都是高楼大厦，城市的夜色无非是灯红酒绿，流光溢彩之类，比起北京、上海、广州、深圳，也无甚好看，没了兴趣，也就省了转悠。

美景没得欣赏，美食不能辜负。进得一家叫作宋厨娘的饭店，菜谱里都是和宋朝有关的名字，如大宋汤爆肚、东京梦华鱼、大宋酱酒、汴京糍粑、宋厨小炒肉等，虽然这是商家找的卖点，单从这些菜名可以看出，宋朝文化对河南人的影响。一桌丰盛的菜肴尝过之后，感觉筒子鸡味道更具特色，留下了下次还想吃的深刻印象。

第二天一早，我和当事人的另一位湖北律师刘勇先生便直奔第四巡回法庭所在地河南省郑州市管诚回族区博学路33号。

郑州最有名的历史段子便是"郑伯克段于鄢"，故事的主角郑庄公的都城就在今天的新政。《郑伯克段于鄢》是《春秋左氏传》中的名篇和开篇，也是《古文观止》的开篇。主要讲述郑庄公同其胞弟共叔段之间为了夺国君权君位而进行的一场你死我活的斗争。其弟骄纵，其母偏心，其母助其弟欲夺国君之位，郑庄公设计并故意纵容其弟共叔段与其母武姜，其弟娇纵到一定程度时，庄公便以此讨伐共叔段。庄公胜出，怨其母偏心，将其母亲迁于颍地。后来虑及国君的颜面，自己也后悔了，又有颍考叔规劝，母子又重归于好。据说这是历史上有记载的第一起兄弟之间的政权纷争。

古代帝制下，在巨大的政治利益面前，亲情、人性、良知、道德底线统统退居第二，政治只有输赢，没有对错，所谓胜者王侯败者贼便是形象描述。帝制为终身制、家族制，因为缺少了平等竞争的平台，才有了阴谋家和各种各样的血腥起义，古代政治，阴谋、暗算充斥其间。因为帝制，理想便被垄断，别人就不能有理想，甚至不能有想法，否则便是谋反。这样霸道的制度，产生阴谋家是必然的，因为不允许你把理想放在太阳下，不允许你和帝制竞争，只能靠"阴谋"实现野心或理想。

好在现代人已经明白唯有法律讲的才是明规则，唯有法制才是人间正道。有法律规制的政治才会清明澄澈，没有法律规制的政治就会成为黑水沟。有了平等竞争的机制和平台，阴谋就会变成阳谋。

因为太久远，没有什么可见的遗迹，只有在历史书里才可以看到，有很多历史虽然发生在当地，但是当地人也未必知道。就像邯郸，古老到只剩下几个成语。历史早就成为过去，新的时代早就开启。

胡思乱想间，第四巡回法庭到了。

几乎全国中级以上的法院，都有高大气派的建筑，居高临下的大门，正门上国徽高悬，但伸缩大门总是紧闭，不知道何时、何事才能开启。几乎所有的法院都是让当事人走旁边的门，大门却总是戒备森严。

出示了律师执业证，沿着律师专用通道进入巡回法庭立案大厅，律师无须安检，但律师证却被查看了三遍。进得大厅，有导诉台法警问明来意，帮我等取号排队。我拿到的是第15号，此时的时间是8：30分，前面尚有三人等待。取号等待叫号是一种非常好的办法，银行等公共窗口都采用这种方式，省得大家都站着排队，有时候还少不了因排队引发的争吵，取号叫号的人性化考虑显而易见。很快便被叫到，我立即拿着已经准备好的材料到窗口提交。工作人员问了一些情况，然后在电脑中查找核对了当事人和案件信息，递给我一张表格让我填写。填好了表格，需要到下一窗口提交材料。经过允许，走过了导诉台东侧的三道法警的查问和指导，我们来到第五谈话室。一位漂亮的女法官隔着玻璃窗接待我们，问我们是否已经制作了光盘，我们说还没有，漂亮的女法官说："先去做光盘吧，光盘的内容已经提示在玻璃窗上"。我看了一眼，只需要将一、二审判决书和再审申请书制作成Word版和PDF版即可，这和北京总部还是有所区别的，记得上次去北京总部立案，连一二审证据都要制成光盘，这里少了证据的扫描会为当事人省下很多钱。

大概9：00左右，我们便把资料交给了第四巡回法庭内部的工作室开始制作光盘。光盘制作得并不顺利，从上午9：00左右一直到下午近3：00的时候才算制作完毕。扫描收费5块钱一张A4纸，一、二审判决书和再审申请书，共收费500元整，因为不熟练耽误了我们的时间少收了50元。幸好，证据不需要扫描，否则，我们带的这套证据要收扫描费1万元不止。工作人员一再道歉，法警也一再说明，光盘制作室刚刚成立，人员刚刚开始工作，今天是第一次制作，请谅解。我们虽然急得抓耳挠腮，耽误了我等好几个小时的时间，但出于理解，还是在摇头叹息之后，不出怨言。拿到光盘，重新排队，约莫下午2：40的时候，我们被允许进入下一程序，我看了一眼叫号牌，显示已被叫到77号。我们站起，穿过三道法警的查问和指引，到了第十会谈室，另一位戴眼镜的漂亮年轻女法官坐在我们面前，隔着玻璃，笑容可掬。看过资料，填好表，交齐所有资料，留下联络信息，立案程序办妥后，漂亮女法官随口问了一句："你是从大成北京总部来的？"我说是的。

也许是因为失了区位优势，总觉得巡回法庭的威严远逊于北京总部。另有担心，巡回法庭设在固定的地方，底下工作人员工作方式会不会地方化？久而久之，最高司法权威的形象会否受到影响？

一边操着闲心，一边从巡回法庭出来，路边一辆红色的小轿车停在我们面前，问我们是否需用车或者刻光盘？我问，刻光盘多少钱一页？回答说5块。需用车拉到门市部，车费10块。有需求就能形成产业，这些头脑灵活的司机做起了连环生意。

时间正好三点整，便到高铁站等候回京的列车。5：24，踏上高铁，一路向北，滑出郑州，飘过安阳，一路飞奔，窗外一片漆黑，已无风景可看，只有路过城市才有点点灯光，过邯郸、石家庄、保定，华灯初上的时候，到北京西站。看看时间已晚，等了一会儿，也没有谁约我吃饭，便打车回家。

我和当事人老赵

认识老赵,是因为一起建设工程纠纷案件,这是 2002 年的事了。

经朋友介绍,老赵接手了一个房地产工程项目。作为实际施工人,老赵以全垫资的方式继续施工完成某房地产项目中的土建工程部分。所谓继续施工,是因为此前有一个包工头老李已经施工完成了一部分地基基础工程,后因无力再垫付资金,不得已找到发包方提出不再施工的要求。当老李找到发包方老板时,发包方态度很强硬:"双方签有书面合同,合法有效,受法律保护,如果你中途停工,会给业主造成巨大损失,我们坚决不同意你退出。"老李欲哭无泪,只好暗自骂街:"你们这是可着我一个人往死里坑啊!"

可怜的老李,只知道自己没有施工资质,根本不知道什么是有效合同,什么是无效合同,更分不清楚有效合同和无效合同的区别。

"自己承诺的事,一定要讲信用",这是老李坚守的信念。老李找了很多亲戚朋友,能借到的钱都借了,实在没钱可借了,老李只好遣散施工队伍,找到发包方摊牌:"你们爱咋地咋地吧,我老李就是不干了!"于是便停止了施工。发包方看到老李实在是没有油水可榨了,就找到老李说:"你可以退出,但是在你退出之前,你必须找到另一个施工人来垫资完成剩下的工程。"老李心想,这家企业太坏了,临走还要让我拉个垫背的。但是老李见有机会退出,也就想不了那么多了,于是就找到了老赵。老李记得老赵说过,有机会也想做工程的。

这老赵其实一直是做建筑材料生意的，赶上了经济发展热火朝天的那些年，没几年工夫，就赚了不少钱。卖建筑材料接触的基本都是搞工程的，久而久之，老赵觉得干工程比卖钢材赚钱多，于是就动了干工程的念头。也就是在这时候，老李找到了老赵。

有句话不是说吗，机会总是留给有准备的人，套用一下这句话，陷阱也是留给愿意送死的人的。老赵和老李是多年的生意伙伴，老李使用的钢材基本都是从老赵处购买的。老李正急于脱套儿，老赵正急于干工程，于是两人便是一拍即合。老李本来预备了好几套方案，准备下功夫说服老赵接手这个工程的，结果还没等老李怎么忽悠，连基本套路还没有展开，甚至连套路的初始化还没有完成，老赵就迫不及待地往坑里跳了。这让老李有点措手不及，觉得既兴奋又有些许扫兴，没有一点儿成就感。唯一满意的是，老赵接手工程时将老李已做完的工程作价900万，并已顺利支付给老李，让老李得以彻底金蝉脱壳。老李虽小有损失，却无大碍，能收回已经投入的真金白银，已属万幸，老李很知足，也暗自庆幸，只是觉得有点儿对不住老赵，心里还暗自为老赵祷告："实在对不住呀，上当到什么程度，就看你老赵的造化了。"

老赵接手工程后，满怀信心地投入，自己不懂工程，就花高价请了一个懂行的项目经理，项目经理带了一支经验丰富的团队帮助老赵管理组织施工。老赵虽然不懂工程，但从投资角度来看，越干越觉得不对劲儿，后来有明白人告诉老赵，就这个价格和你的合同条件只能是越干亏得越多，越干陷得越深，赶紧罢手吧。继续投资，只能越陷越深。但停下来了，已经投入的怎么办？老赵感觉到了进退两难。经过反复衡量后，还是果断停止了施工。

老赵通过朋友找到我时，已经垫资8000多万元，工程已经完工二分之一左右。发包方并未按约定支付进度款，老赵怕越陷越深，已经退出工地，否则，还要垫资上亿元，能否收回投资，都是问题。

经过二十多分钟的交谈后，老赵准备委托我做代理人并提起诉讼，帮他追讨已完工程款。在我了解了基本案情后，我们开始谈律师费。一说到律师费，老赵首先向我诉起苦来，自己为了这个工程已经倾家荡产，还欠了一屁股债，就连吃饭的钱都是借的。一边说着，一边拿出一包软中华香烟，熟练而漫不经心地打开，自顾自地抽起来。

不知道为什么，有很多当事人，只要一谈到律师费，立马变成了穷人，甚至把自己说成乞丐。老赵一边抽烟，一边说："希望王律师能帮帮我，钱要回来了，可以比正常收费多出三倍支付律师费。"我说："前期必须先交一部分律师费，后面可风险代理，如果前期不交律师费，代理合同都盖不了章的，再者，很多准备工作要由助理来做，助理是要工资的，你总不能让我垫付工资吧。"说到这里，老赵明显比较激动，说道："有句话，我说出来，王律师您别生气，假如我先支付了一部分律师费，到最后工程款还是要不回来，岂不是第二次上当受骗吗？"听到这儿，我真是又好气又好笑。我笑着对老赵说："你在别处上了当，到我这儿总结教训来了？"老赵不好意思地说："这不是上当受骗怕了吗，属于上当后遗症，您别介意。"听到老赵这一番话，我并不觉得奇怪，很多当事人让别人骗走了大笔的财富之后，找到律师维权的时候就开始变得谨慎起来了，谨慎到连律师费都不想交。律师是靠律师费换大米的，不像人家公检法的工作人员都有稳定的工资。即使行侠仗义，律师也不能喝着西北风干活儿啊。

老赵接手的工程，但不是第一手，第一手是一家建筑装饰公司的法定代表人以大型国有建筑企业的名义投标并中标，签订总包合同后，将其中的装饰装修工程以高出正常市场价几倍的价格分包给自己的装饰装修公司，以亏损的价格将土建和安装工程分包给老李，老李又转手给了老赵。业主其实并没少出钱，只不过都让装饰公司采用非法手段赚走了。

经过多轮谈判，老赵同意先交一部分启动费，后边可以风险代理。合同签订后，过了好几个礼拜老赵始终没有打款到我的律所。我打电话一问才知道，这家伙已经找了另一个律师，只收了很少一部分钱就去山东立案了。作为律师，这样的事也不是第一次遇到，也不用纠结。从此，老赵就和我失去了联系。

过了一年多的时间，有一天，老赵突然又打电话给我，说要跟我见面。按照约好时间，在我的办公室里见到了老赵。刚一见面，老赵就向我诉苦，这个案子太难办了，刚起诉到法院时，送达起诉状就遇到了困难，业主的大门不让法官进去，送了好几次都没送成，也没有人出来领起诉状。法官对老赵说，这业主我也惹不起，动不动就是机密，我也害怕，打完官司你走了，我还得在这儿干，我还得养家糊口呢，你也不能给我调北京去。老赵听着法官半开玩笑半认真的话，真是哭笑不得。老赵看着法官一脸的无奈，反倒同情起法官来了，在那一瞬间，老赵觉得法官成了弱者，自己觉得反倒对不起法官了。听着老赵的叙述，我很清楚法官的处境，也理解法官的顾虑，任何国家的法律其实都有很多办不了的事。又拖了很长时间，主审法官最后只能送达公告了。看来，法院遇上硬主，也是一筹莫展。

造价鉴定又遇到困难，老赵继续说。老赵手里的图纸资料不全，业主以保密为由不提供任何资料，不让鉴定机构进场进行现场勘验。后来，费了好大劲儿，才把造价鉴定做完，结果一算账，老赵还要倒找 900 多万。法官动员老赵撤诉，无奈，老赵含泪撤诉。

转眼已是 2003 年了。

深入研究资料后，我发现，如果不突破合同价格，这个官司就没有必要再打了。经过深入论证后，我们制订了一套自认为切实可行的方案，便又重新提起了诉讼。

那一年，我和老赵去开庭。

那一年，暴发了"非典"。

那时候"非典"的生成原因和传播途径还没有搞清楚，全国都是草木皆兵。即使给北京人打电话，都是小心翼翼，战战兢兢，生怕通过电话线或者卫星信号染上"非典"。法官选择在比较大的法庭里，都戴着口罩，我们从北京去山东开庭，法官都是如临大敌。开完庭，我们走的时候，就听法官操着山东口音说，等北京律师走了，把椅子好好擦擦，消消毒吧。这么多年过去了，想起来就觉得有趣儿。

经过各种折腾，法院终于同意调整土建价格，通过鉴定，扣除已经支付的部分，判决认定再支付老赵2000多万。这样的结果也就是少亏一些，但比倒找要好了很多。比正常市场价亏了300多万，但已是不幸中的万幸。拿到工程款后，老赵并未食言，爽快地支付了风险部分的律师费。

因为工作忙或职业的缘故，案子结了，以后再见面的机会很少或几乎没有了。

但老赵和我倒是个例外。官司打完后，一直保持着联系，每逢过年过节都有信息往来，也会给我寄一些他们家乡的土特产。

前几年，老赵得了严重的痛风病，据说这是一种富贵病，一种代谢病。这都是生活条件好，暴饮暴食，不注意锻炼惹的祸，以前都是海边上的人得这种病，后来北方人也开始出现这种病症，北方人只有得了这种病的人才开始知道还有这么一种病。这对老赵这样的"美食家"来说，是一个严重的打击，按照医生的说法，海鲜、牛羊肉、烧烤、动物内脏等高嘌呤的食物都不能吃了，只能吃一些蔬菜和水果，蔬菜和水果也要有选择地吃，如菠菜、花生之类也要注意少吃，按照老赵自己的说法，只能吃草了。

老赵还真是有毅力的，按照医嘱，老赵开始注意饮食，用了近一年的时间，尿酸终于降了很多，基本接近正常值范围。

老赵经常把自己的感受发微信给我，特别嘱咐我一定要注意饮食，要注意锻炼身体，多喝水等，定期验血控制尿酸指标，预防痛风。每每接到老赵这样的微信，心里就充满暖意。

老赵有一儿一女，在教育上很舍得投资，两个孩子既聪明又努力，女儿留学去了美国，博士毕业后留在纽约并获得了绿卡。儿子在清华法学院攻读法学博士。老赵和妻子没读多少书，却培养出了两个博士，不仅令人称奇，更令人尊敬。

如今，老赵定居在海口，住在南渡江入海口处的一栋别墅里，一直用美景诱惑我，他说："站在滨海大道上，右手边是南渡江，左手边就是大海，一边平静如镜，一边汹涌澎湃，欢迎你来住，你一定会喜欢。"

有感于"知道在哪儿画线"

1923年,美国福特公司的一台大型电机发生了故障。为了查清原因,排除故障,公司把工程师学会的专家们请来"会诊",但一连数月,毫无进展。后来,他们请来移居美国的德国裔电机专家史坦敏茨。史坦敏茨在电机旁一阵忙碌,然后用粉笔在电机的一个部位画了一条线,吩咐说:"打开电机,把此处的线圈减少16匝,故障就可排除。"工程师们照办后,电机果然运转如常。史坦敏茨随后向福特公司索取1万美元酬金。工程师们开始七嘴八舌:画一条线竟值1万美元?简直是敲竹杠!史坦敏茨莞尔一笑,随即挥笔在付款单上写道:"粉笔画一条线,1美元;知道在哪儿画线,9999美元。"

我做技术员在车间里实习的时候,经常听师傅们讲这个故事。

很多年过去了,这个故事一直在我心里,我惊叹于电机专家的专业素养,更惊叹于他把拥有扎实知识基础和丰富经验的重要性展现得淋漓尽致。画线的确简单,人人都可画,但要掌握"知道在哪儿画线"的本领却不是人人都能做到的。要想把线画得恰到好处,画到"点"上,就必须像史坦敏茨那样具有深厚的专业知识和多年的现场实践历练,而这一切的得来,没有求真务实、持之以恒、刻苦学习的韧劲和钻劲是不行的。

"工欲善其事,必先利其器"。律师和工程师一样,都必须有一线经验的实践历练。由此,我想到了律师办案水平和收费多少之间的关系。

专业律师针对纷繁复杂的材料,透过现象看到本质,通过去粗取精,去伪存真,迅速厘清事实脉络,准确检索到适用的法律规范，直指问题的焦点所在，能够准确地画出那条线，都是经过多年历练总结和感悟的结果。

有了律师执照，相当于具备了"画线"的资格，经过多年的经验历练和知识积累才有可能知道线应该画在哪儿。

经验丰富的专业律师不仅会画线，更知道线应该画在哪儿，同样的一个案件，每个律师事务所和每个律师的收费各有不同，差别也应该在画线的准确度吧。

简简单单一小案，折腾五审为哪般？

2011年9月的一个早晨，北京的天气格外晴朗，不冷也不热，风和日丽得让人心跳。蓝天下虽然飘着几朵浅灰色的云，但是它的存在也绝不影响天空的高远和透亮，想必这又是一个北京人梦寐以求的好天气，一个让每个人心情爽朗的日子。

我准备去办公室和一个重要的客户见面，这是在五天前就约好的日子，之前也约过两次，都因为各自另有其他事情安排发生了时间上的冲突，不得不改变了见面时间，至今才得以约成。

我拎起公文包走出家门，回过身来刚准备将房门锁上，突然，一阵清脆的电话铃声响起来，我只好又推门回到家中先接听电话。

电话的那一头儿是一位男士，告诉我他是香港一家建筑装饰企业的项目经理，手头儿有一起建设工程施工合同纠纷案件，目前已出一审判决，感觉输得很冤枉，想约我见个面，咨询一下，看看能不能委托我为他打第二审。我在电话里简单询问了案件的主要诉讼情况后，便和李经理约好了见面的时间。

记得那是第二天的下午，在我的办公室里，我认真地听着李经理叙述案情。

2004年3月15日，香港公司作为发包人，某金属公司作为承包人，签署了"精装工程合约"，朱某作为金属公司的代理人负责签署了该合约。合约上加盖了金属公司结算财务专用章。合约约定金额为6303480元，工程项目为北京市某中心公寓楼返装工程（客房、升降机大堂及公共走道）。合约属包干性质，以全单总包价形式计算，有关工程内容参阅图纸、标书以及一切有关资料。合约所含的内容包括金属铁器、天花吊顶、油漆。铺贴壁纸、云石、安装地板、制作窗帘及木器等。"精装工程合约"同时约定暂定项目：如需拆除及安装全新石膏板假天花，承包商须根据施工图纸之内容及资料进行施工，造价上限为人民币20万元。

2004年4月29日，双方再次以相同主体名称签订"补充合约条文"，朱某作为金属公司的代理人负责签署了补充合约。"补充合约条文"约定香港公司需支付给金属公司130万元，作为某中心增加项目之总包干价；根据"精装工程合约"的条款及项目清单，双方确认总造价为人民币650万元整（含清拆及新造所有天花工程在内）。工程完工后，进行了综合验收，结论认为"涉案工程符合设计及施工质量验收规范要求，合格，同意验收"。

2005年8月20日，双方仍以相同主体名称签订"互不追讨及索偿协议"，朱某仍作为金属公司的代理人负责签署了该协议。协议约定："鉴于乙方（某金属公司）未能遵守合约内之条文及精神处理标题工程项目，因而导致香港公司损失。经该金属公司和香港公司双方洽商，现双方同意根据下列工程款余额，作为互不追讨及索偿之协议条文，金额如下：978090.30元人民币。"签订"互不追讨及索偿协议"后，香港公司向朱某交付了金额为978090.30元的转账支票。

2006年3月，朱某以原告的身份向一审法院提起诉讼，请求撤销其与香港公司签署的"互补追讨及索偿协议"。朱某申请撤销的理由是签署"互补追讨及索偿协议"时，自己受到了胁迫，签署该协议不是自己的真实意思表示，要求香港公司支付其认为的剩余工程款1330389元。后朱某于2007年3月以双方协商为由撤回了起诉。2007年4月，朱某再次向一审法院提起诉讼，仍请求撤销其与香港公司签署的"互补追讨补偿协议"，要求香港公司支付其认为的剩余工程款1330389元，并申请工程造价鉴定。

李经理是这家香港公司的项目经理，是香港公司驻工地代表。某金属公司指派朱某作为项目经理组织施工，是该公司驻工地代表，该公司没有工程施工资质。

认真听完了李经理的叙述，了解了案件的来龙去脉，我开始提出我所关注的问题。

（1）从现有证据和相关法律规定来看，朱某既不是合同相对方，也不是实际施工人，应该不具备原告的主体资格。一审法院认定朱某的主体资格，没有证据支持，也没有法律依据，应属程序错误。

相反，倒是有朱某不是实际施工人的证据，且很充分。

首先，"履约保函"等证据都是在纠纷发生之前形成的客观证据，把朱某的身份记载得很清楚，朱某为公司项目经理。

其次，签订合同、履行合同、变更合同、信函往来、收取工程款等都是在香港公司和某金属公司之间进行，没有任何混乱或交叉，和朱某没有直接关系，朱某是在履行项目经理的职责。

（2）退一步讲，即使朱某具备原告主体资格，那么一审判决也存在严重问题，本案存在有直接利害关系的第三方，程序中虽追加为第三人，但是判决书中并没有对其法律地位做出评价。

（3）一审法院认定"互不追讨及索偿协议"的效力范围有误。

①本案先后签订"精装工程合约"和"补充合约条文"两份协议，"精装工程合约"签订在前，"补充合约条文"签订在后，除包含了"精装工程合约"的内容外，又明确了香港公司向某金属公司另支付130万元人民币，作为增加项目包干价（包括但不限于附件项目）的内容。"补充合约条文"已经包含了"精装工程合约"的内容，双方签订"互不追讨及索偿协议"时不可能只对部分标的额进行结算，除非有特别说明。

②从"互不追讨及索偿协议"的签订时间来看，是在本案所有工程项目全部完工后，针对工程余款签订的，其效力范围应该是基于整个工程。

通过进一步理顺材料，我发现：

a. 朱某曾经两次以自己在受到胁迫的情况下，迫不得已签订了"互不追讨及索偿协议"为由，起诉到法院申请撤销该协议，后自愿撤回起诉。

b. 朱某在本次起诉提交的"工程价格鉴定申请书"中对起诉的理由叙明："根据'互不追讨及索偿协议'的相关规定，被告香港公司只需支付工程款人民币6473090.30元。此价款远远低于双方之前约定及该工程的实际价格，严重损害了申请人的合法权益。"这一表述再清楚不过地表明，双方争执的焦点是"互不追讨及索偿协议"该不该撤销的问题，而不是"互不追讨及索偿协议"的效力范围问题。这一点朱某在起诉状中也有详细说明，朱某也认为这份"互不追讨及索偿协议"是对整个工程余款的最终结算，只是朱某认为这份协议显失公平，要求撤销而已。为什么要撤销？因为按照原告的思路，只有撤销了该协议，才可以继续追讨工程款。

c. 朱某从没有提出过"互不追讨及索偿协议"，仅是针对"补充合约条文"中的650万签订或履行的观点；香港公司也从未提出或同意过这样的观点。一审法院抛开双方当事人争议的焦点不予理睬，却另辟蹊径，在没有任何证据的前提下，主观地认定"互不追讨及索偿协议"只是针对"补充合约条文"中的650万签订或履行的，这样做的结果既避开了朱某已丧失对"互不追讨及索偿协议"行使撤销权的事实，又帮助朱某达到了非法的诉讼目的，这样的结果不但达不到定纷止争的目的，还导致双方矛盾进一步升级。

当我针对上述程序性和实体性错误理顺出相应的观点以及相应的证据后，李经理显得很激动，一边抽烟一边毫不掩饰地说："我们打了好几年的官司，都没有讲出过这么多的道理，来回都是几句简单的车轱辘话，抓不到问题的关键，明明有理、有利的官司却输得一塌糊涂。"李经理情不自禁地感慨道："看来必须是专业的人做专业的事啊。"李经理当即打电话给香港公司老板汇报，放下电话后，坚决要求由我来代理第二审诉讼，并明确告诉我，律师费不是问题。

　　面对这样一个涉嫌故意违法，意在帮助一方当事人谋取额外利益的判决，我该如何下手才能力挽狂澜？这是一件颇费脑筋的事情。经验告诉我，有理、有利、事实清晰的案子，不一定就肯定能胜诉，因为决定案件结果的因素有很多，必须周密布置，谨慎处置，马虎不得。

　　在一审败诉的背景下，香港公司委托我作为第二审代理人上诉至市第二中级人民法院。

　　按照二审法院安排的开庭时间，我们准时到达了指定地点准备开庭。在本次二审中，对方代理律师是抱着法院一定维持原判的经验想法来开庭的，实际上并没有做什么进一步的准备。当我有理有据地向法庭提出既详细又有针对性的专业代理意见的时候，对方代理人开始慌乱，在整个庭审中几乎只有几句话，"你这个观点在一审中是没有提过的，一审中没有提，二审为什么才提？"他似乎在责怪我，提前没有告诉他这些观点，认为是我方在搞突袭，让他没有做到有针对性地抗辩或防范。"这些事儿，你们在一审中都认可了的。"对方无计可施，以扰乱视听开始搅局。

　　经过我方步步为营，有理有据地庭审演绎，取得了预期的良好效果。经过开庭审理，合议庭接受我提出的代理意见，以程序违法为由撤销了一审法院的判决，发回一审法院重审。

　　前任主审法官是本审主审法官的庭长。在一审法院重新审理过程中，本审主审法官完全不理会我方有理有据的观点，庭审草草结束，一审法院重审后很快做出判决，判决结果和原一审结果一样，主审法官比照前任主审法官画出的葫芦，画出了另一个更难看的葫芦。尽管案情既清楚又简单，尽管证据也很充分地支撑着我方的观点,尽管判决书的逻辑论证漏洞百出,但是,你无论如何也唤不醒一个装睡的人。看来,在一审法院,我们已经讨不到公道了。

我方仍不服重审后的一审判决,披星戴月,跑步上诉至市第二中级人民法院。

二审开庭的日子如期而至。在法院门口我的当事人遇到了对方当事人,曾经的朋友,曾经的合作伙伴,大家面面相觑,但无言以对。

二审的结果可能有三种,可能再次发回重审,也可能维持原判,也可能在查清事实后改判。这二审的难度在于已经不仅仅是当事人之间的较量,要推翻一审判决,实际上是在和一审法院较量,复杂程度和难度可想而知。我在想,对方是否还会继续凭经验判断认为,二审很难改变一审结果。

法庭是最能修心的地方,如何不受对方有意或无意的干扰,如何不受其他因素的干扰,保持定力,保持清醒的头脑,是律师的基本功。王阳明讲的"须在事上磨,方立得住;方能静亦定,动亦定"的理念,对律师修炼心性大有用处。大量的诉讼案例实践,给律师提供"事上磨"的机会,长期的法庭实战经验让你临危不乱,关键时候能够"立得住",做到"静亦定,动亦定",建立强大的专业自信,经验自信。

进入庭审中,感觉二审法官在庭前已经看透案卷材料,胜似闲庭信步的审理,问到的都是关键问题。我方也尽最大努力,做了据理力争的表述,结果第二中院支持了我方的上诉请求,改判驳回朱某的全部诉讼请求。

对方不服终审判决,在法定期限内申请再审。在高院组织的听证程序中,原审原告不再坚持撤销"互不追讨及索偿协议"后再结算的主张,而是按照一审法院帮其构建的思路,主张"互不追讨及索偿协议"的效力范围只是基于合同中的部分工程,而不是基于全部工程的结算，要求对未涉及部分进行结算。我当庭不失时机地指出，在一、二审程序中，原审原告一直坚持撤销"互不追讨及索偿协议"后才能再结算的主张，而在再审审查程序中，却改变了对基本事实的认识，按照法院构建的事实提出主张。本案基本事实只能有一个，原审原告在自己亲身经历的基本事实上前后矛盾，这完全是由非法目的导致的行为错乱。

高级人民法院经过审查，裁定驳回了朱某的再审申请，司法公平公正的阳光照进了我们的心房，我们心里的石头终于落在我方期待的地方。

案子终于彻底落下帷幕。

掩卷沉思，心绪难平。一个并不复杂的工程纠纷案件，经过一审、二审、发回重审、重审一审、重审二审、再审审查五个主要诉讼阶段，本来简单的案子，弄得越来越复杂，剑拔弩张。我断定这是一个劳民伤财的案件，浪费国家大量的司法资源在验证着两个最基本的原则：合同的相对性原则和当事人意思自治原则，一审判决无疑是对这两个基本原则的非法突破和破坏。

回望案件的代理过程，成功的经验很值得总结和肯定。

本案中，支撑我方最终胜诉的证据可以分成两部分，第一部分是提起诉讼之前形成的证据，主要包括"精装工程合约""补充合约条文""互不追讨及索偿协议"和"履约保函"等；第二部分是诉讼过程中形成的证据，主要包括起诉状（包括两次起诉申请撤消"互不追讨及索偿协议"的起诉状和索要工程款的起诉状）、"工程价格鉴定申请书"等。

原告的起诉状和工程造价鉴定申请所陈述的内容，既是对方当事人内心真实意思的明确表示，也是对方无意中，或者顾前不顾后送给我方的有力证据，从很大程度上补强了"互不追讨及索偿协议"是针对涉案整个工程结算的基本事实。

本案最为核心的争议焦点是"互不追讨及索偿协议"是否应

该撤销的问题,而一审法院却在当事人没有主张的情况下,自作主张地把争议焦点改成了"互不追讨及索偿协议"的效力范围问题,即该协议的效力范围是基于本案整个工程的结算额度,还是只基于本案部分工程的结算额度。奇怪的是,这一点就连原审原告都没有想到,而这一改变是在原审原告在已经丧失了撤销权的前提下,主审法官替当事人另辟蹊径的选择。

如果说,原始证据在证明基本事实的问题上确实存在争议的话,那么对方的起诉状和"工程造价鉴定申请书"却补强了这些证据的证明力,从此,基本奠定了我方胜诉的基础。当然,我们必须感谢二审法官对基本事实的尊重,感谢二审法官对法律的坚守。试想,如果本案二审维持了原判,我们又能如何呢?最后还要感谢当事人的信任,也要感谢民事诉讼法给了我们上诉的机会。

几年过去了,本案早已尘埃落定。

春夏秋冬,年复一年,岁月在四季轮回中慢慢变老。

作为诉讼律师,我们继续四处奔波,只要有法庭的地方,都会有我们的身影。司法的公平正义,我们用心体会,用脚丈量。

我们继续检验着"让群众在每一个案件中感受到公平正义"这样一个美好目标的现实状况。作为战斗在诉讼第一线的诉讼律师,更希望在自己承办的每一起普通案件中感受到公平和正义的力量。

自从盘古开天地,三皇五帝到如今,混沌无序的宇宙早已变成了有序的朗朗乾坤。司法活动早就应该是一种明白无误清晰可见的规则,理应显示一种直来直去的力量,不要总是人为地绕来绕去,把善良的人们绕得头破血流,天地苍茫。

我希望公平和正义像千手观音的无数双手,随时伸向人们需要的每一个地方,将悲悯的情怀在司法公正中分享;我希望司法公正像一条条自然流动永不枯竭的小溪,密密麻麻地流淌在中华大地的每一个地方,我希望司法公正就像阳光,照进每一个人的心房。

后 记

本文写完后，本案香港公司项目经理李先生，留下以下言论：

一次握手，一生的朋友！时过数年，往事历历在目。只有参与者，方知过往之艰辛！就案件本身而言，如你所云，此案没有真正的赢家！

二审的判决及高院的最终裁定，使我重新相信了国家司法的公正！更重要的是，我看到了一个律师的职业操守、智慧及能力在本案中得到了淋漓尽致地体现。感谢王律师！谢谢你老王！

看完李先生的话，我的内心被一股暖流击中，眼睛有些湿润。尤其是看到"使我重新相信了国家司法的公正"这句话，我内心涌起一股职业的自豪感。一个案子，一段人生，对当事者，对律师都是如此。

2018年6月18日草成于北京

改判案例之问：
律师如何做得更好？

"民主与法制"周刊

2016年，北京律师协会成立了"北京律师协会智库重大复杂案件课题组"，课题组成立后的第一件事便着手策划编著了《刑事二审再审改判案例》《民事二审再审改判案例》两本书，我有幸作为课题组民一组组长和副主编参与其中。

书中的案例大致有着两个共同的特点：一是这些案例都是二审改判或者再审改判的案例；二是这些案例均是来源北京一线诉讼律师亲自代理的案件，每一起案件都是通过律师的努力，代理意见或辩护意见或多或少被采纳，最终达到了改判的目的。每一起案件都是十分鲜活的司法教科书，这是律师追求的最好结果和最高境界。重案组要求必须是作者自己亲自代理或辩护的案件，这样一个近乎苛刻的要求，从整体上保证了这本书的质量，也保证了每一个案件的真实和精彩。

通过重案组一年多辛苦的努力，把散落在民间的这些无形的律师智慧或职业的精彩与辉煌收集起来，变成有形的案例成果输送出来，奉献给社会，展示给其他法律人，传播诉讼正能量。这不仅是一项功德，更是宣传首都律师、弘扬中国法制的好办法。毫无疑问，我们取得了令人欣喜的好成绩！

律师和当事人形成推动案件改判的重要力量

作为律师同行，我深知每一起案件改判之难，尤其是再审改判更是难上加难。通过每一起鲜活的案件，我们可以看出，如果没有这些律师同人的执着与坚持，没有律师的智慧与担当，没有律师对法律的坚定信仰，没有律师对当事人权利的尊重，这些案件的改判几乎都没有希望。透过这些改判案件，我们可以看到中国现实的司法状况，更能看到中国律师群体中所蕴藏的巨大的法治推动力量。透过这些案件，我们也可以深深地体会到，对于当事人来说，每一个案件不同的结果都是一段不同的人生，甚至渗透着悲壮与苍凉。看到改判结果，在喜极而泣的同时，又不得不忍受人世间的沧桑巨变。对于律师来说，每一个案件都是一场炼狱，在法庭内外，有时候，我们要把冰冷的法律变成温情的诉说，有时候又要把冰冷的法律变成愤怒的呼喊。

迟来的正义非正义。对于当事人来讲，也许他们根本不知道或者根本不相信"正义或许会迟到，但决不会缺席"这样高深的话，但是他们相信在法治社会里，人格、财产、生命等权利必须得到尊重和保护，这才是当事者执着追求改判的真实意图和力量。律师和当事人这样的一个民间众生态，形成了推动案件改判的重要力量。

错案的改判，对于当事者来说，可能已无公平正义可讲，但对于后人或后世来说却有着公信重建的力量，这是本书所揭示的最重要的社会意义。

民事案件中建设工程纠纷案改判比例更高

作为本书的副主编之一，尤其是作为资深的工程专业律师，我特别关注到《民事二审再审改判案例》书中有七个建设工程纠纷案件，从土地交易、勘察、设计到施工，包括了工程纠纷类案件的主要类型。

最高人民法院调查资料显示，当事人要求改判的理由主要集中在适用法律错误和基本事实认定方面。2015年，通过对283个再审审查案件的数据分析，发现当事人申请再审事由的排列顺序为：第一，适用法律错误的111个，占比39.2%；第二，有新证据的76个，占比26.8%；第三，基本事实缺乏证据证明的44个，占比15.5%。

实务经验证明，建设工程纠纷案件是民商事纠纷案件中最复杂的案件类型之一，所以在建设工程纠纷案件中，上诉或申请再审的比例会更高。从这类案件改判的具体原因来分析，可以发现，基本事实认定方面和适用法律错误方面的案例也是最多的。

第一，我们看看基本事实认定方面。

所谓基本事实，是指用以确定当事人主体资格、案件性质、民事权利义务等对原判决、裁定的结果有实质性影响的事实。

具体诉讼实务层面，主要包括主体资格，比如实际施工人的认定；案件性质，如案由的确定；权利义务关系的确定，如有无解除权、工程款请求权、优先受偿权，支付义务，质量保证义务等等。

第二，关于适用法律错误问题，实务中最常见有：

（1）黑白合同的效力认定和解除问题，涉及《中华人民共和国招标投标法》的适用问题，在这类纠纷案件中，我遇到过一案五判问题。

（2）在判断合同正常变更和实质性变更时，是适用合同法还是适用《中华人民共和国招标投标法》？这主要是由于法律规定的不统一、不协调所致。在这类纠纷案件中，我遇到过一案三判问题。

（3）判断一个工程项目，是不是必须招标投标的问题会产生分歧，这是法律规定的不明确所致。在这类纠纷案件中，我遇到过一案三判问题。

（4）"投标人不得以低于成本的报价竞标"。何谓成本价？对法律的理解解释不同，属于如何适用法律问题。在这类纠纷案件中，我遇到过一案三判问题。

（5）合同无效的情况下，管理费和税金是否应该扣除问题？在这类纠纷案件中，我遇到过一案三判问题。

（6）工程信息费纠纷，涉及适用《中华人民共和国合同法》还是《中华人民共和国招标投标法》问题。在这类纠纷案件中，我遇到过一案五判问题。

（7）合同无效的情况下，包死价是否还适用？在这类纠纷案件中，我遇到过一案三判问题。

（8）预期利润应否支付？涉及合同法在工程纠纷中的理解适用问题。在这类纠纷案件中，我遇到过一案四判问题。

（9）违反合同约定问题：存在的问题是确定民事责任明显违背当事人约定或者法律规定。如造价鉴定不按合同约定鉴定；违反合同约定的结算原则等。在这类纠纷案件中，一案多判更是常见。

上述问题，都会存在判决结果不一致问题。究竟谁对谁错？如果我们采取"八审终审制"的话，恐怕"一案八判"都不止。

这些问题，是由于多方面的原因造成的，比如法律规定的不明确、法律交叉、专业的复杂性、以鉴代审、审鉴分离、法律和工程不能很好地结合等。

公信重建是司法永远努力的方向

除了建设工程纠纷案件外，我还注意到《民事二审再审改判案例》这本书中还有其他合同类纠纷案件，如《买卖合同实际履行人的认定》一案中，一、二审法院在没有查清买卖合同实际履行人的情况下，便仓促下判，导致案件一、二审基本事实认定错误，进而导致判决结果错误，严重侵犯了当事人的利益。代理律师深入细致地研究过卷宗后，敏锐地抓住了事实认定错误这一重大问题，经过一番艰苦深入的调查取证，终于在再审审查程序中取得突破，获得了案件再审的机会并得到改判的圆满结果。这是一起通过代理律师深挖事实真相、获得公平公正结果的典型案例。

纵观《民事二审再审改判案例》书中其他的民商事改判案例，也都有着相同或差不多的改判理由，改判的主要原因都是适用法律错误或者基本事实认定问题，鉴于书中都有代理律师和点评专家的精彩分析和评论，在这里我就不再一一分析。

花落花开不间断，春来春去不相关

"花落花开不间断，春来春去不相关。牡丹最贵为春晚，芍药虽繁只夏初。惟有此花开不厌，一年长占四时春。"这是宋代诗人苏东坡对月季的誉美。

五月的京城是月季的海洋，马路两旁的人行道树下，是月季开成的花墙，面对着这般灿烂无边的景色，心里总是为之一动：月季花开了，心里一片草。看看眼前卷，浮躁全打消。案牍劳形，东奔西走，我们总是无心赏风景。

昨天下午，和当事人一起去了工地，研究解除施工合同及撤场方案的事，在工地上一直待到晚上十点左右。工地临近首都机场，看着天上的飞机从南到北，从北到南飞过一趟又一趟。在浩瀚的夜空中，我寻找律师的身影：

> 我们
> 穿梭在
> 钢筋水泥的丛林中
> 揉一揉惺忪的睡眼
> 抖一抖疲惫的双肩
> 望一望头上的天空
> 说什么年轻有为
> 说什么大器晚成
> 其实都是打工
> 我们穿梭在
> 当事人的枪林弹雨中
> 寻找着突围的路径

> 我们
>
> 风餐露宿在风雨中
>
> 青春早已被沧桑掏空
>
> 唯有心中的胆气
>
> 支撑着职业理想
>
> 依然昂首
>
> 在路上前行

今天上午，受邀参加一个因工程纠纷引发的刑事案件咨询会，从起诉书内容来看，主要涉及甲乙工作人员互相勾结虚报或虚构工程量、签证造假、行贿受贿等具体细节，我还是第一次参与这种行为被追究刑事责任的案子的辩护。和几位刑辩大咖研究了辩护思路，就涉及的工程专业问题，站在罪与非罪角度进行了深入探讨和论证，最后居然被确定为撰写辩护词的主笔之一。

下午三点多钟，接到浙江一个客户电话，一把大火烧了工厂，向我问起，能否帮忙。

我想，以后这种火灾事故案件别再找我了，我可不接了，太费事了。最近刚刚结束的一个火灾事故赔偿的案子，从立案、开庭、鉴定、现场清点，记不清跑了多少趟，光谈话就不下十几次。鉴定意见依据不足，缺胳膊少腿儿……出了价格，忘了材质鉴定……数量不是现场清点的……部分现场已被翻动，不是第一现场……鉴定意见出来了又增加了新的被告……不断地补充鉴定，补充补充再补充。这样的案子可以把法官挤兑成律师，把律师挤兑成精神病。

闲暇时间，看看微信，又有几个专家不被人诟病。

第一波是五个法律专家，得罪了一个卖空调的；第二波是文物专家，新闻报道说文物专家背着手围着玻璃柜转了一圈就下结论说："这个金缕玉衣是真的。"银行依据此结论发放抵押贷款数亿元，后来发现金缕玉衣不是真的；第三波专家据说是工程专家，这几个专家到工地上转了一圈，出了一个专家意见书："这个工程要拆除重建"。其实，这个工程只是幕墙外立面平整度、垂直度不合格，根本不影响安全、使用功能等，按照国家验收标准，这些指标根本不是主控指标。垂直度、平整度最多影响美观度而已，且垂直度、平整度是用精密仪器测量的，肉眼根本看不出来，也就是说连美观度都影响不到。工程早就投入使用了，用不着拆除重建，实际上也不可能拆除重建。鉴定机构就按照拆除重建计算了费用，法院就按照鉴定意见作出了判决。几年过去了，到现在也没有拆除重建。专家费嘛，也就几块砖钱吧。我说的是第三波，第一波和第二波和我没关系。

因为一个实际操作的法律问题，找了一大堆书来找答案，结果越看越乱。原来，没有遇到实际问题的时候，看看学者的文章，感觉非常不错，既长知识，又长学问，但是一遇到实际问题的时候，你把书看烂了，也找不找答案。还是要读案例。

最近接了一个案子，准备朝着转败为胜的方向努力。一个制冷设备安装工程，支架安装是否属于增项，双方产生争议。事先施工方最先发现了这个问题，于是准备了一份签证单进行补救。签证单表明支架安装属于增项，业主稀里糊涂就在签证单上签了字，等到回过味儿来再去挽回，施工方就不买账了。施工方起诉到法院，要求发包方支付支架安装费用，一审法院按照增项支持了施工方的诉讼请求。业主不服，提起上诉。看完资料后，我发现图纸里已经包含了支架安装这项内容，合同价格为固定总价，报价单里也包含了支架安装这项内容，也就是说总价里也包含了支架安装这项内容，如果把支架安装再认定为增项的话，就属于重复计价了，这是违背基本事实的，这是我的思路。不说了，该吃饭了。

基于一份工程签证单引发的工程结算纠纷

基本的故事情节是这样的：吉林有一家大型食品企业，因发展的需要，决定建一座大型冷库，北京的一家冷冻设备生产厂家承揽了这个活儿，然后把安装工程交给了保定的一家施工企业。

这个过程让我叙述得风轻云淡，其实这里边不会这么简单。世界上没有无缘无故的爱，天地之大，企业之多，竞争如此激烈，大家都能干的活儿，为什么偏偏给了你，这中间一定有着各种关系或者利益的相互勾连，更少不了的是推杯换盏。否则的话，要想拿到活儿，除非你长得特别好看。如果你这两头儿都不占，那你就只能靠超低价甚至低于成本来换取一个偷工减料的机会。这就是建筑市场的真实写照。这家企业靠超低价甚至远低于成本价拿到了这个安装工程。

我们先关注以下几个问题：①表格中第 18 项内容：最终价格为人民币 3200000 元。②报价说明第 2 项：本报价未填写项目不包含。③表格中第 3 项未填写报价。④报价时间为 2016 年 5 月 19 日。

双方的纠纷就在第 1 项和第 3 项展开。

工程干完了，施工方向冷库公司提交了一份"制冷安装工程型钢数量"并附加说明：表中材料，为该项目施工现场呈报单位安装的管道支吊架型钢工程量明细。冷冻设备生产厂家工作人员审核后，在"发包单位签字"一栏签字并用文字注明：该项目制冷系统、水系统支吊架全部由保定××工程公司依据设计图纸安装。落款日期为 2017 年 10 月 27 日。

形势的根本变化和精彩处就在下一步。2018 年 3 月 28 日，施工方提交了一份"项目增项审定部分金额汇总确认表",其中最后一项写明:签证单编号:合同外支吊价部分;签证内容:合同外支吊架安装增加费为1585580.03元;最后一栏注明:合同内不包含支吊架且实际发生。工作人员接到这个确认表后,立即打电话请示主管领导,主管领导在没有看到这张表格的情况下便指示该工作人员在上边签字。

当领导看到这张表格的时候,惊出了一身冷汗,感觉自己中了施工方的圈套,因为他认为安装费已经包含在了报价表中的第1项内容:安装费(制冷+水系统),第3项内容:支吊架型材(制冷+水系统),发包方提供,承包方制作安装。发包方认为,安装费已经全部包含在第1项中了,这第3项只是说型材问题嘛,怎么变成增项了?发包方立即发函给承包方澄清此事,暗自得意的承包方不再理会发包方的单方意愿。双方为此争执不下,于是承包方到工程所在地法院起诉了发包方。经过开庭审理,最终法院对支吊架安装费按照合同外增项支持了承包方的诉讼请求,判令发包方支付1585580.03元。

发包方觉得很委屈,不服一审判决,准备上诉。发包方的赵总在北京建设大厦听过我的课,留有我的联系方式,通过电话跟我取得了联系,按照约好的见面时间,我们在北京大成律师事务所的会议室里见了面。从赵总带来的资料里,我发现了几份针对报价表中的第1项内容"安装费(制冷+水系统)"的项目细分表:

这几张表格中分布着支架和支吊架安装的内容,而且这些支吊架是现场全部的支吊架内容,从报价表第1项内容来看,这些支吊架的安装内容及安装费用已经全部包含在第项中,如果第3项最为合同外内容再行计价,就属于同一安装内容重复计价。如果说第3项内容记取安装费的话,那么第1项中就应该扣除安装费,如果第1项记取安装费的话,那么第3项就不应该再记取安装费。通过现场勘查，发现现场全部支吊架的重量就是承包方报给发包方的量，计算到第 1 项里，第 3 项就不能再计算，计算到第 3 项里，第 1 项就不能再记取。

  基于上述情形，通过现场勘查向法庭说明确实存在重复计价的问题并不是难事儿，能否打赢这个官司，关键是法官如何看待这个签证。

由一起工程纠纷引发的三大战役

> 山川异域，日月同天。
> 一方有难，八方支援。
> 众志成城，共克时艰。
> 疫情泛滥，困于家园。
> 前方苦战，后方期盼。
> 宅在寒舍，憋成此篇。
> ——于 2020 年 2 月 1 日

没有复杂的案子，只有复杂的人心。

有很多时候，看似平淡无奇的案子，却要经历很多波折，遭遇很多困难，而大部分的困难都不是专业问题，判决书里永远看不到的是案件背后的惊心动魄。代理一起工程纠纷案子，要掉多少根儿头发，只有代理律师最清楚。

当一份判决书摆在你面前的时候，法庭上的硝烟弥漫，案件背后的飞沙走石，律师的尽心尽力和严防死守，当事人的疑惑和焦躁不安，本阶段的较量都会随着法槌的落下而尘埃落定。郁闷也罢，不服也罢，只能按照法定程序，进入下一个阶段的缠斗。

如果把诉讼比作一场战争，每一场战争都包含几个战役，每一个战役都有争议焦点，比如，管辖权异议、财产保全、司法鉴定、抗辩或反诉等等。在这场对抗性的游戏中，正常情况下，判决结果取决于双方对事实的证明、对法律的理解与判断、法官被双方说服的程度等，这些因素导致判决结果的不确定性。律师就是要准确识别这些影响因素，并在这些影响因素中起到作用，争取获得有利于自己当事人的判决结果。本案经历了财产保全大战、管辖权异议大战、先履行抗辩权与工程款支付条件大战三大战役，一审驳回了被告的反诉请求，支持了原告的诉讼请求。

案情提要：原告为施工单位，起诉被告（业主）追要剩余工程款，业主以工程存在严重质量问题为由提起反诉并申请质量鉴定，鉴定意见出来之后，法院向其释明做修复方案和修复费用的鉴定并预交鉴定费，但被告拒绝，法院技术鉴定室做了退卷处理。被告以质量鉴定意见为据变更了诉讼请求，要求拆除建筑物并要求赔偿因质量不合格导致的损失3个亿，但被告并没有提交实际损失已经发生的证据。被告根据变更后的诉讼请求，申请财产保全要求查封我方财产3个亿。令人意外的是法院接受申请并突然采取行动查封了原告106个账户，每个账户冻结最高额度3个亿，共计318亿元的额度，实际冻结资金近2.6亿元。

一、318亿元财产保全大战

这突如其来的大规模杀伤性查封，犹如当头一棒，把原告打得措手不及，满地找不着牙。原告尤其不能接受的是，明明有着很好的经营业绩，在河北省是最大最强的建筑企业，即使不查封，也不会存在转移、隐匿财产的可能，为了你这个小案子，我们也没必要转移或隐匿财产啊。再者，就是查封，有必要查封我们106个账号吗？公司好几万名员工的工资怎么发呀。

原告日常经营几近瘫痪！财务危急！项目危急！工地危急！公司危急！大老板向公司法务和主管副总下了死命令，这件事协调不好，就不要回公司。

风在吼，马在叫，林教头风雪山神庙！

风在吼，马在叫，沧州的铁狮子在咆哮！

原告马上调集各种力量立即奔赴诉讼前线，安排救火。

申请人保全的意义，除了保证执行之外，通常是为了给对方施加压力，以影响其正常经营为手段，促使尽快实现诉讼目标为目的，尤其是查封基本账号最有效果。如果是建筑企业，基本账户被查封后影响更大，基本账户一旦被查封，投标活动可能就会受到影响。

按照相关法律规定，如果申请人错误申请财产保全给被申请人造成财产损失的，要承担相应的赔偿责任。但是实务中，因保全错误主张赔偿存在着很多难点，如保全错误、损失范围、因果关系的举证等，这往往是申请人肆无忌惮的原因之一。

本案法院查封原告包括基本账户在内的106个账户，明显属于过度查封，目的和手段、范围明显不匹配。

风在吼，马在叫，林教头风雪山神庙！

风在吼，马在叫，沧州的铁狮子在咆哮！

细观案情，存在以下基本事实。该建筑物已经卖给了第三方，早就办理了产权证，原业主是否还有权提出主张？本案反诉主体是否适格？质量鉴定报告虽然证明存在质量问题，但根本不需要拆除，即使拆除重建再加上损失也用不了3个亿。再者，此项目已经经过合法验收并投入使用了好几年，正在盈利状态。如此，可以看出对方恶意反诉、恶意保全的用心极其明显。

在基本事实明显不清楚的情况下，法院贸然采取大规模杀伤性保全手段，陷我当事人的公司于恐慌和不安。

法院出手之快，下手之狠，让我的当事人产生对被告的种种怀疑。当事人认为案件背后一定有一只看不见的手，在左右着案件的走向，这是最令人不安和愤怒的。我们必须马上和法院交涉。

我们立即赶到某市某区法院，找院长、人大、监察委、主审法官、执行局长说明情况，推动各种合法监督程序，说明对方恶意反诉，恶意严重超额保全的不良用意。

在各方不断推诿的情况下，我们就以下问题跟法院进行说明和交涉：①按法律规定，须具有采取财产保全的必要性。本案我的当事人是本省优秀建筑企业，资金流充足，有足够的财产可供执行，不采取保全措施也不会影响执行，根本没有采取财产保全的必要。②保全的范围、额度和目的是否匹配问题。本案采取过度查封、大规模杀伤性查封、往死里整式的查封方式更没必要。③从当事人反诉的证据来看，明显不能证明损失实际发生，本案当事人恶意保全的用意非常明显。④希望法院出于公平公正的考量，要让双方当事人感受到既合法保护申请人的权利，又不会损害另一方的利益。

基层法院的好处就是容易见到法官，即使想见院长，也可以推门就进。很快就把问题和我们的强烈愿望反映给了院长和主管院长。

经过一天的艰苦努力，我们终于说服了法官。法院终于作出新的书面裁定，撤销了原裁定，解封包括基本账户在内的 105 个账户，只保全相当于合同额度 4200 万元资金。至此，这一战役总算取得了初步的胜利。

带着一天的疲惫和胜利的喜悦，走出当地法院，乘坐高铁，很快到达北京西站。我特意告诉出租车司机师傅选择走长安街。车子一路向东，路过复兴门、天安门、建国门、国贸。车窗打开，让微风吹进来。此时，正是北京夜景美丽绽放之时，看长安街灯火通明，看天安门壮阔炫美，看人民英雄纪念碑巍峨挺拔，看万家灯火次第明亮。

风在吼，马在叫，王律师下车回家。对面一首好汉歌唱得正酣：

大河向东流哇

天上的星星参北斗哇

说走咱就走哇

你有我有全都有哇

路见不平一声吼哇

该出手时就出手哇

风风火火闯九州哇

二、管辖权异议大战

诉讼中,管辖权问题也是双方当事人角力的一个重点,有时候为了一个管辖权,要打上很长一段时间的官司。有人认为,天下法院是一家,能不管就不管吧,反正也不是自己家的事。但对于原告和被告,双方往往认为意义十分重大。

如前述,318亿元财产保全大战取得初步胜利之后,被告又出一招儿,在开庭的前一天,居然以自己的反诉数额超过一审法院管辖范围为由提出管辖异议,要求法院将案件移送给上级法院审理,因一审法院对被告的管辖权异议一时也拿不准主意,加之被告很难缠的缘故,法庭在举棋不定中也倾向于移送上级法院,大概想甩掉这个烫手的山芋。按照新的《中华人民共和国民事诉讼法》的规定,即使管辖错误或移送错误,也不是发回重审或再审的理由,即使管辖错了也没有纠错途径,法院也无须承担任何责任。本案如果真的被移送到上级法院,势必拖延一审的时间,这正是被告的真实目的。

一波刚平,一波又起,被告拖延时间的用意和目的十分明显。

烽烟再起,形势危急。

面对我们的据理力争,主审法官的回答只有一句话:"你们认为不应该移送的话,请用《中华人民共和国民事诉讼法》的具体法条说话。"这就等于把原告推到了悬崖边上。如果我们找不到法律规定的硬杠杠,是否应该移送属于法官自由裁量权的话,那我们就只能任人宰割,听天由命了。

不能让被告滥用诉讼程序拖延时间,我方必须在很短时间内作出反应,用具体法条说服法官,绝不能让反诉带走本诉。

作为执业多年的律师,实务经验告诉我们,光靠咆哮、怒吼是不行的,必须冷静应对,动脑筋想出解决实际问题的办法才是正道。决心既定，必须马上付诸行动。

如何在短时间内将《民事诉讼法及司法解释》中有关管辖的法条进行有效组合，理顺自己想要证明的观点，需要平时的积累和精细化的研究。

立即打开电脑翻找到我在雁栖湖讲座时的课件《建设工程施工合同纠纷案件审理过程中的主要程序问题》中管辖问题的内容，结合本案具体情况，针对管辖异议，整理成以下代理要点：

附管辖异议答辩书

某市某区人民法院：

我司于2019年12月5日获悉（×××）房地产开发公司向贵院提出管辖异议申请书，感到非常震惊。由于本案定于12月6日即将开庭审理，被告此时提出管辖异议申请，纯属滥用诉讼权利，故意拖延该案时间。由于被告查封了我司4200万元，故本案应在贵院按期审理。具体理由如下：

一、但书条款只适用本诉违反级别管辖、专属管辖规定的情形，反诉违反级别管辖、专属管辖规定的，并不适用。

《民事诉讼法司法解释》第三十九条第1款规定："人民法院对管辖异议审查后确定有管辖权的，不因当事人提起反诉、增加或者变更诉讼请求等改变管辖，但违反级别管辖、专属管辖规定的除外。"本条是关于民事诉讼管辖恒定原则具体情形的规定，但书条款指的是本诉违反级别管辖、专属管辖规定的，不是指反诉违反级别管辖、专属管辖规定的情形。也就是本诉违反级别管辖、专属管辖规定的，才适用除外条款，反诉违反级别管辖、专属管辖规定的，并不适用除外条款。

二、关于合并审理，并未限制反诉标的额须符合受诉法院级别管辖标准。

《中华人民共和国民事诉讼法》第一百四十条规定："原告增加诉讼请求，被告提出反诉，第三人提出与本案有关的诉讼请求，可以合并审理。"此处"合并审理"的法院显指本诉受诉法院，并未明确限制反诉标的额须符合受诉法院级别管辖标准。从司法实践看，由受诉法院合并审理本诉、反诉，更符合诉讼便利的原则。

三、被告应诉并提出了反诉，按照《中华人民共和国民事诉讼法》第一百二十七条之规定，应视为受诉人民法院对反诉有管辖权。

《中华人民共和国民事诉讼法》第一百二十七条对管辖权异议和应诉管辖规定：

"人民法院受理案件后，当事人对管辖权有异议的，应当在提交答辩状期间提出。人民法院对当事人提出的异议，应当审查。异议成立的，裁定将案件移送有管辖权的人民法院；异议不成立的，裁定驳回。当事人未提出管辖异议，并应诉答辩的，视为受诉人民法院有管辖权，但违反级别管辖和专属管辖规定的除外"。

本案中，被告没有对本诉提出管辖异议，针对本诉，被告应诉并提出了反诉，按照《中华人民共和国民事诉讼法》第一百二十七条之规定，应视为受诉人民法院对反诉有管辖权。

四、本案已经进入实体审理，不应再移送上级法院。

管辖权异议是一项程序权利，所以法律规定要在答辩期间提出。本案被告已经提出鉴定申请，贵院委托了鉴定机构，在贵院主持下，鉴定报告也已经形成，实际是进入了实体审理。在此情况下，再移送管辖，涉及本案基本事实的鉴定，要由上下级两个法院来完成，严重违反法定程序。

五、被告未在答辩期内提出过管辖异议，已经认可了贵院管辖。

按照《中华人民共和国民事诉讼法》第127条"当事人对管辖权有异议的，应当在提交答辩状期间提出"。被告未在答辩期内提出过管辖异议,已经认可了贵院对本案有管辖。

六、被告在贵院应诉并提出反诉后,再提出管辖异议,没有法律依据。

被告应诉并提出反诉,贵院已启动鉴定并出具鉴定结果后,被告对本诉已经失去了提出管辖异议的权利。

管辖异议只能针对对方当事人选择的法院有无管辖权提出异议,不能对自己选择或认可的法院有无管辖权提出异议,如果对自己选择或认可的法院有无管辖权提出异议,完全可以撤回反诉。

综上,希望贵院秉公执法,公正裁决,排除无理妨害,继续该案的审理。

附:最高人民法院同类典型案例

被告提出反诉,导致案件总标的或反诉标的超过一审法院受理民商事案件管辖权限的,根据司法实践中管辖恒定原则,不应因反诉改变案件级别管辖。

案情简介:2013年,开发公司以建设工程施工合同纠纷向当地中院起诉建筑公司要求返还超额支付的工程款500余万元。审理过程中,建筑公司反诉请求开发公司支付剩余工程款、违约金等2000余万元。该中院以反诉标的超过其管辖权限为由将该案移送上级高院审理。

法院认为:建筑公司向受诉法院提出反诉,应视为其接受该法院管辖。不因反诉改变案件级别管辖,亦是司法实践中管辖恒定原则的一般体现。因反诉所涉及的诉讼请求并非一定要与本诉一并提出,当事人有根据标的额及管辖利益考虑,选择向其认为有管辖权的法院另行起诉的权利。基于该选择权,反诉由受诉法院与本诉合并审理,更符合管辖恒定原则。《中华人民共和国民事诉讼法》第一百二十七条有关默示管辖不能违反级别管辖、专属管辖的规定,虽未明确反诉是否与不提异议的答辩一样适用该条款,但从该款立法意旨看,体现了对级别管辖的重视,而通过反诉改变管辖法院,更易扰乱既有的管辖秩序,使管辖法院随时有可能因反诉而调整,处于高度不稳定状态,不利于案件正常审理。另外,《中华人民共和国民事诉讼法》第一百四十条规定:"原告增加诉讼请求,被告提出反诉,第三人提出与本案有关的诉讼请求,可以合并审理。"此处"合并审理"的法院显然指受诉法院,并未明确限制反诉标的额须符合受诉法院级别管辖标准。从司法实践看,由受诉法院合并审理本诉、反诉,更符合诉讼便利的原则。故本案中,一审法院对建筑公司反诉有管辖权,该法院向上级法院移送案件不当。

案例索引:最高人民法院裁定"某建设工程施工合同管辖权异议案",见《对级别管辖中"本辖区"的理解——关于甲、乙公司建设工程施工合同纠纷管辖权异议上诉案》(李振华,最高院立案庭),载于《立案工作指导·诉讼管辖》。

法官看完了我们的资料,只说了一句话:"这种情况我们也是第一次遇到,其实我们也一直跟被告沟通这个问题,看了你们写的东西,我们认为你们主张不应移送的意见是中肯的。"主审法官说完后,发给我们一份开庭传票。至此,管辖大战正式落下帷幕,我们取得了第二个战役的胜利。直到后来开庭时,被告还在磨磨叨叨地说管辖的事。

通过管辖大战,我们发现了法官的司法行动路线。主审法官在拿到我们的管辖异议书的时候,首先自己认真看一下,然后起身到对过办公室找一位小宋法官,跟小宋法官谈话后,又到楼下找主管副院长和院长汇报或请示,再回来把我们叫到小宋法官办公室,告诉我们法庭的决定。我们觉得这就是法官的决策路径,当然这只是表面的东西,但是从决策内容与事实、法律的符合程度来看,背后应该没有法院外的人在干涉,至于向院长或主管副院长汇报这事,最高法院认为这是必须的。2020年1月18日周院长在全国高级法院院长会议上讲话认为:"那些认为监督就是干预、批示就是违规、法官就要独立,进而排斥监督管理,排斥民主集中制,甚至排斥党的领导的观点,都是完全错误的,必须坚决予以纠正。"虽然领导的讲话似乎是在解释或者回应什么,但本案一审法院的决策路径体现的正是周院长的讲话精神。

综合本案事实,根据法律规定,通过这几日的现场观察,我们对案件的宏观形势做出分析认为,目前还是比较乐观的。

三、先履行抗辩权与工程款支付条件之战

施工方要工程款,发包方以工程质量存在缺陷为由进行抗辩或提起反诉,是诉讼中常有的事儿。这时候会涉及到一个很重要的问题,就是工程款的支付条件问题:验收合格后,工程质量缺陷能否对抗工程款的支付?这涉及是否适用先履行抗辩权的问题。

诉讼中,对工程质量瑕疵应当明确一般瑕疵与重大瑕疵的区别。一般瑕疵通常存在于非地基基础工程或主体结构工程中,一般不会导致发包人的合同目的无法实现,发包人可以行使瑕疵修补请求权、减少报酬请求权等方式。

司法实践中,对工程质量瑕疵的处理,一般分为三个步骤:首先,法院需要查明是否存在瑕疵,由于工程质量问题十分专业,法院应当委托鉴定机构对涉案工程进行质量司法鉴定。一旦鉴定结果证明存在质量瑕疵,法院就可以依照鉴定意见来确定工程质量瑕疵存在的事实。其次,法院应当委托鉴定机构提出修复方案。最后,法院应当再委托鉴定机构根据修复方案进行造价司法鉴定,以便最终确定修复费用。对于一般瑕疵,使用上述处理方式是没有问题的,而重大瑕疵往往存在于地基基础工程或者主体结构工程之中,可能涉及基础和主体结构安全问题,可能使得发包人合同目的不能实现,这对于施工方讨要工程款来说,这是一个比较麻烦的事。

存在重大瑕疵的情况下,是否可以以此为由抗辩剩余工程款的支付?这是一个很实务的问题,司法实践中,肯定说和否定说并存,主流观点认为,验收合格后,只要重大瑕疵是可以修复的,就丧失了先履行抗辩权。主审法官是否持有这样的观点,我们心里没底儿,没底儿就是一种风险。

如前述,原告为施工单位,起诉被告(业主)追要剩余工程款,业主以工程存在严重质量问题为由提起反诉并申请质量鉴定,鉴定意见出来之后,法院向其释明做修复方案和修复费用的鉴定并预交鉴定费,但被告拒绝,法院技术鉴定室做了退卷处理。被告以质量鉴定意见为据变更了诉讼请求,要求拆除建筑物并要求赔偿因质量不合格导致的损失3亿元。关于要求拆除建筑物并要求赔偿因质量不合格导致的损失问题,不会得到支持,因为被告并没有提交需要拆除和实际损失已经发生的证据。

从鉴定意见来看,主要存在两个方面的质量问题,一是主体结构工程箍筋间距不符合设计要求,二是地下工程漏水。关于地下工程漏水问题,鉴定机构使用排除法推出结论认为属于施工原因造成,但没有直接证据证明。我的质疑是:排除法适用的前提是必须把所有可能的原因都排列出来,根据证据一一排除,剩下最有可能的一种原因,再针对这个原因寻找证据证明,如果找不到证据,这个原因只能是一种可能的原因。适用排除法存在的共性问题是,是否把全部的可能性都列举出来了?实务中没有办法排除这个疑问。本案除了存在这个共性问题之外,还存在证据不足的问题。所以,鉴定机构关于漏水原因的结论没有事实根据。关于漏水问题,这里还有一段很有意思的插曲。

平时地下工程是看不到漏水的,但是鉴定机构每次到现场勘查时都会发现有大量积水,但是看不出这些水是从哪里来的(注:鉴定机构的推论中就遗漏了人为放水的可能,即使在我方原告明确要求的情况下,鉴定机构也未列入)。于是有聪明人提议,装一个摄像头观察一下看看如何。大家依计行事，结果是效果很神奇。自从安装了摄像头，再也没有发现漏水和积水。摄像头能治漏水，业主显得很尴尬。

本案最关键的问题是验收合格并投入使用后，在主体结构确实存在质量缺陷，但是否影响结构安全，是否存在安全隐患，处于情况不明状态的情况下，是否可以行使先履行抗辩权？这是本案涉及的第二个问题。被告故意夸大主体结构安全问题，有意让法官心里产生阴影。在保修期内修复质量缺陷是施工方的法定义务，我们不会拒绝修复，但是我们担心的是，法官在此情况下会不会做出一个修复合格之后再支付剩余工程款的判决，在工程款支付之前再设置一个先履行抗辩权，裁判文书网里还真有这样的案例。我们的担心不是多余的。

接下来的问题是，如何破解法官的疑惑，说明不应再适用先履行抗辩权对抗剩余工程款的支付。

根据以往诉讼经验，类似的情况下，处理方式大概有：①法官就结构安全问题向鉴定机构询问，鉴定机构如果能说不影响正常使用，这个结论会直接影响法官的决策，但鉴定机构会发表什么意见不好预测。江湖险恶，步步惊心，我们必须小心翼翼，保证步步为营。②对涉案房屋进行结构安全性司法鉴定。③政府主管部门组织专家论证，出具专家论证意见。④施工方组织专家论证。

我们不知道法官持何种态度，这正是我们的风险所在。我们不能坐而论道，更不能坐以待毙，必须主动出击。我们聘请了工程结构专家袁海军先生作为专家辅助人出庭，主要意图就是要告诉法官，本案质量瑕疵并不影响主体结构安全，力图彻底打消法官的顾虑，让法官知道，这个楼房不会塌掉。

开庭前代理律师、当事人和袁海军先生进行了深入的沟通，袁海军先生做了十分充分的准备，分十几个问题要求鉴定人接受质询。为了取得直观的说明效果，我们根据鉴定意见标明的取证位置，进行破坏性检查。比如，鉴定机构用探测仪探测钢筋间距，我们在此位置凿出钢筋，用尺子实测出钢筋间距，发现仪器探测的间距明显不符合现场实际，错误十分明显，我们将现场实测过程及结果绘制成平面图，把鉴定机构的错误直观地呈献给法官，取得了良好的效果。

第二次开庭前，我们得知政府主管部门也就结构安全问题咨询了专家，并出具了书面的专家意见，得出了不存在结构安全隐患，也不影响安全使用的结论。这是一个令人振奋的消息，毫无疑问，这个专家意见比我们原告的任何辩解都更容易让法官相信，我们将专家意见的复印件交给了法庭。这个专家意见似乎让我们看到了胜利的曙光。

附：一审代理意见

鉴于，本律师的代理身份已被法庭确认，现代表我的当事人发表代理意见如下：

第一部分　关于本诉

一、涉案工程已经验收合格、结算并投入使用，被告已经失去了以工程质量对抗工程款支付的先履行抗辩权，工程款的支付条件已经成就，原告要求支付剩余工程款，符合法律规定。验收合格后即使出现工程质量问题，应进入保修阶段，也不影响工程款的支付。理由如下：

1. 涉案工程已于2014年5月验收合格，双方已经达成最终的结算协议，结算协议是对合同权利义务的总清算。双方在结算协议中，没有对质量、工期等问题提出任何异议。

《建设工程价款结算暂行办法》（财建〔2004〕369号）第十九条规定，发包人对工程质量有异议，已竣工验收或已竣工未验收但实际投入使用的工程，其质量争议按该工程保修合同执行。

就是说，只要经过了质量验收，发包方就失去了先履行抗辩权，发包方不能再以工程质量未经验收或不合格为由对抗整个工程款的支付。本案已经过验收并投入使用至今，支付工程款的条件早已具备，并且发包方已经支付过部分结算款。

关于本案，被告提起反诉并申请质量鉴定，鉴定报告出来之后，在法院释明进行修复方案和修复费用鉴定的情况下，被告拒绝鉴定，法院做了退卷处理，被告应当无条件地支付剩余工程款。

2. 本案鉴定报告达不到高度盖然性的最低证明标准，不能作为定案根据。

该鉴定报告存在不符合国家技术标准、测量不准、取证不充分等情形，其结论存在以偏概全等问题，达不到高度盖然性的最低证明标准，更不能证明存在结构安全问题，该报告不能作为定案的根据。

鉴定机构使用排除法认定漏水原因，没有直接证据支撑，属于证据不足，认定有误。

3. 关于本案，我们建议被告要理性参与诉讼。

【典型参考案例一】最高法院（2019）最高法民终××××号

甘肃某房地产开发有限公司与甘肃某建筑工程有限公司建设工程施工合同纠纷二审民事判决书。

裁判要旨：建设方提出拆除建筑物的诉请，经鉴定，不能证明需要拆除，法院释明对修复方案和修复费用进行鉴定，但开发商拒绝对修复方案和修复费用进行鉴定，坚持拆除的诉讼请求，最高法院驳回要求拆除的诉讼请求。

第二部分　关于反诉

一、在涉案房屋已经转让的情况下，被告无权房屋质量问题提出反诉，被告提起反诉系主体不适格。

1. 代理人认为，涉案房屋已经转让，即使存在质量问题，被告（反诉原告）无权就其他人的房屋质量问题提起反诉，无权要求拆除他人的房屋，也无权要求赔偿，其反诉主体不适格。

关于工程质量保证问题，法律规定了两个司法维权途径，一个是建设工程施工合同纠纷，另一个是商品房买卖合同纠纷。

按照《中华人民共和国建筑法》《建设工程质量管理条例》的规定，施工方对工程质量履行保证义务和保修义务。但是施工方的义务向谁履行，对谁负责？反过来说，谁（开发商还是购房人）有权利就工程质量问题提出主张和请求，要看是在哪个阶段。

（1）在涉案房屋没有转让的前提下，开发商可以根据《中华人民共和国建筑法》《建设工程质量管理条例》的规定，以涉案施工合同、保修证书为依据，向施工方主张权利，施工方应对开发商负责。

（2）在涉案房屋已经转让的情况下，受让方可以依据"商品房买卖合同"，基于房屋的质量问题向开发商提出权利请求。

最高院司法解释：《最高人民法院关于审理商品房买卖合同纠纷案件适用法律若干问题的解释》第十二条、第十三条：房屋交付使用后，房屋主体结构质量经核验确属不合格或因房屋质量问题严重影响正常居住使用，买受人请求解除合同和赔偿损失的，应予支持。

这是最高人民法院确定的质量赔偿请求权。谁有请求权？向谁主张权利？具体实现途径？提出什么样的请求？《城市房地产开发经营管理条例》《商品房销售管理办法》都做了同样的规定。

2. 从物权的角度讲，物权转让后，基于物权的请求权以及利益均应归于受让人。

该房屋已经整体转让，被告（反诉原告）基于该房屋的请求权也应一并转让。转让后被告（反诉原告）已经失去了请求权，受让方因获得了物权而享有请求权。

【典型参考案例二】（2012）通民终字第××××号

裁判要旨：由于本案审理过程中，案涉房屋已整体转让给案外人，基于该房屋所产生的相关请求权也一并转移，故某公司（开发商）基于房屋质量提起的反诉请求不能成立。

3. 如果允许被告提起反诉，就是侵犯了房屋受让人的诉权，就会让被告（反诉原告）获得超过房屋买卖对价的额外非法利益。而这部分利益应该属于房屋的受让人。

本案受让人并没有提出赔偿的请求，我们在这里讨论拆除别人的房子并就拆除别人的房子而对一个已经获得买卖房屋对价的开发企业进行赔偿，这是很滑稽的一件事。

即使房屋应该修复，也不应该是本案被告向施工方提出请求，更不应该向被告支付修复费用或履行保修义务，只能向房屋所有人支付修复费用或履行保修义务。

【典型参考案例三】（2018）辽12民终××××号

法院认为：涉案房屋现在已经投入使用，部分所有权已经进行转移，张某（开发商之一）提出的维修费用未实际发生，故对原审将修复费用直接判决给张某不当。

一、原告认为，被告无权就已经出售的房屋质量提出反诉主张赔偿，其反诉系主体不适格，应当驳回被告的反诉。

二、被告反诉请求赔偿巨额损失，没有事实根据，损失要以实际发生为准，目前尚未发生任何损失。所谓的损失并没有证据支撑。

三、除地基基础、主体结构工程外，其他均已经过了保修期，原告的合同义务及保修已经履行完毕。

综上所述，原告认为被告的反诉存在两个问题：一是主体不适格；二是既没有事实根据，也没有法律依据，请求驳回反诉，支持本诉，并尽快解除对我公司的巨额财产保全。

判决结果

2019年1月17日，收到区法院一审判决书，判决如下：支持原告诉讼请求，驳回被告的反诉请求。

总结

1. 本案虽有曲折，但结果让人踏实。本案的成功搞定，取决于律师和当事人的有效配合。在诉讼过程中，委托人主动维权，其员工勇于承担责任和风险，不把风险和责任推给律师。在此，王律师点赞。

2. 专家辅助人袁海军先生在本案中起到了很重要的作用，从技术角度展现了一个技术专家很高的科学素养，起到了律师起不到的作用，在此，王律师点赞。

3. 律师要盯紧每一个细节，否则，一不留神，就会被人钻了空子。千里之堤，溃于蚁穴，全部努力毁于一旦。在此，为律师点赞。

4. 很多案件，当事人会假想出很多困难，假想出很多影响案件审理的因素，其实可能没有那么复杂，坚信专业，深入案情，找到症结所在，尽心尽力，穷追猛打，善莫大焉。

（2020年2月1日草成于北京）

附：本案民事判决书文号：（2018）冀0608民初1240号

岂曰无衣　与子同仇

　　岂曰无衣　与子同袍
　　岂曰无衣　与子同仇
　　冬去春来兮
　　世间莽莽
　　疫情突起兮
　　天下惶惶
　　众生罹难兮
　　共赴国殇
　　鼓角争鸣兮
　　悲壮苍凉

　　岂曰无衣　与子同袍
　　岂曰无衣　与子偕作
　　病毒肆虐兮
　　不可阻挡
　　仓促应战兮
　　供应不畅
　　一方有难兮
　　八方出场
　　国士效力兮
　　德盖四方
　　千秋万代兮
　　风骨流芳

白衣天使兮

责任担当

逆行而上兮

奔赴前方

大爱无疆兮

救死扶伤

刀剑厮杀兮

苍凉悲壮

岂曰无衣　与子同袍

岂曰无衣　与子偕行

山川异域兮

天各一方

风月同天兮

咫尺相望

域外援手兮

邻里担当

众志成城兮

天下安康

岂曰无衣　与子同袍

岂曰无衣　与子偕作

战士浴血疆场

天使救死扶伤

兄弟姐妹爱一场

你我家国共担当

虽然远隔千万里

真情似水永流淌

虽然我看不清你的模样
但是口罩是你最亮丽的脸庞
看着你洁白的背影走向病房
就像樱花在春天里绽放
生命的意义在风中张扬
最美的季节
最美的时光
你把风月埋在心房
你把爱心留在病房

岂曰无衣　与子同袍
岂曰无衣　与子偕作
战士浴血疆场
天使救死扶伤
兄弟姐妹爱一场
你我家国共担当
虽然远隔千万里
真情似水永流淌
待到病毒休战
待到众生无恙
有缘人共赴
风花雪月梦一场

（2020年2月5日草成于北京家中）

齐梁故里　运河悠悠

　　一场大火几家愁

　　邻里起吴钩

　　证据不足下结论

　　事主迷茫

　　却无处诉求

　　夜里挑灯看卷

　　确实有些不对头

　　举首望江南

　　齐梁故里

　　运河悠悠

　　因为一起火灾事故引发的行政诉讼和民事赔偿诉讼案件，我接受当事人的委托，作为代理律师，来到了大运河畔的丹阳。

——题记

　　古有大禹治水，今有消防救火。

　　大禹治水早就成了久远的传说，而火灾事故却始终是社会新闻和日常生活的头等话题，尤其是经济发达的江南地区，事主们不注意或者忽视防灾减灾的生产建设，如抱薪救火，薪不尽，火不灭。

　　因为经济发展太快的缘故，江南的火灾较比北方更加频繁地发生着，虽说是水火不相容，但江南的水，总也压不住突如其来的大火。

因为一起火灾事故引发的行政诉讼和民事赔偿诉讼，我接受当事人的委托，来到了京杭大运河畔的丹阳。

我所到的一个镇就有147家企业，生产总量和税收比北方有的县城还高出很多。听当地人说，镇江每年的火灾有4成发生在丹阳，主要场所是工业厂房。凡事有利就有弊，这火灾事故大概就是经济发展迅猛但忽视消防安全所付出的代价。

这是一场发生在大运河畔的火灾事故。大火被扑灭了，工厂也没了，完好的厂房剩下的只有黑黢黢的钢筋水泥框架，独自站在淅淅沥沥的雨里，无可奈何地与风相伴。因火灾而遭受损失的人们，为了恢复生产，为了得到应有的赔偿，一场官司是少不了的。

打官司就是打证据，这第一份证据，也是非常关键的证据就是"火灾原因认定书"。按照《中华人民共和国消防法》的规定，只有消防机构出具的"火灾原因认定书"才被法律认可，也就是说除了消防机构，其他任何机构都没有权力做出火灾原因认定。不仅如此，《中华人民共和国消防法》第五十一条第三款明确规定："消防救援机构根据火灾现场勘验、调查情况和有关的检验、鉴定意见，及时制作火灾事故认定书，作为处理火灾事故的证据。"

既然可以直接作为证据使用，那么"火灾原因认定书"应该属于民事诉讼的哪一种证据呢？按照《中华人民共和国民事诉讼法》的规定，民事诉讼证据包括：当事人的陈述；书证；物证；视听资料；电子数据；证人证言；鉴定意见；勘验笔录。我认为"火灾原因认定书"不属于八重证据中的任何一种，从其性质以及形成过程和内容构成来看，更接近于鉴定意见。但是从民事诉讼法允许当事人对鉴定意见的质证和救济途径来看，又和鉴定意见有着本质的不同。比如，当事人可以要求鉴定人出庭接受质询，是否可以要求火灾原因认定人员出庭接受质询，并没有规定。再比如，当事人对鉴定意见的瑕疵，可以要求通过补正、补充鉴定或者补充质证、重新质证等方法解决；再比如，当事人对鉴定意见可以要求重新鉴定；再比如，当事人可以对鉴定人的资质提出质疑等等。另外，还规定了鉴定意见不能作为证据使用的几种情形。还规定了人民法院对鉴定人出具的鉴定书，应当审查是否具有下列内容：委托法院的名称；委托鉴定的内容、要求；鉴定材料；鉴定所依据的原理、方法；对鉴定过程的说明；鉴定意见；承诺书。但火灾原因认定不适用上述质证和审查程序。

如果当事人对火灾原因认定不服，只能按照公安部的规定申请复核。如果在公安消防机构复核之后，仍然对火灾原因认定存在异议如何处理？最高人民法院关于适用《中华人民共和国保险法》若干问题的解释（二）第十八条规定："行政管理部门依据法律规定制作的交通事故认定书、火灾事故认定书等，人民法院应当依法审查并确认其相应的证明力，但有相反证据能够推翻的除外"。从该司法解释来看，法院是把"火灾原因认定书"作为民事诉讼的证据来看待的，但没有具体说明"火灾原因认定书"究竟属于民事诉讼证据的哪一种，这样就会造成一种后果，就是让当事人找不到质证的突破口，法官也没有审查的关键点。"但有相反证据能够推翻的除外"，那么"相反证据"究竟是一个什么概念？谁能有"相反的证据"推翻只有消防机构才有权出具的"火灾事故认定书"呢？实务中鲜有被推翻的案例，"火灾原因认定书"被用作民事诉讼的证据，基本上都是铁板上钉钉的事情。司法解释给出的这个逻辑对当事人极其不利，等于是司法认定了"火灾原因认定书"的证据作用后，让当事人举反证，看似有路，其实此路不通。从消防法的规定和司法实践来看，当事人通过诉讼质证的方式推翻或改变"火灾原因认定书"认定的起火原因基本没戏。

司法实务中，火灾原因认定行为虽然不可诉，但是对火灾事故调查报告的批复是可诉的。浙江省高级人民法院在案例（2019）浙行终 59 号中认为：对火灾事故调查报告的批复虽然内容未包含直接处理决定，并在刑事诉讼中作为证据使用，但不能因此得出对相对人合法权益不产生确定影响的结论，进而否定其可诉性。是否属于行政诉讼受案范围，关键应从批复的本质特征、法律效果判断是否属于；对相对人的权利义务产生实际影响的行政行为（案号：一审：（2018）浙 07 行初 227 号；二审：（2019）浙行终 59 号）。这是我国司法案例对火灾事故调查报告的批复的可诉性做出的肯定。问题是，即使对火灾事故调查报告的批复是可诉的，但仍然攻不破"'火灾原因认定书'不可诉"这个堡垒，批复的可诉也只是涉及责任认定部分，而不涉及火灾原因认定部分，否则的话，立法者的封堵用心全都白费。立法者的用心非常清楚，证据只是证明某一事实的，并没有确定法律责任，所以不可诉，我想立法者一定是忘了消防机构的行政管理职责。

作为民事诉讼的被告，为了维护我们的权利，我们积极应诉并提起了反诉。对于我们的反诉，房东很气愤，就连法官都不理解。他们认为因为你的工厂着火，将房东的房子烧毁，人家房东作为受害方起诉你是正当的，怎么你还要反咬一口，反诉人家房东呢，你这是什么道理？其实，这是一个很简单的问题，一说就明白了。火灾的发生和形成是两个阶段，火灾的发生是因为有人引发燃烧，最后成灾是因为有蔓延、扩大的因素，引发燃烧和导致蔓延、扩大成灾的因素都应该承担民事责任。事主因过错引发燃烧自然要承担责任，但是导致火灾蔓延、扩大的因素，如消防车道、没有消防栓、消防栓里没有水等，其建设者、管理者等都应当承担相应的民事责任。导致火灾蔓延、扩大的因素叫灾害成因，灾害成因是消防的一个专业术语。法官和律师在办理火灾事故民事赔偿案件时最容易忽略的就是灾害成因层面的过错，这正是法官和受害人对肇事方提出反诉不理解的主要原因。灾害成因要从消防设计开始查找，主要依据就是消防设计规范等等。

作为行政诉讼的原告，我们深知火灾原因认定结论是确定民事责任的直接证据，我们也知道民事诉讼改变不了火灾原因认定结论，但火灾原因认定结论错误，责任认定也就会发生错误，最终就会让当事人承担本不该承担的民事责任。基于上述考虑，我们起诉了消防机构，寄希望于行政诉讼改正火灾原因认定的错误结论，知其不可而为之。

关于案件的诉讼进程和结果，都在法律文书及相关的判决书和裁定书里，感兴趣的朋友可以找我进行深度交流。

借着办案的机会，我多次来到江苏丹阳。在我来这儿之前，李白也到过这里。酒足饭饱之后，老李便匆匆忙忙地去山东，寻他的兰陵美酒去了。临走之时李白给丹阳人留下了一首诗，叫作《丁督护歌》："云阳上征去，两岸饶商贾。吴牛喘月时，拖船一何苦。水浊不可饮，壶浆半成土。一唱督护歌，心摧泪如雨。万人凿磐石，无由达江浒。君看石芒砀，掩泪悲千古。"这首诗算作李白对丹阳人和丹阳美酒的回馈，也证明自己曾经到此一游。

丹阳这地方，人勤地沃，农桑发达，历史上曾经有着"七省要冲，邮传往来，最为繁剧"的交通区位优势。这里是吴越文化的发源地之一。吴越文化既有钱塘江大气雄浑的浩荡之气，又有"激昂大义，蹈死不顾"的英雄气概，更有小桥流水的诗性审美情怀。丹阳地处长江三角洲核心地带，离常州、镇江、上海都不远，得天独厚的地理位置，为当地经济的发展营造了很好的氛围，虽说是一个县级市，经济发展的实力却不可小觑。处在富人圈里，满街都是土豪，只要头脑灵活，再加上勤奋、不懒惰，离吃喝嫖赌远一点儿，丹阳人发财便是自然而然的事了，不发财就没有天理了。

除了得天独厚的地理位置和经济发展实力，丹阳还有着宏大的历史背景，这里是中国历史上出产皇帝最多的地方。西汉相国萧何第24世孙萧道成建立了南北朝时期的齐朝，第25世孙萧衍建立了南北朝时期的梁朝，就这萧氏两朝齐刷刷、硬生生地出了共计15位帝王，丹阳也因此被赋予了"齐梁故里"之称。萧何的优秀基因既隐蔽又顽强地从西汉一直传递到南北朝，从从容容地在后人身上大放异彩。试想，当初如果刘邦知道萧何的血液里流动着帝王的基因，估计萧氏就没有传承下去的机会了，历史上也就不会有萧氏齐梁两朝的出现了。当然出皇帝不一定是什么好事儿，尤其是齐梁这两朝。吴敬梓在《儒林外史》第二十九回中说："本朝若不是永乐振作一番，信着建文软弱，久已弄成个齐梁世界了。"据说正是由于齐梁政治的腐败，导致国势不振，统治时间都很短，后人以"齐梁"指奢靡衰败的局势。一个朝代的名号能够成为腐败的代名词，这种境界在历史上也算是独一无二了。

齐梁故里所在地叫万绥镇，据说"万绥"这名字还是李世民强行给改的。想当年，李世民扫平四方，登基成龙。坐在宝座上的皇帝虽然有着成功的快感，但心里总是不踏实，因为他们知道想当皇帝的人太多太多了。拿着放大镜环顾四海，他惊讶地发现常州西北有一镇名曰"万岁"，这里居然接连出过两朝皇帝，李世民唏嘘不已，后背发凉。为使大唐帝国江山永固，他特意请来了江湖排名第一的风水大师隆重出招儿。风水先生用尽平生绝学，整理了一份尽职调查报告，最后建议：用一巨印镇盖之，以压住这里的皇气。于是"万岁"镇被李世民强行改名为"万绥"镇，取绥靖、镇压之意。随后下令建一方形状东岳庙，宛若盖上一枚大印，以泰山压顶之势镇住别人家的帝气。你还别说，自打李世民的巨印镇盖之后，万绥镇还真是再没出过皇帝。但是李世民想不到的是，只要封建制度在，巨印压得住帝气，却压不住皇根，当一个朝代风雨飘摇的时候，想当皇帝的人就会像雨后春笋一样冒出来，只不过是风水轮流转，宝座儿不一定落到谁家。

据当地人讲，乾隆下江南的时候，曾经想迁都到丹阳，问过风水先生后得知，在此定都必须符合一个条件，那就是此地要有十条龙，乾隆数来数去只数出九条来，定都的想法也只好作罢。原来，乾隆忘了把自己数进去，所以只有九条龙。当然，这只是笑谈，自以为是的皇帝怎么可能把自己忘了，只视别人为龙呢，这个故事显然是在娱乐，而且特别符合民间的娱乐方式。

这里除了皇帝，还出过很多的名臣将相，名儒大家更是灿如星辰，这些历史人物让丹阳的历史和人文更加丰富多彩。

我站在云阳大桥上，河水在我的脚下流动，货船穿梭往来于河中。一杯丹阳封缸老酒，道不尽小城的千年往事，一条大运河连接起数个王朝的国家战略，经过历朝历代的多次整治和疏浚，形成了集灌溉、防洪、运输等多种功能于一体的水上运输动脉。大运河经过之处，或成为经济传奇，或称为文化圣地，没有官府的傲慢，没有尘世的戾气。

我站在大运河边，看着滔滔的流水，我的目光被运输的船舶牵引到远方，一群穿越时空的谋划者和建设者向我走来。

春秋末期，吴王夫差为了北上伐齐，开凿了邗沟东道。夫差怎么也不会想到，他奠基剪彩的工程在后来的历朝历代都上升到国家战略，经过数个朝代的开凿，终于形成南北通畅的大运河。毫无疑问，夫差是大运河工程"第一锹"的开挖者和奠基者。

如果说夫差开挖邗沟只是考虑军事目的的话，那么隋炀帝杨广就更加地深谋远虑了。杨广还没有当皇帝的时候，一条南北贯通的大运河就已经在他心中汹涌澎湃起来了，这绝对是一个穿越时空的伟大构想，这也注定是一场改变隋朝政治格局、经济格局的伟大工程。除了政治和军事，杨广深知，要想富先修路的道理，这路不仅包括陆路，也包括水路，水路成本是最低的，省过桥费，因为船是从桥底下过的，不需要从桥上走。杨广清醒地认识到，经过多年的治理，吴越早已不是北方民族眼中的那个蛮夷之地，那里富裕的程度和精致的生活方式已经远非北方能比。打通南北漕运大通道，鱼米江南就会变为整个大隋帝国源源不断的财富来源。这一行动让杨广成为中国历史上最早关注江南的北方皇帝，且没有之一。历史证明，杨广因为同时开工的工程和军事行动太多，完全沉浸在成功后的喜悦之中，而看不到黎民的疾苦，听不到民工的哀号，为隋朝的倒台掘好了坟墓。

沿大运河北上，扑面而来的是宋代开封。一幅汴河的繁华旧梦在《清明上河图》中徐徐展开。这里的市井氛围很热闹，宋朝老大妈的广场舞也很热烈，这里的灯红酒绿，这里的声色犬马，这里的富丽甲天下，王朝的重要命脉，都得益于大运河通达的漕运。

关于漕运的重要作用，宋人张方平一语道破："今日之势，国依兵而立，兵以食为命，食以漕运为本。"梁启超说："漕运盛，则运河旺，运河旺，则城镇发达，城镇发达，则国发达。"可见，漕运对城镇盛衰的影响也最为明显。漕运对一国之政治、军事、经济、民生、南北文化交流、工农业、商业的作用有着非常明显甚至决定性的影响。

镇江是南北漕运的重要枢纽，京杭大运河南段和长江在镇江交汇，长江以南的货物全部都在这里中转。想当年，英军占领镇江后，正是掐住了清廷的咽喉，清廷才被迫签订了《南京条约》。历史证明，漕运是历朝历代的命脉所系，大运河是历朝历代的一条国运之河。

"云光水色潞河秋，满径槐花感旧游。无恙蒲帆新雨后，一枝塔影认通州"。从遥远的江南出发，沿京杭大运路，一路北上，驶过了镇江、扬州、高邮、淮安、徐州、济宁、聊城、临清、德州、沧州、天津。经过一个多月的舟船劳顿，在疲惫中抬眼望去，一座燃灯塔矗立在前方，心中一亮，通州到了。通州到北京就只有咫尺之遥了，元朝的大旗下，威风凛凛的忽必烈站在通惠河畔，收下来自江南的山川日月，春夏秋冬，充盈着国库，维系着庞大的军事开支，支撑起大元朝。

中华民族最伟大的智慧和优良品格都和水有直接关系。上善若水，水善利万物而不争。滋养万物，动静自然，但又蕴藏着自然界强大的力量。这大运河的水，流淌了几千年，在自然流淌中滋润着大地，养育着万物，给芸芸众生以生存的力量。造福人类，滋润万物，成为一种习惯，是它自然的品性，对芸芸众生都待以平等的关照。

翻遍中国历史，我发现大禹治水是最具中华民族政治智慧的历史进步事件。大禹治水彰显"治"和"理"的有机结合，手段透明，效果良好，治理有方，疏解有道，道法水的自然属性，大禹省了力气，水也欢畅，造福世人，老百姓也跟着受益。

往事越千年，时过境迁。随着航空铁路等现代运输方式的发展，京杭大运河的运输功能逐渐退去，曾经的军事之河，漕运之河，经济之河，政治之河，民生之河，国运之河，如今，已经演变成一条文化之河，历史之河，时光之河。

大运河默默流淌着，从古到今，穿越万丈红尘，携着血雨腥风，烟云浩荡化作沉寂的历史，化作平静的河水。丹阳人守候着大运河，创造者沿岸新的繁荣，守候着大运河的历史，守候着大运河波澜不惊而又滔滔不绝的千古传奇。

让众生平安白头

岁月的车轮，在梦想的牵引下奋力地向前翻滚，无情地将2018碾压成脚下的过往。春夏秋冬，年复一年，转眼又生发出一个全新的模样，是好是坏，是喜是忧，我们不知道如何去衡量。

回望2018，为2019找个方向。

这一年，我们的日子，依旧在成堆的案卷中，走在突围的路上。

这一年，我们的脚步，依旧在匆匆的忙碌中，坚定地迈向远方。

这一年，我们四处奔波，只要有法庭的地方，都会有我们的身影。司法的公平正义，我们用心体会，用脚丈量。

这一年，我们继续检验着"让群众在每一个案件中感受到公平正义"这样一个美好目标的现实状况。

这一年，作为战斗在诉讼第一线的诉讼律师，更希望在自己承办的每一起普通案件中感受到公平和正义的力量，而不是从一些让人家破人亡的故事中吞咽太平盛世带来的悲情与凄凉。

这一年，我们闯关东，下江南，走西口，也到过东南的一些地方。东西南北中，我们的眼底收藏着各地的司法万象。

这一年，我们面对着判决结果，在欣慰的同时也会留下些许的遗憾和忧伤。

这一年，我们怒不可遏时，也会跺脚骂娘。

这一年，我们得意忘形时，让心情在二锅头里放浪。

这一年，我们结束了一些旧案，接手了一些新案，又奔赴新的战场，在一个个新案中重拾司法公正的梦想。

这一年，我们继续负重前行，偶尔想想深埋在心中的理想。

这一年，我们继续，苦心智、劳筋骨，从不奢望权利从天而降。

这一年，职业的自豪感，依旧在司法的荒漠中续写着人间苍凉。

这一年，我们勇往直前，脚步从不彷徨。即使世界变成荒漠，我们依然坚守着心中那一抹绿意葱茏的梦想。

这一年，我们继续带着纯真，践行理想，带着梦想进出荒凉。

这一年，我们依然坚信，司法公正的路，即使再拥堵，最终也会变得通畅。

这一年，我们继续从天地正义中，吸取着大气磅礴的力量。

这一年，我们跋山涉水，翻山越岭，不屈不挠，只为委托人的利益得到保障。

这一年，我们挑灯夜战，把堆积如山的文件看得通透，只希望把代理工作做得更加漂亮。

这一年，我们要学习很多新东西，鬓发斑白中，青春依旧飞扬。

这一年，我们通过倾听案件背后的故事，继续体会人性的善恶，世态炎凉。

这一年，又有几个律师同行英年早逝，把遗憾留在追寻的路上。

这一年，又有几个同行被吊销律师执照，被迫卸下战袍离开庭堂。

这一年，又有更多的人走进律师队伍，他（她）们依旧怀揣梦想。

这一年，你年过半百，在大风中高唱着《从头再来》的悲情与豪壮。

这一年，你青春年少，你用自信披挂战袍，踏进律师战场。

这一年，很多权利虽然涂抹得很漂亮，却只是作为口号挂在墙上。

这一年，有一种拖延叫诉调对接，法院调来调去导致我的案子总也立不上。当事人实在着急，说你这么大律师怎么就没有能量。我欲哭无泪，闭眼抬头向天望：明天我就去找院长。

这一年，环保政策出台亮相，导致建材供不应求价格凶猛上涨。都是雾霾惹的祸呀，你是何方神圣，你到底来自何方？

这一年，公务员们陆续进着局子，反复证明着一个极其无聊的事实，那就是：要是没有制约，村干部们个个都是皇上。

我突然想到，战败后的侵略者，经过几十年的发愤图强，又胆敢来兴风作浪，难道真的是制度给了他们力量？

这一年，我们也利用办案的机会，游览了很多地方，心情爽朗的时候也会继续写下一些文字，或闷骚卖弄，或文采飞扬，或自娱自乐，或偶现智慧的灵光。

这一年，我们风餐露宿，从家人的关照中获取遮风挡雨的力量。

这一年，少吃肉少喝酒，尽量不吃海鲜和烧烤，尿酸开始下降。

这一年，飞来飞去远涉他乡，不管你走多远，等你回家吃饭的总是孩子她娘。

告别2018，新的一年开始，总要表达一点希望：

我希望，法律规则变得越来越简单，普通百姓根据事实也能作出判断和利弊衡量。司法本来应该是一种明白无误的规则，显示一种直来直去的力量。我希望，不要总是绕来绕去，把人玩儿得头破血流，天地苍茫。

只有当权者，直视规则，尊重法律，法律才会被信仰。

及时高效才是公平正义应有的温度和善良，迟来的公平正义永远填不平当事人内心的创伤。

我们的城市都是钢筋水泥做成的墙,城市管理充满了野蛮的粗暴和粗放,让人感受到的都是冰冷,应有的精致只能挂在嘴上。司法陷入城市管理的粗暴和漠不关心,只能是雪上加霜。

我希望,公平和正义像千手观音的无数双手,随时伸向人们需要的每一个地方,将悲悯的情怀在司法公正中分享。

我希望,司法公正像一条条自然流动的小溪,密密麻麻地流淌在中华大地的每一个地方,司法公正就像渴望阳光,透过石板间斑驳的裂缝照进并温暖每一个人的心房。

突然看到一首不知道名字的老歌,我站在风中,请和我一起吟唱:

> 今天的我
> 在寒夜里看雪飘过
> 让冷却的心窝飘向远方
> 风雨里追赶
> 雾里分不清影踪
> 海阔天空
> 你与我可会变
> 多少次
> 迎着冷眼与嘲笑
> 从没有放弃过心中的理想
> 天地间任我展翅高飞
> 风中挥舞狂乱的双手
> 写下灿烂的诗篇
> 不管有多么疲倦
> 一生要走多远的路
> 经过多少年

才能走到终点
梦想需要蹉跎多久
才能慢慢变得亮堂

(2018 年 12 月 22 日闲暇草成于北京)

绿皮火车的记忆

大抵年轻人都是生活在奔忙里，一路向前，义无反顾的。而有一些生活阅历的人，却习惯生活在经验里，即使向前走着，也总是拿现在的事和过去作对比，比如这高铁和绿皮火车，从对比中，感叹时代变迁，人生苦短，时光易逝。

绿皮火车对于我是一种回忆，是我大学时代很深的记忆，也是这个国家一个时代的印记，而高铁则是一种现代生活的节奏，是时代的进步，有着绿皮火车无法比拟的高效率。

每当我坐着高铁出差到外地办案的时候，我总会想起过去的绿皮火车，想起火车铁轨两旁那些笔直的杉树。

1983年，我参加高考，考上了东北的一所大学。

那是一趟开往春天的绿皮火车，载着我，去实现我的青春梦想；那是一趟从外地开往河北老家的绿皮火车，放假的时候，一路送我回到生我养我的地方。

我乘坐的火车，是从大连到北京的，辽宁大连是始发站，路过我读大学的钢城鞍山，我从鞍山上车从来都是买不到座位的，这就意味着我要从鞍山一直站立到北京，这是大约一天一夜的路程。现在想起来绝对是个要命的事儿，但是在当时就是这么走过来的。我相信在当时上过大学的人都会有过类似的这种经历和感受。那时候火车上都是人挨人，人挤人的，很像现在高峰时段的北京地铁，即使站立着，也没有什么好姿势。即使你能抓住某个地方作支撑，也会被挤成各种造型，身体不能达到自由放松的状态，一旦抬起脚来，想再放下是很难的，因为别人的脚趁机已经占了你的地方，你只能试着慢慢地再落地。上厕所也是一件很艰难的事，人挨人，人挤人，想挤到厕所去，是要大费一番力气的。能够有一个地方站立，似乎比上厕所更重要，除非你实在憋不住，到了要憋炸的程度。能够躲到座位底下，铺上几张报纸，躺下来也算是一件很幸福的事儿，虽然空间受限，但毕竟少了拥挤之苦。四年的梦想之旅，四年的回乡之旅，就是这样站立着，挨过了一站又一站，挨过了一个学期又一个学期，挨过了我大学的四年时光，梦想虽然没有实现，却无数次被挤出了满身大汗。

1986年的寒假，我从辽宁鞍山回河北老家，那次意外地买到了一个座位，欣喜若狂地踏上了回家的路，这是我大学四年中唯一的一次有座位的旅途。作为一个无数次忍受过拥挤之苦的过来人，坐在自己的座位上，看着那些没有座位的人，心里的那份得意是可想而知的，甚至有些幸灾乐祸的感觉了。坐在座位上，想闭眼就闭眼，想看谁就看谁的感觉真是轻松惬意和快乐的。当我去一趟厕所的时候，一定会有人迫不及待地临时坐在这个座位上，当我回来的时候，那个人立即给我让出座位，那时候的人很傻，还不知道什么叫"霸座儿"。在拥挤的人山人海中得到的那种被让座的礼遇是多么的快乐无比，就像享受着一种令人艳羡的强大无比的特权一样使内心满足。也就是在那一次，让我有了平生第一次被忽悠的经历。

我轻松地坐在我的座位上，在我的旁边站着四五个人，看上去应该是一起出差的，其中的一个人主动而热情地找我聊天。问我是做什么的，我说我是刚从大学放假回河北老家的。然后他问我读几年级，我说大学第四年明年就要毕业了。那人接着问："毕业去定向了吗？"我说还没有，要等待毕业分配。那人继续问，愿意去深圳吗？我不假思索地回答说当然愿意。那个时候，去深圳工作是很多年轻人的梦想，只是苦于没有路径。那人对其中的一个女的说："张处长，你那里不是正在招人吗，考虑考虑这个小伙子吧，看上去还不错。"女的虽然端着一点儿领导的架子，但还是表现出和蔼可亲的样子，看了我一眼，然后轻描淡写地问我一些情况，诸如，哪个学校上大学，学的什么专业，学习成绩如何，家在哪里，有没有女朋友之类的。张处长一边点头一边说可以考虑，然后对其中一个男的说："赵科长给这个小伙子留个电话吧"。赵科长马上在一个纸条上写了一个电话号码。我如获至宝地收起纸条，感觉很快就要到深圳工作了。我生怕电话号码写错，又跟那个男的仔细核对了一遍，当我确信电话号码没有错误的时候，我便诚惶诚恐地站起来，要把座位让给张处长，一开始张处长很客气，说什么都不坐，但是架不住我真诚地再三让座，再加上旁边那几个男的也开始劝张处长坐在我的座位上，最后女处长才有些不好意思地坐到我的座位上。就这样，张处长一直坐到北京，下车时，女处长等一行人一再向我道谢，其中给我电话号码的那个男的还再三叮嘱我一定要给张处长打电话。我千恩万谢着告别了张处长一行人等，走出车站，高高兴兴回到家里。四五天过去了，我估计张处长她们也应该回到深圳了，我就去拨打那个让我充满希望的电话，拨打了好几遍之后才知道原来是个空号，原来根本就没有这个电话号码。当时还没有"忽悠"这个词，多少年之后，当我在中央电视台看到赵本山的小品《卖拐》的时候，凭着我那次上当的经验垫底儿，我一点都没感到惊讶，因为在十几年之前，我早就被人家忽悠过了。当时的那几个人，事先也没有策划，没有沟通，也没有剧本，只是即兴的自然表演，就不漏任何痕迹地达到了很好的效果，只有老江湖老戏骨才能做得到。这是我在大学阶段，关于绿皮火车的记忆。

也正是因为有了那次被忽悠的经历，在以后的日子里，除了当事人和律师同行，我再也没有被其他人骗过。

后来我大学毕业了，被分配到河北唐钢，在以后的很多年里，出差依然要坐绿皮火车，只不过单位买票可以买到卧铺了，比大学阶段的条件改善了不少，再也没有站着乘坐火车的经历。

记得有一次出差去安徽，又一次乘坐绿皮火车，那次的阜阳火车站给我留下深刻印象，算是绿皮火车的又一次经历。

　　那是我还在河北唐钢作工程师的时候，有一次老武（现在这家伙是个大领导了）带着我一起去阜阳的一家涡轮风机生产厂家联系业务。厂家见到客户来访，自然是很热情的，厂长一干人等都放下其他工作陪我们一起参观厂里的生产线。临近中午的时候，厂长把我们带到食堂陪我们一起吃饭。谈笑间，菜已经上了一大部分，于是厂长首先热情举杯，一盅酒一饮而尽，算是拉开了饮酒的序幕，三盅酒过后，厂长主动介绍了销售科女科长。那时候，阜阳本地有一种白酒叫高炉双轮池，是在中央电视台做过广告的，所以我们外地人都知道这个品牌的白酒，在原产地能喝到这种名酒，感觉很不错。那一次喝的就是高炉双轮池，现在已经没有了这个品牌。三盅酒过后的女科长，脸颊已经开始泛红，江南女子的妩媚，已经开始在酒桌上荡漾。女科长用一个很大的玻璃杯倒了满满一杯白酒，最少有三四两吧，端起酒杯笑盈盈地跟我们一一碰杯，然后一饮而尽。此时此刻，那一份豪爽跟妩媚一点关系都没有，吓得我等只好用耍赖的方式拒绝干杯。

　　从能否擅饮的角度讲，女人大抵分成两种，一种是特别能饮酒的人，比如美丽的女科长，另一种是滴酒不沾的人。遇到女科长这样的人，喝酒要一定小心，即使耍赖，也不能让自己喝趴下。遇到另一种，可以放开了喝。这个女科长就属于第一种。大概一个不能饮酒的人是做不了销售的，海量地饮酒，美丽的容貌，成就了女科长。

　　告别了厂长、女科长，我们准备乘火车去唐山。当我们在阜阳车站等待乘车的时候，壮观的场面发生了。这里出行的人大多以蛇皮袋子装行李，两三个行李，一条扁担挑在肩上，人多到拥挤不堪，上车不能走车门，直接从窗户爬进车厢。如果拍摄逃荒的镜头，都不需要化妆的演员，直接拍摄就可以了，每个人都像在逃荒。检票人员站在残缺不全的墙头上,悠闲地走来走去,看着乱挤乱撞的乘客,似乎已经见怪不怪。这是我对阜阳这座城市的第一印象。虽然过去了很多年,但类似于逃荒的镜头,拥挤不堪的人群,将蛇皮袋子塞进车窗,绿皮火车要被撑爆的壮观场面至今历历在目。据说后来阜阳的城市建设已经发生了翻天覆地的变化,只是我没有机会再去过那个城市。

在我大学的四年时光里,除了绿皮火车,记忆最深的还有火车铁轨两旁的杉树。那些挺拔的杉树,被栽种在铁路两旁沿线,笔直地向上生长,绝无旁逸斜出,像极了人类的品质。因为高铁线路和绿皮车的线路不一致,自从有了高铁之后,再也没有乘坐过绿皮火车,也就再没有见到过那些笔直的杉树。

火车在飞奔,社会在进步,绿皮火车换成了高铁,那些和我同时代乘坐绿皮车的年轻人们也逐渐变老,高铁已经成为重工业的名片,高铁是时代的象征,在享受高铁快捷高效的同时,可我时常想起那见站即停,速度像蜗牛一样的绿皮火车,时常想起火车铁轨两旁不惧风雨挺拔向上的正直的杉树。

(2019年4月25日草成于北京南站)

走马观花叹吴哥

当周达观将一份详尽的军事尽职调查报告《真腊风土记》交给元皇帝的时候，元大都最高领导层都沸腾了，尤其是那些一直急于建功立业的年轻将军们更是跃跃欲试，滚烫的热血沸腾着直撞到脑门儿上，恨不得一夜之间踏平这座石头城，把大元朝的战旗插在这座城堡的最高处，让悠扬的马头琴曲在嘶鸣的战马上随着战旗一起高高飘扬。年轻将军们对吴哥国的繁华垂涎欲滴是有缘由的，老将军们早就从往日的征战中获得了第一桶金或数桶金，还有数不清的娇妻美妾，而年轻将军们一直在血脉偾张地等待机会。

回到几年前，元朝也曾攻打过真腊（即今之柬埔寨），因受地理及气候所阻，入侵未遂。武攻不行，元廷就改用威迫的方法逼其归顺。几封措辞严厉的招降文书送到之后，发现这吴哥国王牛得不得了，不仅不臣服，还号称自己是什么宇宙之王。"狂妄！狂妄至极！"将军们借着酒劲儿把酒店的桌子拍得稀烂，直到手疼了才停止。"想在老子面前称王，还要问问我的弯刀答不答应。试问弯刀应不许？咔嚓，咔嚓！"元朝大哥很生气，尤其是想到真腊一直和南宋勾勾搭搭，似乎有所倚仗，现在南宋已被我灭了，你居然还不投降。真腊人你知道这么做的后果吗？将军们发誓一定要马踏吴哥国，削平石头城，在吴哥城的护城河边吃着火锅欣赏真腊人男女混浴。

既然陆路进攻风险大，这仗还一定要打，那就必须另辟蹊径。崖山海战大捷，给南宋毁灭性打击，南宋小皇帝投海殉国，宣示了南宋朝廷的彻底灭亡，这场战争说明大元朝海军还是相当了得，于是最高层决定通过海路进攻。

愤怒归愤怒，咬牙归咬牙，跺脚归跺脚，骂街归骂街，拍桌子归拍桌子。有着多年征战经验的大元朝绝不会贸然进兵。知彼知己，百战不殆。早就谙熟孙子兵法精要的指挥者们，首先要派人做详细的军事侦察，制订好进军路线图和详细的作战计划，这是大战之前必须要做好的功课，用最小的代价换取最大的胜利。

派谁完成这一尽职调查任务呢？经过层层帅选，周达观进入了朝廷的视野。为什么会看好周达观？主要出于几个考虑，首先，周达观的公开身份是地理学家，是一位学者，考察地理是他分内的事，一般不会引起怀疑，这个身份是一个很好的掩护，地理考察的结果完全可以用于军事；其二，周达观并非裸官，妻儿老小都在国内，且房产存款也都在境内，出去之后不用担心他不回来；其三，这一任务充满危险，要么随时葬身海底，要么被扣留。周达观既不是官二代，也不是富二代，即使葬身海底或被扣留也没什么可惜，再者周达观有着建功立业的愿望；其四，周达观乃温州人，有航海经验，熟悉海上航行。周达观本人也愿意接受这一任务，为了建功异域，曾自比张骞，愿意为元皇帝对外扩张服务，主动要求出访。在他看来，国内已经走遍了，出国还是第一次，这是实现自己人生梦想的一次机遇，说不定还能为温州人开辟一条海上通商之路。就是在这样一个背景下，周达观接受了这项任务。

周达观通过大都天象台查询天气预报，发现近一年内没有台风和恶劣天气。在一个风和日暖的早晨，周达观辞别了家人，乘船从温州出发，经海路至吴哥国登岸。周达观此行的公开身份是地理学家兼元朝的商务使者，其实是受大元朝组织上的派遣去执行一项特殊任务，进行军事尽职调查，同行的其他团员没有人知道他此行的真正目的，这是一个高度保密的任务，也是出于对他安全的考虑。

周达观到吴哥后，尽自己所能，利用自己地理学家及商务代表的特殊身份和真腊的各个阶层取得联系，目的就是借机收集各种情报。

周达观还利用国王举行招待酒会的机会曾经五次进入皇宫，凡是能够参观的地方，周达观都看得很仔细，尤其是对皇宫的内部结构，进出门的具体方位，几座大门用的都是什么型号的锁，门后有几根顶门杠，顶门杠是什么材料做的，是圆的还是方的，多大尺寸，有多少人把守，宫墙的大致高度等等，都熟记在心。

由于天气的原因，周达观逗留吴哥城已经有一年多的时间了。今天他又行走在吴哥的大街上，已经记不清这是他来到吴哥城后第多少次行走了，一来他要散解心中的烦躁，二来他要看透这城里城外的一砖一瓦。他越来越感到这是一处繁华的所在，单就这皇宫，其奢华、气派的程度很值得大元朝的铁骑弯刀踏足挥舞一番。

周达观将自己的所见、所闻、所感写成了一篇详尽的调查报告，也就是开头所述的《真腊风土记》。仅约8500字的游记，内容却很详细。看似是一篇游记，其实是一篇军事勘察报告，文中有描绘吴哥城的建筑和雕刻艺术，详细叙述了当地居民的生活、经济、文化习俗、语言，并记载了真腊的山川、物产等等。从《真腊风土记》内容来看，周达观不仅是一位出色的地理学家，更是一位军事观察家，同时也是性情中人。在完成组织上交办的军事勘察任务的基础上，还能了解一些风土民情，比如，真腊人有在护城河里男女共浴的习俗，站在岸上观看甚至装作柬埔寨人亲自跳入河中体验的一般都是中国人等等。周达观还了解到共浴不分高低贵贱，贩夫走卒和公务员可以在一条河里赤身裸体，但是长辈和晚辈是必须回避，不能共浴。老周觉得这样一个既不违背伦理道德，又很开放的风俗确实是一个不错的好风俗。

周达观带回来的消息一下子又点燃了将军们的希望。元廷很快下达了具体的作战计划，包括详细的发兵时间表，把进攻的时间点选在庄稼快收割的时候,这样可以保证人和马匹不会断粮。

大军准备停当,正当准备快马加鞭挺进吴哥城的时候,却意外地接到了吴哥王国臣服大元朝的国书。少了刀兵相见,血流成河,何乐而不为呢。大元朝很快派大员进驻了吴哥国,开始享受真腊的朝拜和进贡,年轻将军们沸腾的热血一下子又降到了零点。

这是发生在 700 多年前元朝的事情,周达观有幸游览并见证了活着的吴哥王国和吴哥城最辉煌的时代。

在周达观出使吴哥国若干年后,或因为战争,或因为外敌入侵,或因为自然灾害,或因为大兴土木,或因为统治者自己瞎折腾,或因为统治者在信仰问题上不能与时俱进,未及时升级新版本,也可能是下雨忘带伞,总之吴哥城终被废弃,随后隐没在茂密的森林里,任凭风吹雨打,不为外人所知。至于具体废弃的原因没有任何史书记载,至今仍有着各种猜测。关于吴哥国的文字记载,只有周达观的《真腊风土记》,再没有其他历史资料,就连柬埔寨人都没有关于吴哥国历史的文字记录。

究竟是什么原因导致吴哥国的没落,我们已经无从知晓,但世事变迁,总被雨打风吹去是历史的必然,没有永远的王,也没有永远的城,面对岁月这把杀猪刀,没有谁能够躲得过,人生如此,国运更如此。

等到吴哥再进入世人的视野,已经是四个世纪以后的事了。

1860 年,法国一位考古学家在中国无意中看到了《真腊风土记》这本书。法国人对其中吴哥的详细描写很感兴趣,他一路激动着来到柬埔寨,按图索骥,终于发现了神秘消失四个世纪的吴哥城遗址。

法国人抑制不住内心的狂喜:"这一发现既能让我留名青史,又能把精美的文物搬到法国。"随后在法国人对柬埔寨长达 90 年的殖民统治中,法国人终于如愿以偿,把吴哥窟最精美的部分弄到了法国,至今陈列在吉美博物馆,有很多人是先看了吉美博物馆的馆藏之后,才来到柬埔寨寻找这些精美文物的出处的。

如今,这吴哥王朝被认为曾是东南亚历史上最大、最繁荣、最文明的王国之一,吴哥古迹群是东南亚最重要的考古发现,是世界上最大最完美的宗教建筑物之一,与金字塔、万里长城、千佛坛并称为东方四大奇观,这是现代社会对吴哥窟赞叹性评价。

吴哥窟是柬埔寨的国宝,是世界上最大的庙宇,同时也是世界上最早的高棉式建筑,以建筑宏伟与浮雕细致闻名于世。

1992年,联合国教科文组织将吴哥古迹列入世界文化遗产。此后吴哥窟作为吴哥古迹的重中之重。吴哥窟的造型,已经成为柬埔寨的国家标志,展现在柬埔寨的国旗上。

周达观如果地下有知,他无论如何也想不到,这样一座坚固无比,金碧辉煌的吴哥城会被森林吞没,吴哥城隐没森林四个世纪后,自己的一篇游记,居然成了法国人寻找吴哥遗迹的重要且唯一的证据和指引,更没想到自己无意中成了法国人窃取吴哥文明的向导。

在我看来,同为建筑奇迹,这吴哥城,虽远不及中国的万里长城那么波澜壮阔,那么险峻奇绝,那么大气磅礴,但其内涵要比长城丰富得多,长城只不过是一个纯粹的军事防御工程,并且也没有起到多大防御作用。而吴哥城却是集建筑美学、文化、宗教、历史、国王意志于一体的建筑奇迹。吴哥的文化和辉煌对柬埔寨后世的影响一直延续到今日。

柬埔寨的国旗绘有白色镶金边的吴哥庙,这是著名的佛教建筑,象征柬埔寨悠久的历史和古老的文化。

至今柬埔寨的政治体制中仍有王的存在,国王仍是柬埔寨的法定代表人,只不过世事变迁,神王合一的传统持续近千年后,如今的国王已经神不附体,曾经的权力和风光不再。

可以看出,无论是国旗还是国歌,柬埔寨人都把吴哥作为国家的标志和象征,把国王作为国家的形象代表。

700多年后的今天，我随大成律师事务所北京办公室业务五部一行50多人参访吴哥窟，一路走在这吴哥窟的废墟中，随着导游的讲解，思路不断展开，浮想联翩。

感谢周达观，感谢他留下的《真腊风土记》，给我们提供了现实和历史比照的参照物。

我走在吴哥城，穿行在废墟中，伟大与卑微，辉煌与没落，瞬间与永恒，历史和现实不断转换。这个被宗教和皇权笼罩的奇迹般的遗址，早就没有了723年前的景象，物是人非，繁华不在，这是隐没森林几百年后的重见天日。

我们可以回望历史，但永远都无法回到从前，无法回到周达观所见证的那个辉煌的吴哥城，但我们可以想象一下建设吴哥城时王者的最初愿望。

回望一千多年前，当大臣们把一份缜密的可行性研究报告和一套精细的设计方案，毕恭毕敬地呈现给高棉国王阇耶跋摩一世的时候，国王陷入了沉思。大王在想，大兴土木，建造一座城池并非难事，但是如何建造出一座不同凡响的，容建筑、文化、宗教、历史、国王的意志于一体的建筑却不是一件容易的事。信仰是靠人心传承，而不是靠石头和刀剑。国王的格局和眼界毕竟不同于常人，必须深谋远虑。王在想，无论你建立的王朝多么强大，无论你是多么伟大，毕竟是历史长河中的一段涟漪，没有永久的王，也没有永久的城，一切总被雨打风吹去。要想给后世留下一点念想，那就必须认可这个世界存在的普世价值，将王家的治国理念或统治理念和普世价值紧紧地捆绑在一起，成为百姓信仰的精神世界。武力再强大，也只能强迫世人表面上的服从，武力永远统治不了人心。

聪明和智慧的国王要求吴哥城要体现几大特色，并在可行性研究报告上做了几点批示：①吴哥城要全部用石头砌筑；②整体建筑内外要全部雕刻，不留死角儿，宏观和细节都能体现佛、神和王的存在，让信仰和王的威严成为合二为一的有形力量；③将神、君主、国家理念融为一体，贯穿始终；④施工队伍由大臣们推荐，然后由国王亲自选定。被选定的施工队伍必须亲自完成建设任务，一旦发现转包或分包，一律格杀勿论；⑤在保证质量的前提下，尽量加快建设速度；⑥充分贯彻佛教是一个艺术的世界，佛教是一个信仰的世界的宗旨；⑦如果需要优秀木匠，一定要到中国聘请，中国的木匠是最好的。

我的思绪沉浸在历史的殿堂里，但残破的遗迹一次次把我从历史拉回现实中来。

在这一片辽阔的废墟里，建筑学家发现了结构之美，美学家发现了雕刻之美，佛学家发现了宗教的力量，政治家体会王权的霸气，他们从残垣断壁中找寻重建辉煌的野心。

我没有时间去欣赏精美绝伦的雕刻艺术，但我似乎看到黑瘦的匠人们手下那一凿一铲的精彩，金属和石头碰撞发出的一道道火光，是黑瘦的躯体里迸发出的艺术光芒。

我们相遇时，虽然你已成废墟，但是在我眼中你是风中的残荷，虽不曾见你的含苞待放，更未见你迎风怒放的花姿，但你洗掉了世俗的外表，不施粉黛，不藏心机，清新脱俗，无奢无望，我更喜欢你洗尽铅华的模样。

我感叹真腊人运输和安装的智慧和力量。在我看来，这些只有使用大型机械才能完成的运输、吊运和安装，当时的真腊人是如何用肉体创造了吴哥城拔地而起的模样，那一块块突起的巨石展示的一定是匠人们肌肉的力量。

那些古老的石阶，让信仰变得更加坚定；高棉的微笑，温和而坚定，是高棉的祖先对柬埔寨后人的谆谆教诲，更是柬埔寨人面对世界的模样；巴肯山的日落带给你神秘的佛光；无处不在的精美浮雕，时刻敲击你的心房；石桥上的神魔预示着人间永存的，永远分不出胜负的正邪两种力量。

参观吴哥窟的路上，你会看到路边的帐篷下有一些由残疾人组成的乐队，琴声悠扬，鼓声铿锵，节奏虽然简单，但很有力量，对路过的人报之以友好的微笑，没有卑微的乞讨，不见苦难的泪光。

这些残疾人有着差不多的特征，胳膊或者腿部残疾，从旁边的简介可以知晓这些人都是地雷的受害者。抗法战争，柬越战争，再到内战，弱小的柬埔寨始终在战火中饱受摧残。如今，战争终于结束，开启了和平发展的黄金时代。在联合国的帮助下，他们忘掉苦难，重拾阳光，奏响乐器，在游客面前从容地售卖一些纪念品，以此谋生。

参观了吴哥窟，下一站要去的便是崩必裂。

从暹粒市出发，沿国道行进。沿途没有山，视野很开阔。一路的乡村风光扑面而来，大面积的庄稼已经收割完毕，沿途好像没有聚居的村庄，只有一些民房孤零零地矗立在路旁，这些民房大都是差不多相同的结构，几根立柱将木制的房屋托起，像是空中楼阁，房屋结构的采用可能是考虑雨季会有洪水的原因，洪水发来时不至于泡在水里。楼前屋后长着一些不知名字的树木和花草，我能认出的就是凤凰花和芒果树，凤凰树在海南和厦门有很多，能认出芒果树是因为枝头上吊满青涩的芒果。看到一些儿童在打闹嬉戏，这些孩子都不穿鞋子，据说儿童不穿鞋子是柬埔寨人的习俗。房前屋后的空地里有一两头或数头牛在悠闲地吃着草，看上去所有的牛儿都很瘦，能清晰看到牛的骨头架子，牛皮和骨头架子中间缺少了肉感，看了这些瘦骨嶙峋的牛，吃涮肥牛的想法会立即打消。这牛一定不是用来杀肉吃的，应该是耕牛，它们是柬埔寨人用来耕地的主要劳动力。柬埔寨还是一个农业国，而且农业的现代化程度也很低。这些牛是柬埔寨农业的支柱，虽然消瘦，但并不缺少力量和坚强，像极了柬埔寨人，不惧苦难，永远坚强。广阔的田野上，略显贫穷的乡村充满了田园的味道。路旁也能看到一些小卖部，售卖一些生活用品，偶尔也能看到一座家农机修理站，存放着一些待修的小型农业机械和待售的新设备。

走过了吴哥窟，其实，我并没有分清大吴哥、小吴哥、巴肯寺、女王宫等建筑群，在我眼里都是石头城。据说崩必裂和这些建筑群有着明显不同。崩必裂，据说是取中文天崩地裂之意，崩必裂即是这座城池天崩地裂后的遗迹。

经过近两个小时的里程，我们终于到达崩必裂景区。

走进崩必裂，发现这里没有进出的路，我们只能沿着拍摄电影时搭设的木制阶梯行走。这里是电影《古墓丽影》的外景地，我看到一些漂亮的女士为了应景，她们穿着非常艳丽的服装，乍一看，有一种令人恐怖的气息直透后背，再看，心神方定。

这景致，天崩地裂得恰到好处，既保留了古城的基本轮廓，又没有变得面目全非，更没有彻底成为废墟，王的杰作加上大自然的点化，便成就了既神秘又有历史韵味的世界文化遗产，在我看来，这比完好的存在更增添了文化的味道和岁月的沧桑感，这是人类文化可遇不可求的艳遇。据说后来的修复者也认为无从下手，认为保留好原状才是最好的保护方式。

不一样的景致，不一样的震撼。

我情不自禁地感叹：

你隐没山林，却声名远播。

你悄无声息，却早已震惊世界。

你不动声色，却已成绝响。

跨越千年，和你相遇，用几世的修行能再换你千年不朽？用几世的轮回能让你笑容依旧？

本来是一堆坚硬冰冷的石头，因为受了佛性，于是便有了温度。

你好像忘记了曾经的辉煌和沧桑，不管经历多少战火，你温柔的微笑里，依旧闪烁着佛的光芒。

我只能仰视你，屏住呼吸感受你对佛的敬仰，感叹你周身散发的信仰的力量。

走过崩必裂最精彩的时光，看着从乱石丛中升起来的参天大树，感叹着种子的力量，到城下流连观看倒塌或倾斜的城墙，感叹着昔日的辉煌与现实的沧桑。

参观完了吴哥窟、崩必裂，我突然想到了一个问题：后世的子孙，能为这一文明做什么？贫弱的柬埔寨有没有能力或财力完好地保有这一文明成果。弱小的柬埔寨好像从来没有向法国人提出归还文物的要求，是否认为不管放在哪里，那都是柬埔寨的文明，你可以窃取文物本身，你永远窃取不了我们创造的文明。或者认为，对丢失文物的追索，都是强大国家之间的游戏，都是经济实力甚至是武力的较量，弱小的柬埔寨只有沉默和无奈。

联合国教科文组织《关于禁止和防止进出口文化财产和非法转让其所有权的方法》的公约提出了"原址保护"原则。

针对该公约，2002年法国巴黎的罗浮宫、美国纽约的大都会艺术博物馆等18家西方著名博物馆发表了所谓的"环球博物馆价值"宣言，反对把包括战争中用掠夺等非正常手段获得的文物和艺术品归还给原属国。埃及、印度、伊拉克、利比亚和叙利亚等国对这个宣言表示反对，认为这种将文化"环球化"的做法其实是帝国主义的强盗逻辑，那些流落的文物都没有合法取得的渠道。

中国文物保护专家对此也发表了一封公开信，用"谴责模式"指出这个宣言与联合国教科文组织提出的"原址保护"原则抵触。

土耳其、埃塞俄比亚、尼日利亚和希腊都要求大英博物馆送还属于自己国家的文物。但英国人仍然坚持这些文物应该留在自己手上，理由是这样可以更好地保护这些文物。这种文物所有权纷争的典型例子是该馆收藏的56块雅典帕特农神庙大理石雕带的归属问题，这是近年来所有文物归属权争议中最著名的案例，但至今未追回。

  我认为，这不是法律原则的冲突，也不是东西方文化的冲突，也不是价值观的冲突，这是掠夺者能否正视和反思自己民族黑暗心里的问题。不管什么方式拿走的，拿走了就没想再送回来。